시계열
데이터베이스를
활용한
IoT 데이터
처리의 모든 것

시계열 데이터베이스를 활용한 IoT 데이터 처리의 모든 것

발행일	2019년 5월 23일			
지은이	김성진			
펴낸이	손형국			
펴낸곳	(주)북랩			
편집인	선일영	편집	오경진, 강대건, 최승헌, 최예은, 김경무	
디자인	이현수, 김민하, 한수희, 김윤주, 허지혜	제작	박기성, 황동현, 구성우, 장홍석	
마케팅	김회란, 박진관, 조하라			
출판등록	2004. 12. 1(제2012-000051호)			
주소	서울시 금천구 가산디지털 1로 168, 우림라이온스밸리 B동 B113, 114호			
홈페이지	www.book.co.kr			
전화번호	(02)2026-5777	팩스	(02)2026-5747	
ISBN	979-11-6299-666-9 13000 (종이책)	979-11-6299-667-6 15000 (전자책)		

이 도서의 국립중앙도서관 출판예정도서목록(CIP)은 서지정보유통지원시스템 홈페이지(http://seoji.nl.go.kr)와
국가자료공동목록시스템(http://www.nl.go.kr/kolisnet)에서 이용하실 수 있습니다.
(CIP제어번호:CIP2019018817)

마크베이스를 활용한 빅데이터 처리 실무 매뉴얼

시계열 데이터베이스를

김성진 지음

활용한

IoT 데이터

처리의 모든 것

북랩 book Lab

이제 우리는 제4차 산업혁명 시대에 살고 있습니다. 이 시대를 '디지털 탈바꿈 시대' 또는 '정보화 혁명의 제2차 시기'라고도 부릅니다. 그 이름이 무엇이든 핵심기술은 정보통신기술입니다. ABCI로 대표되는 인공지능(Artificial Intelligence), 빅데이터(Big Data), 클라우드(Cloud) 그리고 사물인터넷(IoT)이 모두 ICT입니다.

IoT-Analytics의 자료에 의하면 2018년 70억 개 장치가 IoT에 연결되어 있는데 2025년에는 215억 개로 증가할 것으로 내다보았습니다. 이렇게 장치 수가 증가되면서, 거기에서 생성되는 데이터를 오라클과 같은 데이터베이스 시스템을 이용하여 처리하는 것은 거의 불가능합니다.

이를 해결하기 위한 새로운 방법이 '시계열 데이터베이스'입니다. 센서 데이터는 대부분 시간 축을 기준으로 발생하는 데이터이므로 일정 시간 간격으로 배치된 숫자들의 나열이라고 간단하게 생각할 수 있습니다. 대표적으로 기상 정보나 주식 정보가 시계열 데이터입니다.

세계적으로 여러 벤처 기업들이 시계열 데이터베이스 제품을 만드는 경쟁을 하고 있고, 다행히 대한민국에서는 마크베이스가 그 경쟁에서 당당히 어깨를 나란히 하고 있습니다. 마크베이스는 세계 최고 수준의 성능으로 IoT 데이터를 잘 처리하고 향후 여러 응용에 활용될 아주 중요한 기본 소프트웨어로 자리매김할 것입니다.

이 책에서는 마크베이스 기능과 활용 방법을 중심으로 설명하면서 시계열 데이터베이스를 활용한 IoT 데이터 처리의 모든 것을 보여주고 있습니다. 저자는 과거 이십여 년 동안 데이터베이스 시스템 개발에 매진하면서 얻은 경험을 바탕으로 마크베이스를 개발하였으며, IoT 데이터 처리에 목마른 분야에 그야말로 오아시스와 같은 역할을 할 것으로 믿습니다.

2019년 5월

김명준(한국전자통신연구원 원장)

사람은 오장육부와 같은 내장 기관은 물론이고, 인체를 구성하는 뼈, 근육, 신경망을 아무리 완벽하게 갖추고 있어도, 혈액이 없으면 생존 활동을 할 수가 없습니다. 마찬가지로 4차 산업혁명이 인공지능, 빅데이터, 클라우드, 5G 네트워크 기술을 기반으로 인류의 삶을 초연결 사회로 발전시키고 있지만, 이런 미래 사회를 만들기 위해서 반드시 필요한 선결과제는 데이터를 생성시키고, 생성된 데이터를 효율적으로 연결해 창의적으로 활용하는 것이라고 할 수 있습니다. 이제까지 일반적인 데이터들을 활용하여 데이터베이스를 생성하고 관리하는 영역은 전통적으로 오라클이 지배하고 있었고, 디지털 혁신 시대에 초연결망을 구성하는 각종 IoT 기기들이 생성시키는 대량의 '시계열 센서 데이터'를 처리할 수 있는 데이터베이스는 아직까지 많은 사람들에게 생소한 개념이기도 합니다.

시계열 데이터베이스는 각종 IoT 기기들이 지능망으로 연결되고, 수많은 센서들이 생성시키는 데이터들을 가장 효율적으로 관리하기 위한 새로운 데이터베이스 기술인데, 수많은 엔지니어들이 구상하는 것처럼 실질적으로 지능망을 기반으로 하는 초연결 미래 사회를 구현하기 위해서는 이 기술 없이는 거의 불가능한 일이 되고 있습니다. 시계열 데이터베이스 시장에 대한 관심이 쏠리면서 많은 기업들이 시장에 진출하고 있지만, 국내에서는 마크베이스가 독보적인 기업으로 자리 잡고 있습니다. 이 책은 마크베이스를 창업한 김성진 대표가 시계열 데이터베이스에 대한 다양한 인사이트를 입문자들도 쉽게 이해할 수 있도록 일목요연하게 정리한 책입니다.

4차 산업혁명 시대에 스마트팩토리를 구상하고 있거나, 새로운 비즈니스 기회를 모색하고, 이제까지 없었던 새로운 비즈니스 모델을 창안하고 싶은 사람들, 그리고 IoT 기반으로 인하여 데이터가 폭증하는 현상을 경험하고 있는 기업에서는 반드시 읽어야 하는 책이라고 생각됩니다. 특히, 이 책은 IoT 데이터 폭증 현상과 관련한 다양한 사례와 예제들을 포함시키는 세심한 배려를 하였기에 많은 사람들이 IoT 기술이 구현시킬 수 있는 새로운 미래 세상에 대한 선도적인 경험을 할 수 있기를 진심으로 바랍니다.

2019년 5월

박남규 (서울대학교 경영대학 교수, 한국창의성학회 회장)

2014년 한창 시계열 데이터베이스를 개발하던 중이었다. 그해 봄 미국 출장길에 샌프란시스코의 한 소프트웨어 기업 CTO와 비즈니스 미팅에서

"너희 제품하고 비슷한 소프트웨어를 개발하는 회사가 얼마 전에 저기에 본사를 만들었어. 20명 정도의 규모인데, 영업과 마케팅하는 애들만 잔뜩 뽑았다던데? 아… 그 회사는 원래 독일회사인데 이름이 파스트림(Parstream)이라고 해. 궁금하면 한번 찾아봐."

이렇게 말을 하는 것이 아닌가? 갑작스러운 이야기라 당혹스러운 생각이 들기는 했지만, 세상에는 원래 비슷한 생각을 가진 사람들이 있는 것이 당연하기에 그러려니 했었다. 그날 오후 서니베일(Sunnyvale, California)에 있는 실시간 미들웨어 기업의 마케팅 담당 임원과 비즈니스 미팅을 하던 중에 같은 이야기를 또 한 번 듣게 되었다.

"너희하고 비슷한 일을 하는 파스트림이라는 애들이 회사를 만들어서 시작했어. 한번 만나 보면 어때…"

실리콘밸리는 참 소문도 빠른 동네였다. 이 파스트림이라는 회사는 독일 엔지니어들이 2008년 창업한 전문적으로 IoT 데이터를 처리하기 위한 데이터베이스를 개발하는 회사로 독일의 지멘스와 같이 제조업에 특화된 기업들이 그 고객이었다. 이때만 하더라도 일반 데이터는 오라클과 같은 전통적인 데이터베이스에 저장하고, 빅데이터는 하둡과 같은 오픈소스 소프트웨어를 활용하는 것이 통념이었고, 대량의 '센서 데이터'를 처리하는 데이터베이스는 대부분의 사람에게 낯선 상황이었다. 그렇기에 나와 비슷한 생각을 하는 사람들이 독일에도 있다는 사실이 재미있기도 하고, 그 제품이 어떻게 생겼을지 정말 궁금했었다. 나중에 실제

해당 제품을 구해 테스트를 해 보았을 때는 기대보다 완성도가 떨어져 다소간 실망도 했었지만, 동일한 영역에서 새로운 도전을 한다는 동료의식도 가졌었다고 하면 조금 과장된 생각일지도 모르겠다.

그해 미국으로 본사를 옮긴 파스트림의 이야기는 전형적인 실리콘밸리식 해피 엔딩으로 끝났다. 2015년 시스코(CISCO)가 이 회사를 인수한 것이다. 인수가는 공식적으로 알려지지 않았지만, 창업자의 이야기를 따르면 10억 불이 안 되는 금액이라고 하니, 대략 7,000~8,000억 원 정도로 추측된다. 특히, 시스코의 인수 목적이 더욱 인상적이었는데, 이는 앞으로의 엣지 컴퓨팅(Edge Computing) 시장에서 강력한 데이터베이스로 활용하기 위해서라고 하였다.

당시에는 엣지(Edge)가 뭔지 알려지지 않았던 시절이었기에 이것이 의미하는 바를 일부 관련된 사람들만 이해할 수 있었지만, 지금은 누구나 이해하는 'IoT 시대의 패권을 누가 잡느냐'를 결정짓는 거대한 게임의 일부였던 것이었다.

현재 시스코에서 생산되는 IoT 데이터 처리에 관련된 모든 제품에는 파스트림이 핵심 데이터 처리 엔진으로 자리 잡고 있고, 동일 비즈니스 영역에서 경쟁자에 비해 몇 발자국이나 앞서 이 시장을 주도하고 있는 형국이다. 시스코는 이미 몇 년 전에 이러한 종류의 소프트웨어가 가진 미래의 가능성을 깨닫고 이것에 베팅을 한 것이고, 현재까지는 성공적으로 보인다.

2017년 6월 소프트뱅크(Softbank)로부터 또 하나의 재미있는 소식이 들려왔다. 바로 오에스아이소프트(OSISoft)에 대한 투자 소식이었는데, 소프트뱅크가 IoT 시장의 핵심 프로세서 설계회사인 암(ARM)을 인수한 직후라 많은 궁금증을 자아내었다. 이 오에스아이소프트는 공장에서 폭발적으로 쏟아져 나오는 IoT 데이터, 즉 산업용(Industrial) IoT 데이터를 실시간으로 처리하는 세계 1위 업체였을 뿐 아니라 파이시스템(PI System)으로 불리는 솔루션으로 이미 잘 알려진 소프트웨어 업체였다. 왜 손정의는 이 소프트웨어 업체에 투자했을까? 미래는 IoT 데이터 중심의 시장으로 재편되고 있기 때문에, 이 시장에서 승리하려면 IoT 데이터를 가장 잘 다뤄야 한다고 판단하고 손정의는 이 부분에 투자를 한 것으로 추측된다.

지금까지 나열했던 파스트림(Parstream), 시스코(CISCO), 암(ARM), 오에스아이소프트(OSISoft), 소프트뱅크(Softbank) 이 기업들을 한 줄로 세워 놓고 보면 떠오르는 단어가 하나 있다.

바로 '**IoT 기반의 4차 산업혁명**'이다.

이는 오늘날, 전 세계 기업과 정부가 높은 관심을 가지는 있는 스마트시티, 스마트팩토리,

스마트제조 등의 IoT 데이터 관련 영역이다. 고도의 하드웨어와 대규모 IoT 데이터를 잘 다루는 소프트웨어가 서로 조화를 이뤄야만 하는 이 분야는 아직 초창기임에도 불구하고, 해외에서는 우리가 상상하는 것 이상으로 많은 투자와 연구가 이루어지고 있다. 최근 몇 년 동안 출시된 IoT 관련 솔루션의 숫자가 헤아릴 수도 없을 만큼 많은 것을 보면 말이다.

최근 들어 국내에서도 연구소와 기업, 학교에서 이 분야에 대한 활발한 연구와 개발이 진행되어 온 점은 참으로 다행스럽다. 그러나 워낙 짧은 시간에 IoT 데이터가 폭발적으로 발생하는 환경을 접하다 보니 이러한 데이터 문제를 어떻게 해결해야 하는지에 대한 다양한 오해와 함께 많은 시행착오가 있었던 것이 사실이다.

시계열 데이터베이스를 통해 이런 시행착오를 줄여 관련 문제를 쉽게 해결할 수 있다는 것을 소개하고, 또한 패러다임이 변화되는 중요한 시점에 잘 대처할 수 있기를 바라는 마음으로 이 책을 쓰게 되었다. 그리고 한국이라는 시스템 소프트웨어 불모지에서 시계열 데이터베이스라는 새로운 제품을 개발하는 것이 쉬운 일은 아니었지만, IoT 데이터가 주도하는 격변하는 세상의 중심에 서 있는 것은 오히려 감사한 일이기도 하다.

완벽하지는 않겠지만, 시계열 데이터베이스를 개발해 왔던 나름의 고민과 해결책을 공유하는 것만으로도 큰 의미가 있을 것으로 믿는다. 안타까운 점은 한정된 시간을 쪼개어 정리한 글이라 부족한 부분이 많고, 분량에 막혀 정리하지 못한 글이 많다는 것이다. 그럼에도 불구하고, 실무에서 겪고 있는 IoT 데이터 처리에 대한 문제를 해결하는 데 조금이나마 도움이 될 수 있다면, 정말 보람된 일이 되리라 생각한다.

끝으로 짧은 기간에도 불구하고, 자료를 같이 모으고 저작에 힘을 보태준 심광훈 이사, 이재훈 전략본부장, 박종헌 개발본부장, 백종원 팀장과 이태훈 수석, 마지막으로 박성희 차장에게 정말 감사하다는 말씀을 전하고 싶다.

엄밀한 학문적 토대를 기반으로 작성된 글이 아니다 보니, 기대에 미치지 못하는 내용이 많을 것 같아 두렵기도 하고 부끄럽기도 하다. 부디 독자들의 넓은 아량과 이해를 부탁드린다.

CONTENTS

제 1 장 | IoT 스마트 세상이 다가온다

스마트 X 시대의 도래

불과 얼마 전까지만 해도 사물인터넷(IoT: Internet Of Things)이라는 용어는 IT 관련 분야에 종사하는 사람들만 이해할 법한 전문 용어였지만, 최근 들어 TV, 냉장고, 에어컨, 보일러 등 다양한 가전제품은 물론 침대 광고 영상에도 IoT라는 표현이 등장하면서 어느새 일상생활의 친근한 표현으로 자리 잡기 시작했다.

모든 사물이 네트워크로 연결되고 인공지능 기술로 자동으로 판단하고 동작하는 스마트 세상은 이제 공상과학영화 속에서나 그려지던 미래의 모습이 아니라 현재 우리 주변에서 현실이 되고 있다. 또한, 관련 기술의 급속한 발달로 인하여 점점 더 우리의 일상을 바꿔나가

고 있고 우리 주변을 IoT로 가득 채우고 있다. 우리가 인지하고 있든 인지하지 못하고 있든 이미 우리의 일상은 IoT 세상에서 살고 있다.

우리가 살고 있는 집을 한번 들여다보자. 현관문을 열고 들어오면 나의 움직임을 감지하여 전등이 자동으로 켜지고, 공기청정기는 미세먼지와 실내 공기 질을 측정하여 모니터링하고 있다가 상태가 나빠지면 스스로 동작하여 실내 공기의 질을 최적의 상태로 유지한다. 에어컨과 가습기 또한 실내 온도와 습도를 나의 상태에 맞게 조절하면서 쾌적한 생활이 가능하도록 해준다.

냉장고에 있는 식자재들의 신선도 상태를 모니터링하여 상태가 나빠지거나 유통 기간이 끝나가면 스마트폰에 알려준다. 정수기는 연결된 앱을 통해서 온수 온도, 냉수 온도를 확인하여 선택할 수 있고 필터 교환 시점을 알려줄 뿐만 아니라 월별 물 사용량과 전력 사용량 정보를 이웃집과 비교해서 확인할 수 있다.

인공지능(AI: Artificial Intelligence) 비서에게 실시간 시청률이 제일 높은 텔레비전 프로그램을 틀어달라고 말해서 시청하고, 잠자리에 들 시간이 되면 조명을 꺼달라고 하고 수면에 적절한 음악을 틀어달라고 한다.

스마트 침대는 수면 관련된 인체의 모든 정보를 감지하는 '수면센서'와 '수면관리' 기능이 있어, 이 수면센서를 이용하여 맥박, 호흡, 코골이와 같은 잠버릇을 비롯해 실내 온도와 습도까지 실시간으로 측정해 데이터화한다. 또한, 숙면이 가능하도록 실내조명을 조절하고 최적의 기상 시간을 판단하여 알람이 울리도록 한다. 이처럼 스마트 가전을 통해 가정에서 편리한 생활을 할 수 있도록 해주는 것이 스마트홈(Smart Home)이다.

집을 나와서 자율주행차를 타고 출근한다. 차량에 부착된 각종 장치가 교통 상황과 도로 상황을 파악하고 스스로 판단하여 운전자의 개입 없이 안전하게 운전을 한다. 또한, 차량에 부착된 디스플레이를 이용하여 업무 메일을 확인하고 보고 싶었던 영화도 예매한다. 하루 업무를 마치고 자동차에 타면 운전자의 상태를 파악하여 편하게 잘 수 있도록 의자를 조정하고 등록된 스케줄을 기반으로 스스로 목적지를 판단해서 자율주행을 한 다음에 목적지에 도착하면 의자를 바로 하여 깨운다. 이러한 차량을 스마트카(Smart Car)라고 한다.

회사로 가 보자. 회사 건물에 도착하면 주차 시스템이 알려주는 가장 가까운 주차 공간에 주차하고 대기 중인 엘리베이터를 타고 올라간다. 사무실에 들어가면 온도와 습도 및 채광은 그날의 날씨가 고려된 최적의 상태로 유지되고 있다. 이 모든 것이 가능한 것이 스마트 스마트빌딩(Smart Building)이다.

마지막으로 제조 공장을 방문해보자. 모든 생산 공정이 자동으로 이루어지고 있고 이곳의 모든 설비는 각종 센서를 부착하여 다양한 정보들을 밀리초 단위로 수집, 모니터링하면서 설비상의 미세한 변화도 감지하여 공정상의 오류나 설비의 고장을 사전에 파악하고 대처할 수 있도록 해준다. 설비, 생산, 품질 데이터를 실시간으로 모니터링하면서 수집, 저장된 장기 간의 빅데이터 분석을 통해 이상 패턴을 파악하여 예지 보전(Predictive Maintenance)이 가능하 도록 하는 것이 최근 가장 많이 사람의 입에 회자되고 있는 바로 그 스마트팩토리(Smart

Factory)이다.

지금까지 살펴본 바와 같이 스마트홈, 스마트카, 스마트시티, 스마트빌딩, 스마트그리드, 스마트팩토리, 스마트농장, 스마트헬스케어 등 전 산업에 걸쳐 사물인터넷을 기반으로 하는 스마트한 세상에 이미 살고 있으며, 시간이 갈수록 더욱 확대되어 우리의 삶 전체에 영향을 주고 있다. 오늘날 우리는 이러한 것을 통칭하여 **스마트 X(Smart X)** 시대라 부른다. 얼마나 멋진 표현인가?

IoT 센서의 증가

현재를 스마트 X 시대라고 부를 수 있는 가장 큰 이유는 우리가 살고 있는 이 세상에 설치되는 센서가 종류와 숫자, 모든 면에서 급격히 늘어나고 있기 때문이다. 2018년 가트너가 발표한 유망 신기술 하이프 사이클(Hype Cycle)에 따르면 IoT 플랫폼, 커넥티드 홈(Connected Home), 자율 주행(Autonomous Driving), 엣지 인공지능(Edge Artificial Intellilgence) 관련 기술이 향후 5년 후 세계를 주도할 기술로 전망하고 있다.

이는 네트워크로 연결된 사물, 나아가 지능화된 사물과 관련된 기술이 지속적으로 혁신되면서 IoT 센서의 증가와 더불어 스마트 세상을 촉진할 것이라는 의미이다. 또한, 가트너는 매년 10대 전략 기술 트렌드를 발표하는데 2018년 말에 발표된 2019년 10대 전략 기술 항목을 보면, 크게 지능(Intelligent), 디지털(Digital), 메시(Mesh) 3개 영역으로 구분하고 있고, 자율 사물(Autonomous Things), 디지털 트윈(Digital Twin), 강화된 엣지 컴퓨팅(Empowered Edge), 스마트 공간(Smart Spaces) 등 IoT와 관련된 항목을 주요 기술 트렌드로 잡고 있다. 다시 말해 IoT의 확대와 초연결, 지능화가 지속적인 전략 기술로 자리 잡고 있다는 것인데, 쉬운 말로 이 세상에 어떤 일이 일어나고 있는지 실시간으로 파악이 가능한 시대가 되었고, 그 사건에 대해 즉시 대응할 수 있는 미래가 오고 있다는 것이다.

IoT의 네트워크에 연결되는 디바이스의 숫자는 2018년 70억 개에서 2025년에는 215억 개로 매년 10%씩 증가할 것으로 내다보고 있다. 여기서 주목할 부분은 휴대전화, 태블릿, 노트북 등은 IoT 디바이스에서 제외(Non-IoT 디바이스)하고, B2C와 B2B 영역에서의 디바이스

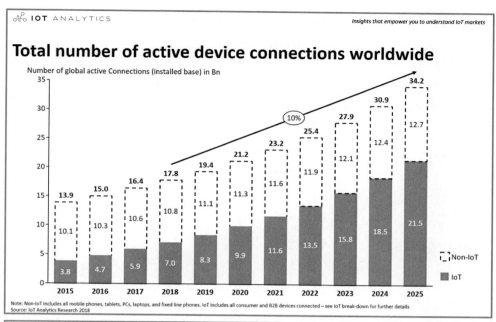

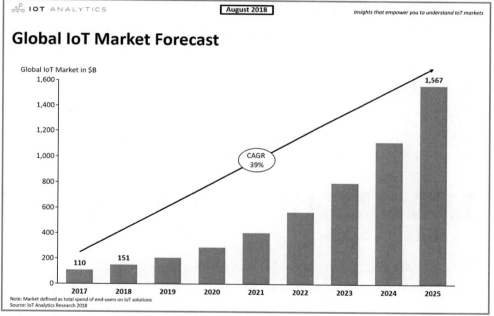

를 IoT 디바이스로 보고 있다. 2018년 기준으로는 Non-IoT 디바이스의 숫자가 약 100억 개로 IoT 디바이스의 숫자인 70억 개보다 많지만 2022년을 기점으로 IoT 디바이스의 숫자가 Non-IoT 디바이스 숫자를 추월할 것으로 전망하고 있으며, 2025년에는 IoT 디바이스의 숫

자가 215억 개로 Non-IoT 디바이스의 숫자는 127억보다 약 2배 정도 더 많을 것으로 전망하고 있다. 그만큼 스마트 X 세상에는 센서의 개수가 폭증하리라는 것을 예상할 수 있다.

　가트너의 기술 트렌드 및 IoT 디바이스 숫자의 증가 전망에서 알 수 있듯이 IoT 관련된 기술과 시장이 5년 내에 폭발적으로 성장할 것이라는 것을 알 수 있다. 글로벌 IoT 시장 규모는 2017년 1,100억 달러에서 2025년 1조 5,670억 달러로 매년 39%씩 증가할 것으로 전망하고 있는데, 그야말로 파죽지세로 커지고 있는 것이다.

데이터의 증가

　IoT가 확대됨에 따라 센서 개수가 엄청난 숫자로 증가하고 있으며, 또 센서에서 데이터를 수집하는 주기도 짧아지는 추세이기 때문에 앞으로 수집해야 할 데이터는 기하급수적으로 증가하게 된다는 것을 쉽게 예상할 수 있다. IDC(2014)는 2013년과 비교하여 2020년에는 총 데이터가 4.4 ZB(제타바이트)에서 44.4ZB로 10배 증가하고 IoT 데이터는 0.09ZB에서 4.4ZB로 총 49배 증가할 것으로 전망하고 있다.

Total Data	IoT Data
4.4ZB → 44.4ZB	.09ZB → 4.4ZB
10x	49x

　또한, 다음의 그림과 같이 IDC는 2018년 11월 발표에서 데이터가 증가함에 따라 글로벌 데이터스피어(Global DataSphere)의 규모는 계속 확장될 것으로 보는데 2018년에는 33ZB로 추산되고 2025년까지 175ZB로 증가할 것으로 전망하고 있다. 상상하기 힘든 수준의 데이터 증

가량이다. 예를 들어, 비행기의 제트엔진에 많은 수의 센서를 장착하여 온도, 습도, 압력 등의 각종 데이터를 수집하고, 이를 분석하여 엔진의 결함을 사전에 예측하고 사고가 발생하기 전에 정비, 교체하는 등 통합유지보수를 진행할 수 있다.

통계에 따르면, 보잉 737 항공기 엔진에서 발생하는 센서 데이터는 항공기 한 대당 연간 약 25억 페타바이트(PB)가 발생한다. 즉, 시간당 한 개 엔진에서 발생하는 데이터양이 20TB 이고 양쪽 엔진에서 발생하므로 시간당 총 40TB 데이터가 생성된다. 만약 뉴욕에서 로스엔젤레스까지 6시간 비행을 하면 240TB의 데이터가 생성된다. 또한, 인텔 CEO 브라이언 크르자니크(Brian Krzanich)가 2016년 인텔 개발자 포럼에서 발표한 자료에 따르면, 자율주행차는 수백 개의 센서를 가지고 있으며 하루에 생산하는 데이터양은 4TB라고 한다.

4TB의 데이터양은 2,666명의 인터넷 사용자가 생산하는 데이터양과 맞먹는 크기이다. 좀 더 구체적으로는 카메라에서 초당 20~40MB, 레이더에서 초당 10~100KB, 음파탐지기에서 10~100KB, GPS에서 초당 50KB, 레이더에서 초당 10~70MB 정도의 데이터가 발생하는데, 차량의 숫자가 1만 대, 10만 대, 100만 대라고 하면 정말 어마어마한 데이터가 생성된다는 것

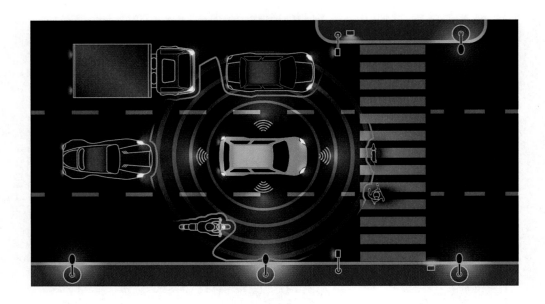

을 쉽게 상상할 수 있다.

정말 어느새 우리를 감싸고 있는 많은 스마트한 장비가 소리 소문 없이 데이터를 이렇게 뱉어내고 있었다.

스마트 세상의 문턱에 서서

이 장에서는 스마트 세상이 무엇이고, 그 결과로 수많은 데이터가 발생한다는 사실을 여러 가지 보고서와 사례를 통해서 살펴보았다. 우리가 21세기에 살고 있는 건 맞는 모양이다. 그렇다면, 이러한 세상의 변화를 가능하게 하는 실제 IoT 데이터에 대한 보다 구체적인 이해를 할 필요가 있을 듯하다. 이는 다음 장에서 살펴보도록 하자.

## 제 2 장

세상을 뒤덮는 IoT 데이터

이 장에서는 IoT 데이터의 발생에 있어서 어떠한 영역에서 이를 활용하고 있는지, 그리고 이런 데이터를 통해 실제로 어떤 문제를 해결하고 있는지에 대해 구체적인 사례를 살펴보고자 한다.

스마트팩토리로 보는 데이터의 중요성

앞에서도 언급한 바와 같이 스마트 시대가 우리의 삶에 매우 빠른 속도로 다가오고 있는데, 오늘 현재 대한민국에서 가장 많이 회자되고 있는 분야인 '스마트팩토리'를 예로 들어 그 데이터의 쓰임새를 확인해 보자.

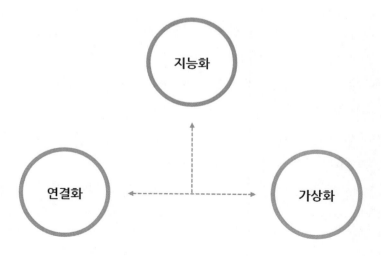

'스마트팩토리'는 쉽게 말하면, 그 공장이 자율적으로 서로 소통하면서 문제를 진단, 해결함으로써 더 높은 수준의 제품 생산 및 품질을 보장하는 것을 의미한다고 할 수 있다. 이것을 가능하게 하는 스마트팩토리의 주요 특징은 크게 세 가지인데, 각각 지능화, 연결화, 가상화라고 이야기한다.

연결화는 생산장비 등을 네트워크를 통하여 연결함으로써 데이터의 빠른 전달을 가능하게 하는 것이다.

가상화는 실제 공장을 데이터 형태로 추상화하는 것을 의미하며, 이 두 가지가 완료된 시점에서 지능화가 가능하게 된다.

지능화란 공장이 디지털 데이터 및 정보를 기반으로 스스로 판단하며, AI 및 생산 계획에 따른 자율 제어 기능을 의미한다. 지능화를 위한 모든 연산과 판단, 추론 등이 IoT 데이터를 중심으로 이루어져서, 결과적으로 생산 지능화를 위한 데이터의 저장 및 추출이 매우 중요하게 된다.

즉, 스마트팩토리의 목표를 달성하기 위해서는 발생되는 IoT 데이터가 가장 중심에 있다는 것을 알 수 있으며, 이를 어떻게 효율적으로 활용하느냐가 중요한 목표가 됨을 확인할 수 있다.

IoT 데이터 증가 트렌드

앞 장에서 개념적으로 살펴보았지만, 사물인터넷 시대의 기하급수적인 데이터 발생에 대해 그 원인을 좀 더 구체적으로 살펴보도록 하자.

첫 번째 원인은 연결된 단말 장비 개수의 증가이다. 독자들도 잘 알고 있는 바와 같이 5G를 비롯한 통신망의 확충으로 인해 상상할 수 없을 정도로 많은 장비가 네트워크에 연결되고 있다. 앞서 IoT-애널리틱스(IoT-Analytic)의 자료에 의하면 2025년까지 215억 개의 IoT 장치가 네트워크에 연결될 것으로 전망하고 있다.

두 번째 이유는 연결된 장비가 갖는 센서의 개수이다. 특정 시점의 데이터양은 연결된 장비 수 × 장비당 센서 수이므로, 장비가 갖는 센서의 수를 알아보는 것으로 전체 센서의 수를 계산할 수 있다. 가장 널리 보급된 스마트폰의 경우, 센서의 수는 50여 개이며, 자율주행이 가능한 스마트카의 경우 300여 개이다. 이처럼 장비당 설치된 센서의 수가 증가함으로써 연결 가능한 센서의 수는 급격하게 증가하고 있다. 스마트팩토리의 경우에도 과거에 존재하지 않았던 수많은 개수의 센서가 생산 장비에 설치되고 있고, 선박, 자동차, 비행기, 건물 등 모든 사물에 센서가 점점 더 많이 부착되고 있는 것이 이를 증명하고 있다.

세 번째, 마지막 원인은 데이터 보존 기간의 연장 때문이다. 산업 현장에서 스마트팩토리를 구축하는 경우, 시계열 데이터를 더 오랫동안 보관하고, 데이터를 더 짧은 샘플링 주기(Sampling rate)로 읽어 들여야 한다는 요구 사항이 빗발치고 있다. 이는 기업이 필요로 하는 다양한 데이터 분석을 위해 데이터의 장기간 보관이 필수적이라는 것을 인식했기 때문이다.

앞의 두 가지 원인이었던 연결된 장비 및 센서의 수 증가가 특정 시간에 생성되는 데이터 양을 의미했다면, 장기간의 시계열 데이터 보관과 더 짧은 샘플링 주기는 시간 축에 의해 증가하는 데이터양을 의미한다. 이를 바탕으로 그림을 그리면 아래와 같이 3차원 축에 각각의 변수가 위치하는 것을 볼 수 있으며, 이 3차원 공간의 부피가 바로 발생되는 데이터의 총합임을 이해할 수 있다.

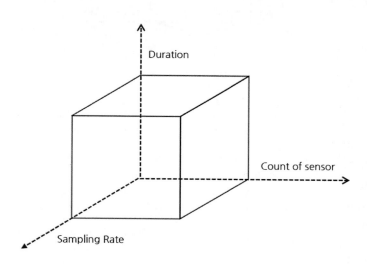

실제 사례로 보는 데이터 증가 사례들

반도체 생산 데이터

반도체 생산 공정은 웨이퍼 제조 - 웨이퍼 가공(확산, 포토, 식각, 증착, 이온주입, 연마) - 칩 조립(연마, 웨이퍼 절단, 칩 접착, 몰드, 인쇄, 도금, 솔더볼 부착, 테스트)의 단계로 이루어지며, 단계별로 수많은 생산 장비를 이용하여 24시간 끊임없이 생산이 이루어진다.

생산 과정에서 이용되는 장비에 수많은 센서가 존재하며, 생산 장비에서 센서 데이터를 외부로 출력해 주는 표준(SECS 등)이 존재한다. 그 데이터를 모아 분석하면 다양한 방법으로 생산 효율을 올릴 수 있지만, 너무나 많은 데이터가 발생하기 때문에, 이를 수집하여 저장하는 것은 매우 어려운 과제이다.

반도체 장비당 센서의 수는 200~700개이며 하나의 생산라인에는 장비가 1,000여 대까지 설치되어 있다. 초당 1건의 센서 데이터를 저장한다고 가정하고, 장비당 센서의 수를 평균 500개로 가정하였을 때, 장비의 수를 1,000대로 설정하면 1초에 생성되는 센서 데이터의 수는 50만 건이 된다. 한 달이면 약 1조 건의 데이터를 처리해야 한다.

데이터가 10배로 늘어나면?

위 예의 반도체 제조회사가 센서당 1초에 한 건씩 입력되는 데이터로는 생산 데이터 분석 및 추적에 부족함을 느껴, 센서당 0.1초에 한 번씩 데이터를 모은다고 가정해 보자. 이로 인해 초당 생성되는 센서 데이터의 수는 10배로 증가하게 된다. 반도체 생산에 있어 하나의 웨이퍼가 생산 공정을 거쳐 칩으로 패키징되기 위해서는 최대 90일이 소요된다. 생산 과정의 문제점을 추적하기 위해 칩과 관련된 모든 과거 기록을 유지해야 어느 장비의 어떤 센서가 오류를 감지했는지 확인할 수 있는데, 이를 위해서 최소한 90일간의 데이터를 저장 및 유지해야 한다는 결론을 얻을 수 있다.

이를 데이터양의 측면에서 보면, 초당 500만 건이 발생하고, 이를 저장하고, 분석한다는 의미이다. 이것을 90일간 저장한다고 가정하면, 약 38조 건의 데이터를 저장해야 한다.

물류 로봇 데이터

스마트팩토리에서 생산 과정을 거치는 반제품들은 단순한 컨베이어 벨트가 아니라 이를 정확한 위치에 옮겨 주는 로봇에 의해서 옮겨진다. 즉, 하나의 공장 혹은 창고에서 수많은 물류 로봇들이 다양한 생산품들을 여러 위치로 자율적으로 이동시킨다.

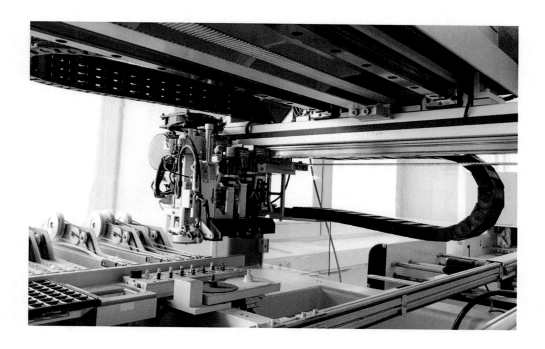

스마트팩토리 물류 로봇 중의 한 종류는 천정의 레일을 통하여 이동하는데, 이 물류 로봇과 레일은 레일 자체의 손상 혹은 먼지나 이물질의 부착, 로봇 롤러의 마모 등으로 주기적인 유지보수가 필요하다. 만약, 로봇의 센서가 이동 중의 이상 진동 등을 감지하여 이를 저장할수 있다면, 고장 지점을 쉽게 찾을 수 있을 뿐만 아니라, 고장이 발생하기 전에 고장을 예방하여 생산이 중단되는 것을 막고, 주기적인 유지보수를 실행하여 발생 가능한 과도한 유지보수 비용을 절감할 수 있다.

이 목표를 달성하기 위해서 각각의 로봇의 현재 동작하는 상태의 데이터와 주변의 진동및 위치 등의 데이터를 저장해야 하고, 이를 실시간으로 감시, 분석해야 하는 과제가 필연적으로 발생한다. 만일 한 로봇에 10,000Hz의 3축 진동센서가 2개 달려 있다고 가정하면, 초당6만 건의 데이터가 발생한다. 만일, 한 공장 내에 약 100대의 로봇이 동작하고 있다고 한다면, 초당 600만 건의 센서 데이터가 발생한다.

회전체를 위한 진동 데이터

수력, 가스, 증기와 같은 고압 고속의 유체를 운동 에너지로 변환하는 터빈은 발전소, 제트 엔진의 핵심 구성 요소이며, 빠르게 회전하는 터빈의 관리 및 유지보수가 매우 중요한 문제이다. 터빈의 분당 회전수(rpm)는 터빈에 입력되는 유체를 공급하거나 중단시켜도 빨리 변화하지 않고 느리게 변화하므로 1초에 한 번 정도로 모니터링 하더라도 큰 문제가 없다. 그러나 마모, 이물질 부착, 피로로 인한 블레이드의 소소한 파손과 같은 기계적 문제가 발생하면, 이는 터빈의 진동이 커지는 형태로 외부에 전달된다. 터빈의 진동이 커지면 마찰로 인한점진적인 효율 저하와 함께, 더 높은 열이 발생하고, 결과적으로 고장이 발생할 수 있다. 만약 터빈 진동을 주의 깊게 모니터링하고 변화 패턴을 분석하여 고장을 예측할 수 있다면 터빈 유지보수 비용을 대폭 줄일 수 있을 것이다. 이 분야에 필요한 데이터 처리량을 설명하기위해 관련된 이론과 방법을 간단히 소개한다.

나이퀴스트-새넌 표본화 정리

표본화 정리를 간단히 설명하면, 주파수가 a인 아날로그 신호를 디지털로 변화하여 저장할 때, 이를 주파수 a인 아날로그 신호로 다시 복원하려면, 최소한 그 주파수의 두 배, 즉 $2*a$의 주기로 샘플링을 해야 한다는 것이다.

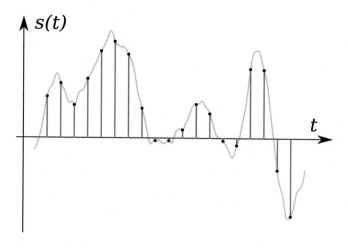

샘플링_레이트 by Mike Toews/CC BY-SA 3.0

진동체의 회전 속도와 진동 주파수는 비례관계에 있다. 즉, 초당 1만 번 회전하는 터빈의 진동은 10,000Hz 주변에서 가장 크게 나타난다. 그리고 그 진동을 디지털로 변환하여 복원하려면 표본화 정리에 의해 두 배의 샘플링 주기가 필요하다. 초당 1만 번 회전하는 회전체의 진동을 분석하려면 최소한 20,000Hz의 주기로 아날로그 데이터를 읽어 들여서 디지털로 변환하여야 한다. 실제로 하나의 터빈에 설치된 여러 개의 진동 센서 데이터에서 나오는 초당 데이터 수집량은 상상하기 어려운 규모의 데이터가 될 것이다.

발생된 모든 데이터를 저장하는 이유

상식적으로 생각해 보면, 문제의 원인이 되는 특정 시점의 일부 IoT 데이터만 저장하고, 정상 패턴의 IoT 데이터는 버리는 것이 가장 에너지와 자원을 아끼는 방법이라고 생각할 수 있다. 그러나 실제 스마트 X 관련 산업에서는 데이터를 일부만 저장하지 않고, 전체를 저장하려고 시도하고 있으며, 대부분 고객은 자신의 데이터를 버리려고 하지 않는다. 이 절에서는 그 이유에 대해 사례를 통해 살펴보도록 하자.

FDC의 사례

반도체 생산공장의 실제 예에서 본 것처럼, 하나의 반도체 칩이 생산되기까지 여러 단계를 거쳐 다양한 생산 장치를 이용하여 생산이 이루어지며, 최대 90일까지 생산기간이 걸린다는 것을 알 수 있었다.

특정 생산 단위에서 문제가 발생한 것을 발견했다면, 어느 공정에서 품질 문제가 발생한 것인지를 추적하여 그 원인을 분석하는 것을 FDC(Fault Detection and Classification)라고 한다. 이를 수행하기 위해서는 생산 과정에서 발생한 센서 데이터를 보존하고 있어야 한다.

생산 최종 단계에서 생산품의 문제를 감지했다면, 생산 과정을 거슬러 올라가서 각 공정에서 생산 장치의 센서값을 추출하고, 그 센서값의 오류 여부를 판단하여, 어느 장치에서 이상 동작이 있었는지를 규명하여야 한다. 이를 위해서 그 생산품과 관련된 대량의 센서 데이터를 검색하여, 문제가 발생한 제품이 생산된 시점의 데이터를 읽어와야 한다.

생산 도중에 문제를 발견하였을 때, 오류가 발생한 제품들을 제거하고 비용을 절약하는 것도 FDC의 주요 목표이다. 이를 위해서는 장치에서 생성되는 센서 데이터의 패턴이 문제를 발생시키는 패턴인지를 판단해야 한다. 데이터 패턴을 풍부하게 유지하고 분석하여야 오류를 일으키는 데이터 패턴과 정상 상태 패턴을 정확하게 판단할 수 있다. 정상 상태의 데이터 패턴이 부족하면, 오류가 발생하지 않는데도 정상 패턴과 달라 오류로 잘못 진단할 수 있으며, 오류 상태 데이터가 부족하면 오류가 발생하더라도 오류인지를 판단할 수 없기 때문이다.

이는 "오류 데이터만 모으면 된다." 혹은 "특정 경계 값만 넘으면 오류로 처리하도록 하면 문제가 없을 것"이라는 기존의 생각이 틀렸을 뿐만 아니라, 왜 FDC라는 응용영역에서 정상/비정상 관계없이 데이터를 오랜 기간에 걸쳐 대량으로 저장하여 보관해야만 하는지에 대한 중요한 근거가 된다.

인공지능 및 머신러닝(AI/ML)에서의 데이터 처리 사례

인공지능을 위한 대표적인 솔루션인 텐서플로우 등을 이용하여 시스템의 장애 예측에 활용하는 것이 스마트 X 영역 데이터 처리의 주요 최신 트렌드이다. 이와 관련되어 기계학습을 이용하는 일반적인 과정은 다음과 같다.

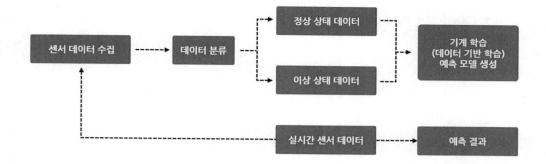

1) 먼저 센서 데이터를 수집한다. 수집된 데이터가 없으면 기계학습을 실행할 수 없고, 데이터를 많이 수집할수록 예측 모델이 정교해지며, 예측 실패가 적어지므로, 가급적 많은 데이터를 수집해야 한다.

2) 수집된 데이터를 정상 상태 데이터와 이상 상태 데이터로 분류한다.

3) 텐서플로우 등의 기계학습 도구를 이용하여 정상 상태, 이상 상태 데이터 패턴에 기반하여 학습을 실행한다. 실행 결과로 예측 모델을 생성한다.

4) 실시간으로 입력되는 센서 데이터를 위 예측 모델을 이용하여 예측을 실행하여 결과를 얻는다. 결과가 부정확하면, 데이터를 더 많이 수집한 후, 3)의 과정을 반복하여 원하는 수준의 예측이 나올 때까지 반복하여 수행한다.

5) 예측 실행 결과가 충분히 실제 상황을 반영한다면, 실시간 데이터로부터 실행한 예측 데이터를 이용하여, 예지 보전, 생산 예측 및 최적화 등으로 다양하게 활용할 수 있다.

위의 과정에서 기계학습으로 생성된 예측 모델을 평가하여 필요 없는 입력값을 제거하고, 더 정교한 예측 모델을 지속적으로 생성해야 하는데, 실제로 생산 과정에서 실패를 반복하면서 최적화할 수 없기 때문에, 대량의 과거 데이터를 유지하고 있다면, 더 확실한 예측 모델을 생성할 수 있다. 이후 비즈니스가 고도화됨에 따라 지속적인 공정 변경, 생산라인 추가 등이 발생하면, 새로운 예측 모델을 다시 생성해야 하는데, 이를 위해서는 과거에 저장된 모든 데이터가 그 빛을 다시 발하는 좋은 기회가 된다. 이미 도래된 기계학습 시대에는 오히려 더 많은 데이터가 필요하다는 이런 역설적인 현상이 IoT 데이터의 폭증을 이끄는지도 모른다.

IoT 데이터의 미래

이 장에서는 스마트 X라고 불리는 곳에서 발생하는 대규모 데이터에 대한 몇몇 사례를 들고, 그 필요성에 대해 간략하게 기술해 보았다. 주지한 바와 같이 이러한 센서 데이터는 앞으로 더 많이 발생할 것이 분명하며, 이러한 데이터에 대한 저장과 처리가 모든 곳에서 요구될 것이다. 분명히 지난 세대와는 다른 새로운 데이터 형태와 처리에 대한 시장의 요구가 높아지고 있는데, 우리 인류는 이런 데이터에 대한 대응을 어떻게 하고 있으며, 앞으로 어떤 것이 요구될지 참으로 기대되지 않을 수 없다. 이 이야기는 다음 장에서 좀 더 자세히 살펴보도록 하자.

## 제 3 장

IoT 데이터 전쟁의 서막

도전과 좌절의 역사

바야흐로 IoT 시장에서의 데이터 전쟁이 시작되었다. 누가 가장 빨리 그리고 효율적으로 폭증하는 데이터를 처리하느냐가 앞으로 벌어질 전쟁에서의 승패를 가늠하는 중요한 잣대가 될 것이 분명하다. 그리하여, 이 IoT 데이터 전쟁에서 승리를 위해 뛰어든 많은 도전자가 있었다. 그 도전자는 나름의 장점과 승리의 추억도 있지만, 좌절 또한 겪을 수밖에 없는 한계를 가지고 있다. 그들의 이야기를 한번 펼쳐보자.

트랜잭션 기반의 전통 데이터베이스

아이가 세상에 처음 태어나면 하는 일이 울음을 터뜨리고, 이 지구의 공기를 들이켜는 것이다. 너무나 당연한 일이고, 아이는 공기의 존재조차도 알지 못하는 상태에서 이를 행하게 된다. 마찬가지로 현재 RDBMS(전통적인 트랜잭션 기반의 데이터베이스)는 공기와 같이 우리의 삶에 직결되어 있다. 대부분의 IT 관련자가 학교에서 혹은 기업에서 사용하고 배우는 거의 모든 데이터베이스가 바로 이 종류이기 때문이다. 대표적으로 오라클, MySQL, MariaDB, PostgreSQL, MS-SQL, Sybase, DB2 등이 있으며, 기술하지 않은 수십여 종의 유사한 제품들이 존재한다.

이 세상에 센서 데이터가 발생한 후에는 첫 번째로 그러한 데이터가 RDBMS에 저장되고 처리될 것이라는 사실이 자명하다. 그러한 RDBMS의 편의성과 익숙함에도 불구하고, 오늘 21세기에 IoT 데이터를 처리하기에는 너무나 많은 제약사항이 있는 것이 사실이다. 실제로 지금까지 개발되어온 수많은 센서 데이터 관련 제품들(예를 들어, 로보틱스, 스마트팩토리 등)과

관련된 데이터 처리의 한계와 어려움은 유명한데, 전통적인 데이터베이스가 이 전쟁에서 고전을 면치 못하는 근본적인 이유는 트랜잭션이라는 기능을 통해 데이터를 처리한다는 사상에 있다. 다시 말해, 트랜잭션은 은행의 송금 혹은 비행기 예약과 같은 복잡하고, 어려우면서 연속된 비즈니스 업무를 하나의 온전한 업무 단위로서 처리하기 위해 고안된 기술적인 요구사항이다.

위에서 언급한 비즈니스에서는 처리의 신뢰도가 매우 중요하기 때문에 해당 업무가 완벽하게 보장되는 것을 목표로 다양한 기술적인 연구와 해결책이 지난 30여 년간 지속적으로 발전되어 왔다. 즉, 데이터의 처리 비용과 관계없이 이론적으로 완벽하게 보장되는 방향으로 기술개발이 이루어졌기 때문에 현재의 하드웨어 성능으로는 초당 수백 혹은 수천 건을 처리하는 것이 그 한계이다. 이러한 트랜잭션을 지원하기 위해서, RDBMS는 아래와 같이, 성능을 희생하는 큰 비용을 지불하고 있다.

첫째, 연산 복구 비용이다. 트랜잭션의 중요한 속성 중 하나로 원자성(Atomicity)을 들 수 있는데, 이는 수행 중인 트랜잭션은 완벽하게 끝나거나, 혹은 수행되기 이전의 상태로 완벽하게 복원이 되어야 한다는 것이다. 트랜잭션의 중간 상태는 존재할 수 없는데, 이를 위해서 RDBMS는 모든 트랜잭션의 변경 연산(입력, 수정, 삭제)에 대해서 로그(Log)라는 2차 저장 매체에 기록을 수행한다. 내가 특정 데이터를 입력하면, 단순히 데이터를 입력하는데 그치는 것이 아니라, 그 데이터가 저장되는 데이터 파일의 변경된 영역을 기록하고 그 데이터를 가리키는 인덱스의 변경 부분도 기록한다. 만일 생성된 인덱스가 10개라면, 10개 모두에 대한 변경 내역을 기록한다. 즉, 배보다 배꼽에 더 큰 경우가 발생하는데, 검색 성능을 높이기 위해 다양한 인덱스를 생성하면 할수록 입력 성능이 떨어지는 트레이드 오프(Trade-off)가 발생한다. 이러한 로깅 비용이 전체 데이터베이스 성능을 저하시키는 가장 중요한 이유이다.

둘째, 잠금(Locking) 비용이다. 실제 데이터베이스에서는 하나의 트랜잭션은 다수의 테이블에 대해서 접근하고, 그 트랜잭션이 동시에 여러 건 수행되어야 한다. 이러한 환경에서 높은 동시성을 제공하고, 잠금으로 인한 교착상태(Deadlock)를 방지하기 위해, 매번 모든 데이터 접근에 대해서 이 잠금을 수행하게 되는데, 이 비용이 매우 크다. 특히, 대부분의 RDBMS는 테이블 단위가 아닌 레코드 단위의 잠금을 지원하기 때문에 내부적으로 복잡하고, 높은 비용의 잠금 비용을 지불해야 한다.

셋째는 일반화된 데이터 저장 구조 및 인덱스 구조의 복잡성으로 인한 비효율성이다. 앞에서도 잠깐 언급한 바와 같이 트랜잭션 기반의 RDBMS는 느릴 수밖에 없는 한계를 스스로 인식하고 이를 극복하기 위하여 노력하여 왔다. 그리고 그 결과로 데이터베이스는 매우 복잡한 구조로 진화하였다. 특히 당시에는 하드디스크가 가장 대중적인 저장매체였기 때문에 읽기 성능을 향상시키기 위해 디스크 관리자, 버퍼 관리자 등을 통해서 최악의 상황에서도 나름 평균적인 성능을 보장하도록 설계를 하였고, 이로 인해 전체적인 코드의 복잡성이 더 커진 것이다. 이 복잡성은 단순한 연산(입력)에 대해서도 복잡한 내부 로직을 수행할 수밖에 없는 구조적인 한계를 가지게 되었다.

이러한 이유로 인해서 IoT 데이터의 입력 성능이 최대인 경우라도 초당 수천 건으로 제한될 수밖에 없고, 더 큰 문제는 저장된 대규모의 데이터에 대해(예를 들어, 수억 건) 질의를 수행하면 때때로 대답 없는 함흥차사가 되어 개발자를 괴롭히는 원흉이 되어버린 것이다.

일반 텍스트 파일(Plain Text File)

위와 같이 기존의 데이터베이스로 해결이 어려운 경우에 가장 빈번하게 찾게 되는 방법이 일반 텍스트 파일이다. 가장 쉽고 강력하지만 뒤처리가 복잡한 방법이다. 쉽게 말하면, 쏟아져 나오는 센서 데이터를 그대로 일반 텍스트 파일에 저장하는 방법이다. 의외로 이렇게 센서 데이터 혹은 시계열 로그 데이터를 일반 텍스트 파일에 저장하는 방법을 선호하는 기업이 상당히 많다. 보통 특정 크기(예를 들면 2GB)로 생성되면, 압축 후 보관하고, 파일명과 폴더를 시간순으로 저장해서 나중에 찾아보기 쉽도록 관리한다. 주로 방화벽이나 공장의 장비에서 미래에 사용 가능성이 있지만 중요도가 떨어지는 데이터를 저장해야 하는 경우 사용하는 방법이기도 하다. 그러나 이렇게 저장하는 경우에 다음과 같은 문제점이 발생한다.

첫째로, 데이터 접근이 어렵다. 일단 압축된 상태이기 때문에 압축을 해제해야 하고, 이를 위해서는 콘솔이나 임의의 솔루션을 통해서 접근하고, 복사해야 한다. 사용자의 특정한 요구를 위해 정규화되지 않은 관리비용이 크게 발생한다는 것이다.

둘째는, 이것이 더 큰 문제인데, 데이터 검색 시의 느린 성능이다. 접근하기 위한 대상 파일을 이미 알고 있는 경우에는 그나마 쉽지만, 특정 패턴을 찾는다고 가정한다면, 이는 업무의 양과 비용의 측면에서 재앙이라고 할 수밖에 없다. 모든 압축된 텍스트 파일을 순차적으로 일일이 확인하면서 특정 데이터 혹은 패턴을 찾아야 하는데, 그 데이터의 크기가 수 테라에 달한다면 어떻게 할 것인가? 하나의 업무를 수행하기 위해 수일의 분석 시간과 비용이 들어가는 것을 당연하게 생각하는 조직은 아마 없으리라 생각한다.

검색엔진 기반 솔루션

최근 몇 년간 각광을 받고 있고 또한 특정 비즈니스 영역에서는 대세로 자리 잡은 기법이다. 이러한 검색엔진 솔루션으로는 대표적으로 스플렁크(Splunk)나 일라스틱(Elastic) 등이 있는데, 이러한 솔루션이 각광을 받게 된 몇 가지 이유를 살펴보자.

첫째로 특정 산업계의 시계열 데이터가 일반 텍스트 파일(Plain Text File)로 존재한다는 것이다. 예를 들어 운영체제의 시스템 로그 혹은 보안 분야에서 발생하는 막대한 로그는 대부분 텍스트 형태로 발생하고, 이를 텍스트 파일로 저장하는 것이 일반적이었다. 검색엔진은 이러한 텍스트 파일을 읽고, 인덱싱하기 위한 최적의 솔루션이 아니던가?

둘째로 대규모의 데이터 크기에도 적절한 성능을 보장하기 때문이었다. 수 테라 크기로 검색할 수 없었던 텍스트 파일을 수초 만에 검색하고, 일부 분석까지 할 수 있다. 이러한 장점으로 말미암아 대규모의 로그성 빅데이터를 보유하고 있던 많은 기업이 이를 채택하게 되었고, 그중에서도, 검색과 부분 분석이 필요한 보안 영역에서 특히 많은 고객을 확보하게 되었다.

셋째로는 직관적이고 쉬운 사용자 인터페이스(Graphic User Interface)를 제공했다는 점이다.

사용자는 몇 가지 조작만으로 이전에 볼 수 없었던 자신의 빅데이터 분석 결과를 화려한 그래픽으로 볼 수 있다는 것은 그야말로 희소식이었음을 부정할 수 없다.

그러나 이 검색엔진 기술 기반의 솔루션은 IoT를 위한 센서 데이터 처리에 적합하지 않다는 치명적인 약점을 가지고 있다. 이 사실을 정확하게 인식하지 못한 채로 대량의 IoT 센서 데이터 처리에 검색엔진 기반의 솔루션을 도입했다가 낭패를 당한 경우들이 상당수 알려져 있다. 그 이유는 다음과 같다.

첫째, 모든 처리 가능한 데이터가 일반 텍스트 형태로 구성되어야 한다는 점이다. 이것은 사실 매우 치명적인 약점일 수 있는데, 검색엔진의 특성으로 인해 정수나 실수와 같은 수치 데이터의 경우에도 아스키 코드의 텍스트로 변환이 되고, 이 데이터가 임의의 일반 텍스트로 존재해야 한다. 이 경우 데이터의 관리도 어려울 뿐 아니라, 모든 데이터를 무조건 일반 텍스트로 변환하면서 발생하는 저장공간의 낭비와 변환 비용이 매우 크다.

둘째, 실시간 처리에 대한 어려움이다. 검색엔진 기술의 핵심 중의 하나인 역인덱스(Inverted index) 생성이다. 이는 특정 문서에 포함된 임의의 키워드를 기반으로 검색할 수 있게 해 주는 주된 알고리즘인데, 이 인덱스를 생성하는 데는 상당히 많은 시스템 비용을 지불해야 한다. 왜냐하면, 이 인덱스는 트리(Tree) 기반의 전역 인덱스로 구성이 되는데, 입력되는 모든 데이터를 하나씩 분석하여 인덱스의 키로 구성하는, 비용이 많이 드는 아키텍처이기 때문이다. 그래서 이런 기술은 실시간 처리보다는 포털사이트와 같이 하루에 한 번 전체적인 인덱스를 구축하는 곳에서 주로 사용된다. 시간이 충분한 경우라면 상관없지만, 발생하는 사건을 빠른 시간 내에 확인하고, 대처해야 하는 경우에는 생각보다 더 많은 하드웨어 및 비용이 투입되어야 한다.

셋째, 대규모 시계열 센서 데이터의 특성을 지원할 수 없는 구조적인 한계 및 느린 성능이다. 시계열 센서 데이터는 독특한 특징을 가지고 있다. 센서 데이터는 시간 값에 대해 높은 카디널리티(Cardinality)를 가지면서도, 각각의 센서가 대량의 데이터를 생산한다. 카디널리티가 높다는 것은 센서의 종류와 시간 값이 매우 다양하여 중복되는 데이터가 적다는 의미이다. 이런 특성의 데이터 분석 기능을 지원하는 것은 검색엔진의 원래 목적에 비추어 보면 거의 불가능에 가깝다. 물론, 센서의 종류가 수십 종류에 불과하고, 데이터의 총량이 수백만 건에 불과하다면 충분히 처리가 가능할 것이나, 이 정도면 그냥 일반 데이터베이스를 쓰는 게 나을 수 있다. 굳이 비효율적인 검색엔진에 데이터를 넣을 이유가 없기 때문이다.

하둡 기반 솔루션

중국 삼국지에 나오는 고사 중에서 가장 유명한 것 중의 하나가 조조와 얽힌 에피소드인 "계륵"일 것이다. 이 계륵은 먹기에는 귀찮고, 버리기에는 아까운 상당히 애매한 수준의 뭔가를 뜻한다고 볼 수 있다. 모르긴 몰라도 IT 시장에서 이 "계륵"이라는 단어가 가장 잘 어울리는 제품이 바로 하둡(Hadoop)이 아닌가 생각된다. 자세히 기술하기에는 너무 많은 분량이기 때문에 출현 배경과 그 철학적인 배경만을 이야기하는 것이 적절할 듯하다.

이 하둡은 구글의 내부 데이터 처리 엔진인 빅테이블과 동일한 자바 기반의 오픈소스 버전이라고 정의할 수 있다. 다시 말하자면, 구글과 같은 인터넷 검색엔진 서비스를 해서는 이와 관련되어 수집된 웹 문서를 위한 역인덱스가 필요하다. 문제는 이 수집된 웹 문서의 크기가 수백 테라가 넘어간다는 것과, 이 문서를 모두 읽어서 역인덱스를 구성해야 한다는 것이다. 더 큰 문제는 이 수백 테라를 한곳에 저장할 수 있는 물리적인 하드디스크가 존재하지도 않거니와 존재한다고 해도 수백 테라를 읽어서 역인덱스를 만들기 위해서는 일반 PC에서는 1년 이상의 시간이 걸릴 수 있다. 이런 빅데이터 문제를 해결하기 위해, 저렴한 다수의 PC를 조합해서 가상의 디스크를 구성하고, 각각의 PC가 병렬로 일하게 만들면 1년 걸릴 작업을 하루 만에 할 수 있게 된다. 이를 위해 하둡이 개발되었고, "빅데이터 솔루션"이란 별명을 가지게 되었다. 이 하둡이 바라보는 데이터에 대한 철학적 배경은 이렇다.

모든 데이터는 완벽한 비정형 텍스트 데이터이다. 따라서, 이런 데이터는 분석하기 위해서는 모두 읽어서 처리하는 순차적 방식으로 할 수밖에 없고, 빠르게 하기 위해서는 동원할 수 있는 모든 하드웨어를 병렬로 수행해야 한다.

즉, 하둡에서는 데이터 분석에 필요한 전략이 그냥 모두 읽는 것이고, 컴퓨터 개수를 필요한 만큼 늘려서 성능을 높이라는 것이다. 여기에 활용되는 알고리즘이 우리가 잘 알고 있는 맵리듀스(Map-Reduce)이고, 기반이 되는 하둡 파일 시스템(Hadoop File System)이라는 공유 파일 시스템이다.

물론 그 이후에 많은 개선 방안과 솔루션이 나왔지만, 이 근본적인 철학은 동일하다. 더구나 오픈소스라서 무료이고, 누구나 설치하여 사용할 수 있으며, 빠른 빅데이터 처리 속도를 제공한다. 더구나 RDBMS처럼 SQL도 사용할 수 있다고 하니 사용자들에게 최고의 선택이었던 것이다. 그래서 지난 수년간 사용자들은 엘도라도를 상상하며, 너나없이 하둡을 도입하기 시작했다. 덕분에 클라우데라나 호튼웍스 같은 미국 기업들이 비즈니스를 시작했고, 한국에서도 수십 개 이상의 토착 기업이 하둡 소스를 기반으로 한 자체 빅데이터 솔루션을 출시하였으며, 이를 기반으로 한 다양한 비즈니스가 가능해지기 시작했다. 빅데이터의 봄이 시작된 것이다. 여기까지는 행복한 스토리다. 이제 반대로 돌아가서 불행한 이야기를 살펴보자. 하둡의 기본 특성을 이해하지 못하면, 바느질할 곳에 망치와 못을 사용하는 격이 될 수 있다.

첫째, 하둡은 최소 4대 이상의 클러스터로 구성해야 한다. 빅데이터 서비스를 하기 위한 포털 수준의 기업이라면 확장성(Scale-out)과 고가용성(High Availability)을 고려해야 한다.

둘째, 모든 처리할 데이터를 하둡 파일 시스템에 저장하도록 되어 있으며, 파일의 부분 변경이 불가능하다. 즉, 정교한 데이터 처리를 위한 세밀한 파일 조작이 불가능한 것이다.

셋째, 데이터 분석을 위해 기본적으로 맵리듀스를 수행하게 되며, 이는 클러스터 준비시간에만 몇 초 이상의 시간이 걸린다. 다시 말해 데이터양이 적어도 절대적인 처리 시간이 필수적이라는 것이다.

넷째, 동시 사용자 처리가 거의 불가능하다. 기본적으로 하둡은 단일 사용자를 기준으로 모든 데이터를 검색하는 구조이다. 다수의 사용자가 동시에 맵리듀스를 수행하는 것은 시스템 재난 수준의 부하를 생성시키는 것이다.

다섯째, 생각 외로 높은 비용이 든다는 점이다. 많은 기업고객이 라이선스가 무료라고 도입했다가 유지보수에 들어가는 높은 비용에 놀라는 경우가 많다. 그 이유는 이 하둡이라는 생태계의 복잡성에 기인한다. 최소한 10개 이상의 오픈소스 스택을 설치해야 할 뿐만 아니라, 장애가 발생했을 때 그 원인과 대처 방법을 찾기가 쉽지 않다.

이런 사실을 모르고, 그냥 빅데이터라고 활용했다가 곤란을 당한 고객의 이야기는 인터넷 상에서 많이 발견할 수 있으며, 실패한 도입 사례로 스스로 말할 수 없는 경우도 많아서 알려진 것보다 더 많은 스토리가 있다. 실시간으로 처리해야 하는 센서 데이터 영역에서 하둡을 도입하는 것이 매우 어렵다는 것을 이해할 수 있을 것이다.

계륵이라고 한 이유는 여전히 하둡이 무료로 빅데이터를 쉽게 처리할 수 있다고 믿지만, 실제 성공적인 사용사례를 찾기 힘들어 도입 여부와 관련하여 딜레마에 빠진 고객들의 상황을 빗대어 표현한 것이다.

NoSQL

NoSQL이라는 용어는 Not Only SQL이라는 의미로 관계형 처리 언어인 SQL이 지원되지 않는 새로운 DBMS라는 뜻을 담고 있다. NoSQL은 새로운 데이터 처리 트렌드로서 매우 성공적인 IT 이력을 가지고 있다. 이 중에서 가장 유명한 제품이 카산드라(Cassandra)와 인 메모리(In-Memory) 기반의 키-밸류 데이터베이스(Key-Value Database)인 레디스(Redis)일 것이다. NoSQL이 가진 데이터에 대한 관점도 흥미롭다. NoSQL은 세상의 모든 데이터가 유일 키(Unique Key)를 가지고 있으며, 이 유일 키를 기반으로 나머지 데이터가 연결되어 있다고 본다. 이런 세상에서 NoSQL이 가장 잘할 수 있는 영역으로 객체 인증 혹은 데이터 캐시 서비스를 들 수 있겠다.

예를 들어, 대한민국 사람은 누구나 주민등록번호를 가지고 있는데, 이런 주민등록번호를 기반으로 데이터를 등록하고, 수정하고, 탐색하고, 삭제하는 작업은 NoSQL의 성능을 따라갈 제품이 없다. 마치 골목길을 돌아다니는데 자전거의 민첩함은 자동차나 비행기가 따라갈 수 없는 것과 마찬가지로 말이다. 그리고 포털 서비스 사이트에서 수많은 페이지의 웹 서비스를 제공할 때, 특정 웹페이지마다 고유의 키를 부여하여 요청된 페이지를 실시간으로 서비스하는 페이지 캐시 서비스를 사용하는데 여기에도 NoSQL을 사용하고 있다.

세상을 이렇게 유일 키를 가진 대상으로 보게 되면, 이에 따라오는 소프트웨어적인 장점이 있는데, 바로 확장성과 고가용성이다. 확장성 관점에서는 모든 데이터(혹은 엔트리)에는 반드시 유일 키가 존재하기 때문에 자신이 속할 서버를 쉽게 지정할 수 있고, 이 서버의 개수를 무제한으로 늘림으로써 사용자 요청의 증가에 대한 유연한 대처가 가능하다. 고가용성 관점에서는 자신의 데이터를 두 개 이상의 서버에 복제해 둠으로써 만일 하나의 서버에 장애가 발생하더라도 나머지 서버가 대신할 수 있도록 하여, 장애에도 큰 어려움 없이 서비스를 수행할 수 있다. 이런 장점에도 불구하고, 이 NoSQL은 센서 데이터 처리를 위해서 몇 가지 약점이 존재하는데, 이것이 왜 키-밸류 데이터베이스가 센서 데이터 처리에 부적합한지에 대한 이유일 것이다.

첫째는 집계 함수(Aggregation)를 사용하기가 힘들다. 통계를 얻기 위해 다수의 유일 키를 조합하는 경우에는 사실상 불가능한 경우가 많다. 예를 들어 특정 주소를 가진 사용자들의 평균 나이를 구한다고 생각해 보자. 데이터가 주민등록번호를 기준으로 서버에 분산되어 있기 때문에 모든 데이터를 검색하는 것 외에는 방법이 없다. 이는 2차 인덱스 생성이 불가능하기 때문이다.

둘째는 시계열 데이터 저장이 구조적으로 용이하지 않다. 센서의 태그 번호를 기준으로 서버에 저장하는 것은 좋은 전략이지만, 구조적으로 센서의 시계열 데이터 처리는 쉽지 않다. 하나의 센서가 하나의 키를 가진다고 볼 때, 해당하는 센서의 데이터를 시간순으로 계속 추가하면서 변경하게 되고 결과적으로 하나의 레코드 크기가 수십 기가가 될 수도 있다.

셋째는 시계열 데이터의 추출이 매우 느리다는 것이다. 위의 방법대로 센서 데이터를 저장했다고 하더라도 해당 컬럼에 시간 및 값이 쌍으로 연결된 수백만 개의 연속된 데이터가 있을 때, 이를 시간 범위로 추출하기 위해서는 선형적으로 탐색을 해야 하는 문제가 존재한다. 설상가상으로 만일 입력되는 특정 태그의 시간이 역전된다면 추출한 이후에 다시 정렬해야 하는 상황도 발생하기 때문에 최악의 경우 아무것도 할 수 없는 지경에 이르게 된다.

몽고디비

인터넷 시대에 가장 독특하면서도 대중적으로 인기가 있는 DBMS가 바로 몽고디비(MongoDB)라고 할 수 있다. 우선 오픈소스이기 때문에 많은 사용자가 무료로 사용할 수 있을 뿐 아니라, 빠른 성능으로 인해 전 세계적으로 대단한 인기를 자랑한다. 또한, 그 정체성이 매우 독특한데 스스로 문서 DBMS(Document DBMS)라고 밝히고 있을 정도로 문서와 같은 비정형 데이터 처리에 특화되어 있으며, 질의 언어도 SQL이 아닌 JSON(JavaScript Object Notaion) 형태로 동작하기 때문에 어느 특정한 종류의 데이터베이스라고 이야기하기 힘들다 (혹자는 NoSQL로 구분하기도 한다). 굳이 구분하자면 전통 데이터베이스와 NoSQL 중간 정도에 있다고 볼 수 있다. 즉, 데이터베이스 스키마가 필요 없고, 트랜잭션을 지원하지 않으며 키-밸류(Key-Value) 특성을 가진 점은 NoSQL로 볼 수 있으나, 통계 등 다양한 질의문을 지원하고 트리(Tree) 기반의 다수 인덱스 생성을 허용한다는 측면에서는 오히려 전통적인 데이터베이스에 가깝다고 볼 수 있다.

위와 같은 이유로 빅데이터 일반 문서 처리 혹은 일반 데이터 저장소 등 산업군을 가리지 않고 사용되고 있어서 만능으로 보이기도 한다. 그러나 센서 데이터 처리 관점에서 보면 이 제품의 한계는 오히려 명확하다. 너무 많은 기능과 형태를 지원한다는 것은 특정한 제품 영역에서 경쟁력이 떨어진다는 것을 의미하기도 하는데, 실제로 대량의 시계열 데이터의 입력 성능과 추출 성능이 매우 느리기 때문에 IoT 센서 데이터 처리 영역에 적합하다고 할 수 없다.

RTDB

이 RTDB 용어는 대한민국의 제조업 분야에 국한된 용어로서 실시간 데이터베이스(RealTime Database)라고도 불린다. 주로 산업용(Industrial) IoT 영역으로 불리는, 발전, 제조 분야의 데이터를 처리하는 OT(Operational Technology) 영역에서 사용되는 데이터 저장소를 RTDB라 부르는데, 제품의 종류와 무관하게 센서 데이터를 저장하는 제품을 RTDB로 지칭한다. 그러나 엄격하게 이 제품의 기원부터 살펴보면, 원래 RTDB라고 부르는 제품은 DBMS라기보다는 솔루션 측면에서의 데이터 저장소로 볼 수 있다. 예를 들면, 오에스아이소프트(OSISoft)의 파이 시스템(PI System)이나 유사 제품인 데이터파크(dataPARC)를 지칭하기도 하고, 이러한 제품과 센서 데이터를 저장하는 유사 제품군을 일컫는 용어인 히스토리안(Historian 혹은 Operational Historian)으로 사용되기도 한다.

이 제품들은 수만 개 이상의 서로 다른 종류의 센서 데이터를 고속으로 저장하고, 이를 실시간으로 시각화해 주는 제품으로 오랫동안 사용되어 왔다. 또한, 해당 영역의 고객이 필요로 하는 기능과 성능을 제공하고 있었기 때문에 DBMS라는 용어는 이 OT 영역에서는 거의 활용될 여지가 없었다. 그러나 세상이 변하면서 기존의 솔루션으로는 폭발적으로 증가하는 데이터를 처리하기 힘든 지점에 이르렀다. 그 이유는 다음과 같은 몇 가지를 들 수 있다.

첫째는 확장성이 제공되지 않는다. RTDB는 단일 서버로 최고의 성능을 낼 수 있는 구조로 진화해 왔고 이중화까지 지원하는 것이 가능하다. 그럼에도 불구하고 확장성이 문제가 되는 것은 데이터양이 급격하게 증가하는 상황에서 이중화를 넘어선 다중화가 필요하고, 무엇보다 서버를 추가하여 처리 성능을 높이는 것이 중요한데 이에 대한 대처 방안이 없기 때문이다.

둘째는 IT와 OT의 융합이 시작되었다는 점이다. 앞에서 언급한 바와 같이 OT 영역에서는 SQL을 사용하는 RDBMS를 고려하지 않았다. 그러나 폭발적인 센서 데이터의 증가와 함께 이와 관련된 요구사항이 늘어남에 따라, 해결점을 IT 영역에서 찾기 시작하였으며, 관련된 IT의 기술은 대부분 RDBMS을 기반으로 하고 있기 때문에 RTDB와 같은 특화된 제품이 배제되는 상황이 된 것이다. 특히, 스마트팩토리 솔루션이라는 이름의 IT 기반 제품들이 OT 영역으로 확장함에 따라 RTDB가 가지고 있는 한계가 발목을 잡고 있다. 스마트 시대에는 RTDB보다 RDBMS와 같이 개발과 사용이 편하고 빠른 성능을 제공하는 솔루션이 더 각광을 받게 되었다. 사용자는 패키지 구조를 가진 단일 데이터베이스 형태를 선호하는 데 반해, RTDB는 단일 패키지가 아니라 큰 솔루션의 한 부분으로 제공되고 있기 때문에 미래 시장에서 수요가 감소할 수밖에 없다.

IoT 데이터 전쟁 승리의 조건들

그렇다면, 과연 이 전쟁에서 승리하기 위해서는 어떤 특징을 보유하고 있어야 할까?

데이터 입력과 저장 속도

센서 데이터 처리에 있어 가장 중요한 덕목이다. 앞 장에서 이야기했던 이야기의 핵심은 데이터가 많아진다는 것이다. 이는 처리하고자 하는 데이터양이 기존에는 초당 10건 혹은 100건이었다면, 스마트 시대에는 초당 만 건 혹은 초당 십만 건의 데이터를 처리해야 한다는 뜻이다.

IoT 시대에 접어들어 특히 반도체 혹은 유사 업계에서 발생되는 최근의 데이터 빈도를 살펴보면 초당 10만 건을 넘어, 초당 1,200만 건의 데이터를 처리해야 하는 곳도 존재한다. 특정 센서에 측면에서 살펴보면, 회전체(모터)를 관리 감시하기 위해 설치되는 정밀 진동 센서의 경우 그 대역폭이 12,000Hz에서 18,000Hz 정도이다. 이를 데이터로 환산하면 하나의 센서에서 초당 약 2만 건 이상(일반적으로 대역폭의 두 배의 데이터가 생산된다고 본다)의 데이터가 발생하고, 10개의 센서를 측정하기 위해서는 초당 20만 건 이상의 데이터를 저장해야 한다.

고속 데이터 추출

당연하다고 생각할 수 있지만, 실제 소프트웨어 측면에서 생각해보면 이게 만만한 문제가 아님을 직감할 수 있다. 가장 단순하게는 데이터를 저장하는 방식이 일반 텍스트 파일에 저장하는 것이다. 시스템 측면에서 보면, 쏟아져 나오는 데이터를 추가(append)하는 방식으로 텍스트에 기록하는 것이 저장장치에 저장하는 가장 **빠른** 방법이다. 그러나 내가 원하는 특정 시간과 특정 센서에 대한 데이터를 얻기 위해서는 모든 파일을 검색해야 하는 순차적 탐색으로 인해 성능이 느릴 수밖에 없다. 시장에서는 특정 데이터를 추출할 때 초당 백만 건 이상의 성능을 원한다.

고속 시계열 질의 지원

앞에서 언급했던 '고속 데이터 추출'과 유사한 맥락이지만, 시간이라는 축을 하나 더 놓고 이야기를 풀어보자. 센서 데이터의 경우, 대부분, 시간 축을 기준으로 발생하는 데이터이므로 시계열 데이터라고 한다고 언급하였었다. 이를 활용하는 사용자 측면에서 보면, 대부분의 데이터 질의문은 이러한 시간 축을 필수조건으로 놓고, 나머지 조건들을 처리한다. 즉 다음과 같은 사용자 질의문을 고속으로 처리하는 것이다.

> 2019년 3월 21일 11시부터 2019년 3월 21일 18시까지의 데이터 중에서 센서 S123의 데이터를 가져온다.

위의 사용자 질의를 자세히 살펴보면 모든 구문에 시간 범위가 조건으로 들어가 있는 것을 볼 수 있다. 시계열 센서 데이터 처리를 위한 가장 기본적인 특징이기도 하고, 쉽게 풀기 힘든 문제이기도 하다. 이 정도의 질의문은 이미 기존의 DBMS에서도 충분히 해결해 온 것 아니냐고 반문하는 독자도 있을 것이다. 물론 그렇다. 그렇지만 기존의 DBMS는 위의 질의를 처리하는 것이 실제로 매우 느리다. 또한, 다양한 시간에 관련된 함수 및 연산자도 부가적으로 지원해야 한다.

실시간 통계 기능 지원

여기서 말하는 실시간 통계 기능은 "**2013년 한 해 동안 특정 센서 집단에 대해 일평균 값을 구하라.**" 혹은 "**동일한 집단에 대해 지금부터 2시간 전까지 분당 평균값을 구하라.**"와 같은 것이다.

문제는 저장된 데이터양의 크기와 무관하게 수 밀리초 내에 결과를 제공해야 하고, 수행되는 과정에서 데이터의 입력에 크게 영향을 주지 않아야 한다는 것이다. 전통적인 데이터베이스처럼 대상 데이터에 대해 직접 연산을 하는 방식으로는 이 요구사항을 만족시킬 수 없으며, 미리 통계 자료를 생성해 놓는 새로운 접근 방식을 필요로 한다.

SQL 지원

OT(Operational Technology)로 불리는 산업 데이터 처리 분야에서는 SQL이 지원되지 않는 특화된 솔루션이 자리 잡고 있다. 그러나 이 세상이 발전하면서 IT 영역의 기술들이 전 산업계에 영향을 미치기 시작했고, 기존의 특화된 솔루션보다는 일반적인 데이터베이스 형태의 기술이 각광을 받고 있다. 무엇보다 '스마트팩토리'가 대두되면서, 기존의 특화된 솔루션 대신, SQL과 같은 IT 기술이 더 나은 방법으로 제시되고 있다.

임베디스 아키텍처 지원

다소 엉뚱하다고 생각할 수도 있지만, IoT 시장과 세상이 변하는 방향을 고려해 보았을 때, 이 요구사항은 그냥 간과할 수 없는 것이다. 이는 '클라우드 서비스'와 매우 밀접한 관계를 맺고 있기도 하고, IoT 혹은 스마트팩토리를 구성하는 최종 고객의 현실과도 맞아떨어진다. 대규모 데이터 발생이라는 이슈가 가진 대전제는 "데이터가 대량으로 쏟아지고 있고, 이를 처리하기 위한 새로운 방법이 필요하다."라는 것이다. 이런 상황에서 이러한 데이터를 어떻게 처리하는 게 가장 좋은 방법일까? 물론 데이터를 저장할 수 있는 충분한 성능의 DBMS가 존재한다는 가정하에서 말이다. 이 경우, 크게 두 종류의 방법을 고려하는 것이 일반적이다.

첫째는 모든 데이터를 클라우드에 두고 처리하는 방식이다. 이는 현재 주요한 트렌드 중의 하나로 데이터를 처리하는 복잡한 구성을 하지 않고, 일단 데이터를 클라우드(혹은 중앙 서버)로 올리기만 하면, 편하게 모든 것을 대신해 주는 편리한 방법이다. 그런데 그 편리함의 뒤편에는 클라우드에 데이터를 전송하고, 보관하기 위한 비용이 숨어 있다. 데이터가 더 많아질수록 그 비용은 선형적으로 증가하는 점을 제외하고는 참으로 좋은 해결책이다.

둘째는 데이터를 로컬 영역에 보관하고, 일부 중요한 데이터를 클라우드에 올리는 방식이다. 이 방식에는 몇 가지 장점도 있는데 첫 번째는 데이터 보안 관점에서 데이터를 외부로 오픈하지 않아도 된다는 점이고, 혹시나 클라우드 서비스 혹은 공용망(WAN)에 장애가 나더라도 서비스에 크게 문제가 되지 않는다는 점이다. 또한, 데이터를 전송하기 위한 인터넷망의 대역폭에 크게 구애받지 않으며, 클라우드까지 데이터를 전송하는 시간과 비용을 쓰지 않고 실시간 의사 결정을 할 수 있다는 점이다. 이러한 이유로 최근 들어 엣지 컴퓨팅(Edge Computing)이라는 개념이 대두되기 시작했고, 이 영역에서 가장 중요한 요소 중의 하나가 바로 엣지 부분, 즉 임베디드(Embedded) 장비에서도 잘 동작하는 데이터 처리 소프트웨어(DBMS)가 필요해진 것이다. 흔히 우리가 들어 봤음직한 작은 장비인 '라즈베리파이' 혹은 '라떼판다'와 같은 곳에 대규모 데이터 처리를 위한 DBMS가 동작해야 한다는 뜻이다.

문제 다시 보기: 왜 해결하기 어려울까?

그림으로 보는 센서 데이터 배치 구조

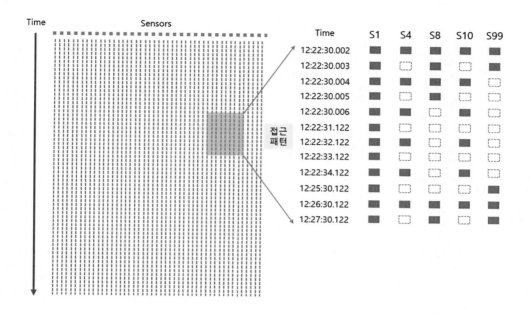

위의 그림은 실제 센서 데이터가 입력되는 모습을 데이터 관점에서 그린 것이다. 세로축은 아래쪽으로 시간의 증가를 나타내고, 가로축은 데이터를 생산하는 센서를 나타낸다. 그리고 붉은 상자 사용자가 특정 시간 범위 내의, 특정 센서의 데이터에 접근하는 경우를 확대한 것으로, 확대한 그림의 흰 박스는 데이터가 없는 경우이며, 푸른색의 경우에는 데이터가 입력된 것이다. 위의 그림을 기반으로 다음과 같이 센서 데이터 저장 및 접근의 특성을 기술할 수 있을 것이다.

1) 저장된 데이터의 시간은 증가하는 방향으로 저장된다.
   - 이렇게 되어야 추출 시 시간순으로 정렬된 값을 얻을 수 있다.
2) 센서 데이터 입력의 시간 값이 항상 증가하는 것은 아니다.
   - 센서의 시간 차이 혹은 데이터 입력 환경에 따라 간혹 역전도 가능하다.

3) 센서 종류는 항상 증가한다.

- 센서의 이상 유무에 따라 데이터가 입력되지 않거나, 해당 센서가 입력 대상에서 삭제될 수 있지만, 이미 입력된 센서 데이터가 사라지는 것은 아니다.

4) 각각의 센서는 각자의 주파수가 존재한다.

- 주파수에 따라 단위 시간당 입력 건수가 다르다.

  A 센서는 1초에 100건이 입력되지만, B 센서는 1분에 1건씩 입력될 수 있다.

5) 사용자는 시간이 증가하는 방향으로, 연속적으로 데이터를 얻는다.

- 얻어지는 센서 데이터를 불연속적으로 추출하는 경우는 없다.

6) 하나의 센서 데이터는 〈센서아이디, 시간, 센서값〉으로 구성된다.

- 센서아이디는 문자열로 가정한다.
- 센서값은 실수로 가정하고, 문자열인 경우는 예외로 한다.

이 내용을 종합해 보면, 센서 데이터 구조는 매우 높은 카디널리티(Cardinality)를 가지는 시간과 센서아이디로 구성된 2차원 문제라는 것을 이해할 수 있다. 여기에서 카디널리티가 높다는 것은 센서의 종류와 시간 값이 매우 다양하여 중복되는 데이터가 적다는 의미이다.

트리 기반 인덱스 데이터 구조의 한계

데이터베이스가 빠르게 데이터를 추출할 수 있게 해주는 기반 기술이 트리(Tree) 구조의 인덱스이다. 이 트리 구조는 조건이 하나인 1차원 문제는 잘 해결할 수 있지만, 두 가지 조건, 즉 시간과 센서아이디가 복합된 2차원의 문제를 해결하기에는 역부족이다.

그 이유를 그림을 통해 알아보자. 다음 그림은 3개의 컬럼을 가진 테이블(센서아이디, 시간, 센서값)에서 시간 컬럼에 트리 인덱스가 만들어진 것을 가정한다. 그리고 특정 센서에 대해 시간 범위 T1과 T2에 대한 데이터를 얻는 상황을 나타내었다.

오른쪽의 트리 인덱스는 아래와 같은 몇 가지 근원적인 문제를 담고 있다.

첫째, 우선 인덱스에 포함된 레코드의 개수가 지속적으로 늘어나면, 점점 입력 성능이 느려진다. 인덱스가 크면 클수록 인덱스의 갱신 작업에 더 많은 시간이 소요되므로 성능이 느려지기 때문에 매우 불리하다.

둘째, 특정 시간 범위의 센서 데이터 추출 성능이 데이터양 증가에 비례해 느려진다. 다음

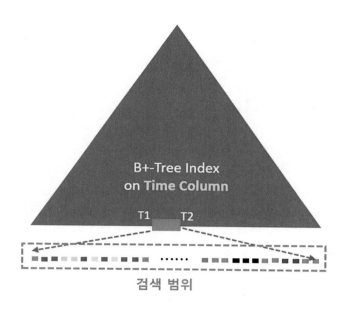

검색 범위

그림처럼 T1과 T2의 검색 범위가 넓고, 그 사이에 포함된 태그 아이디의 개수가 많으면 많을 수록 지정된 태그 아이디 값을 얻기 위해 그 범위의 데이터를 순차적으로 모두 방문을 해야 하는 악몽과 같은 일이 매번 벌어지는 것이다.

즉, 트리 구조는 두 개 이상의 서로 다른 데이터 차원을 처리하는 목적으로 설계되지 않았기에 센서 데이터 구조를 저장하면, 필연적으로 성능이 떨어질 수밖에 없다. 만일, 전체 저장될 데이터양이 적고(천만 건 이하), 센서의 종류가 얼마 되지 않으며(백여 종류 이하), 수행되는 질의의 데이터 시간 범위가 좁을 경우에는(한 번에 1,000건 이하) 충분히 빠르게 처리된다. 그러나 빅데이터 환경에서는 도대체 어떻게 해야 빠른 성능을 보장할 수 있을까?

좌절의 끝에서

이 장에서는 대규모로 발생하는 IoT 데이터에 대한 시장의 요구 사항과 이를 처리하기 위해 많은 시도를 했던 솔루션들에 대해 설명을 해 보았다. 인류의 발전이 그렇듯이 좌절은 또 다른 고민과 창조를 낳는다. 다음 장에서는 기존의 도전과 좌절이 어떤 형태의 새로운 창조의 결과물을 낳았는지 살펴보게 될 것이다. 과연 우리는 이 전쟁에서 승리할 수 있을 것인가?

제 4 장   시계열 데이터베이스의 출현

IoT 데이터 전쟁을 끝낼 영웅이 드디어 출현했다. 바로 시계열 데이터베이스라고 불리는 새로운 종족이다. 이 장에서는 IoT 시계열 데이터 처리에 최적화된 시계열 데이터베이스(Time Series DBMS)가 출현한 배경과 어떠한 제품들이 있는지 살펴본다.

출현 배경

시계열 데이터라 함은 '일정 시간 간격으로 배치된 숫자 데이터들의 나열'이라고 간단하게 이야기할 수 있다. 오래전부터 시계열 데이터는 존재해 왔었고, 어딘가에 저장되고 처리되어 왔음에도 불구하고 크게 주목을 받지는 못했다. 대표적으로 기상정보와 주식정보가 시계열 데이터이고, 이를 저장하고 분석함으로써 다양한 형태의 미래를 예측하거나 알지 못했던 과거의 사건을 이해하는 데 큰 도움이 되었다. 그런데 2010년 전후로 빅데이터라는 용어가 세상에 알려지고, 다양한 형태의 솔루션들이 시장에 출시되면서 이 시계열 데이터 처리에 대한 관심이 급격하게 증가하기 시작했다. 특히, 얼마 전부터 불기 시작한 4차 산업혁명이나 IoT라는 용어가 시계열 데이터에 대한 관심에 불을 붙이기 시작한 게 사실이다. 왜냐하면, 세상이 점점 더 지능화되면 될수록 그 지능화되는 대상물의 상태를 잘 파악해야 하고, 그 대상물의 정보를 빨리 습득하여, 대처해야 하는 요구 사항이 발생하기 때문이다. 여기서 주목해야 할 것은, 이렇게 습득해야 할 정보가 정확하게 시계열 데이터의 형태를 띠고 있으며, 조작해야 할 대상물의 개수가 늘어나면 날수록 처리해야 할 시계열 데이터의 개수가 기하급수

적으로 증가한다는 것이다. 앞 장에서 언급한 바와 같이 시계열 데이터 폭발 초기만 하더라
도 기존의 데이터베이스를 통해서 혹은 하둡과 같은 빅데이터 솔루션을 통해 해결 가능할
것이라고 믿었다. 그러나 실제로는 폭발적으로 쏟아져 나오는 데이터를 처리하기에는 역부
족이었으며, 결국 이런 시장의 요구로 인해 새로운 데이터 처리 방법에 대한 제품이 출현할
수밖에 없었던 필연적인 이유가 있었다.

아래는 전 세계 데이터베이스 랭킹을 조사하는 사이트(https://db-engines.com)에서 2019년
4월 기준 최근 24개월간 데이터베이스의 트렌드 변화를 나타내는 차트이다.

Trend of the last 24 months

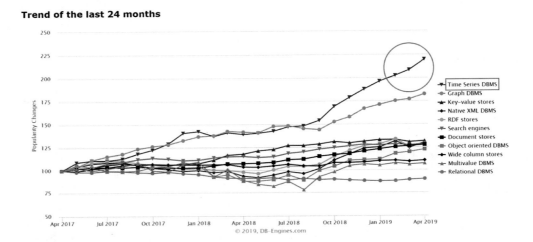

위의 그림에서 볼 수 있듯이 시계열 데이터베이스에 대한 관심이 다른 데이터베이스에 대
한 것보다 월등히 높아지는 것을 확인할 수 있다. 바야흐로 시계열 데이터베이스의 시대가
온 것이다.

시계열 데이터베이스의 특징

시계열 데이터베이스의 기술적인 특징은 시장에서의 요구 사항을 만족시키기 위해 특별히 고안된 기능들의 집합이고, 지향하는 시장에 따라 특화된 기능을 제공한다. 그러나 가장 기본은 시계열 데이터를 어떻게 빨리 처리하느냐에 대한 것임이 분명하다. 아래는 기능적인 측면뿐만 아니라 이해를 돕기 위해 그 특징의 기술적인 측면도 함께 설명한다.

시간 처리에 최적화된 인덱스 지원

센서 데이터가 가진 근원적인 문제는 전통적인 트리 기반의 인덱스로는 필요한 성능을 제공하기 힘들다는 것이다. 이런 이유로 최근의 시계열 데이터베이스는 시간축으로 모여진 태그 아이디마다, 대량의 데이터에 대한 새로운 형태의 인덱스를 구성함으로써 문제를 해결한다. 예를 들어, 마크베이스의 경우에는 시간축으로 데이터를 파티션(partition)하고, 태그 아이디에 대해 클러스터(cluster)로 모아서 처리하는 복합적인 구조의 인덱스를 통해 이 문제를 해결한다.

SQL 기반 시계열 질의 지원

시계열 데이터베이스를 쓰는 가장 큰 이유는 시계열 데이터에 대한 다양한 형태의 요청을 처리할 수 있도록 해 주는 것이고, 성능 또한 탁월하기 때문이다. 이는 특정한 시간에 해당하는 사용자의 분석 요구 사항을 잘 표현할 수 있는 질의 언어 측면에서 이해할 수 있다. 그리고 그 질의 언어가 널리 알려진 SQL을 기반으로 동작하도록 설계되어, 기존의 데이터베이스 사용자가 큰 어려움 없이 적응할 수 있다는 장점이 있다.

시계열 데이터베이스들이 시계열 데이터에 대한 **빠른 추출**이라는 측면에서는 모두 동일한 목표를 가지고 있으나, 자체 언어를 사용하거나 아예 질의 언어가 없는 경우도 있다.

초고속 데이터 입력

시계열 데이터베이스가 가져야 할 가장 기본적인 미덕은 고속으로 시계열 데이터를 입력할 수 있어야 한다는 것이다. 물론, 이 입력보다는 추출에 더 관점을 맞춘 시계열 데이터베이스도 있기는 하나, 기본적으로 일반 PC급 장비[4코어 CPU, 4GB 메모리, 솔리드디스크(SSD) 환경을 가정하였대]에서 초당 수십만 건 이상 입력이 가능한 수준이어야 한다.

트랜잭션 지원 불가

트랜잭션은 전통적인 데이터베이스의 대표적인 특징 중의 하나이다. 반면 대부분의 시계열 데이터베이스는 이 기능을 제공하지 않는데, 이는 전략적으로 빠른 입력이 가능하게 하고, 코드의 복잡성을 줄여 처리 성능을 높이기 위한 것이다. 그렇지만, 트랜잭션이 없기 때문에 수행한 연산을 철회할 수 없으므로, 응용 프로그램 설계 단계에서의 세심한 고려가 필요하다.

변경 연산 불가

전통적인 데이터베이스에서는 갱신 연산은 가장 기본적인 기능 중 하나이다. 그러나 센서에서 발생하는 시계열 데이터의 경우 그 데이터를 변경하는 요구 사항이 거의 발생하지 않을 뿐만 아니라, 데이터의 변조 가능성을 방지하기 위해 아예 변경 연산을 지원하지 않는다. 물론, 분석을 위한 데이터 정련 과정에서 변경하는 요구 사항이 발생할 수는 있지만, 대부분의 경우 변경 연산을 지원하는 않는 정책을 취한다. 때때로 변경 연산이 필요할 것으로 예상되는 경우에는 이러한 상황이 아예 발생하지 않도록 입력 이전에 필터링을 하거나, 새로운 테이블 생성을 통해 데이터를 재가공하는 방식으로 문제를 해결하는 것이 일반적이다. 마치 일반 텍스트 파일에 저장된 수십 기가의 센서 데이터 파일을 변경하는 경우가 거의 없는 것처럼 말이다.

실시간 데이터 압축

오랫동안 저장되는 시계열 데이터의 디스크 용량은 때때로 상상을 초월하는 경우가 많다. 그렇기 때문에 데이터베이스 엔진 내부에서 데이터를 압축하는 기능을 제공한다. 물론, 사용자는 데이터의 압축 여부를 알 필요는 없지만, 이 기능을 통해 보다 긴 기간의 시계열 데이터를 보관할 수 있도록 저장공간을 효율화할 수 있다.

롤업(Rollup) 기능 지원

롤업은 산업 현장에서는 "데이터를 둘둘 만다."라는 표현을 쓰는 대단히 독특한 기능이다. 대표적으로 이 기능을 특화시킨 유명한 오프소스로는 RRDtool(round-robin database)이 있다. 이 RRDtool은 원래 네트워크 모니터링을 위한 툴로서 개발이 되었는데, 시시각각 입력되는 데이터를 초, 분, 시 단위의 별도로 보관되는 통계 데이터를 자동으로 생성하는 역할을 한다. 즉, 이 RRDtool 기능을 통해 주 단위, 월 단위 혹은 연 단위의 통계정보를 즉시 확인할 수 있기 때문에 수많은 고객이 사용하고 있다. 최근 개발되는 시계열 데이터베이스는 이런 자동 통계 생성 기능을 내부에 탑재하고 있으며, 이를 통해서 장기간에 걸친 다양한 통계, 예를 들면, 평균, 최소, 최대 등의 트렌드 데이터를 순식간에 얻을 수 있도록 지원한다.

스트림 연산의 지원

제품에 따라 다르지만, 입력되는 고속의 센서 데이터를 실제 테이블에 입력되기 이전에 특정 조건을 통해 데이터를 변경, 이동할 수 있는 기능을 제공한다. 이는 한번 입력되면 변경이 불가능한 제약 조건을 해결하는 것도 있지만, 입력된 데이터에 대한 선조치를 통해 실시간으로 환경에 대한 대응을 하려고 하는 목적도 함께 있다. 이러한 데이터 처리의 기본은 연속 질의라고 불리는 CQL(Continuous Query Language)을 지원하는 것이며, 이 기능이 사용자의 실시간 데이터 처리에 대한 요구를 담당한다.

시계열 데이터베이스의 종류

인터넷을 살펴보면, 의외로 많은 종류의 시계열 데이터베이스가 존재한다. 그러나 실제 비즈니스에 적용할 수 있을 정도의 기능과 성능, 안정성 및 시장의 검증을 거친 제품은 일부에 불과하다는 점을 먼저 언급해야 할 것 같다. 아직 이 시장이 매우 초기 상태임을 감안하고 각각의 데이터베이스에 기본적인 특징을 이해하면 좋을 것 같다. 그리고 편의상 데이터베이스의 형태를 오픈소스와 비오픈소스로 분류하여 기술하도록 하겠다.

InfluxData(오픈소스)

2013년 미국에서 창업된 시계열 데이터베이스 제품이다. 특이하게 이 엔진은 Go 언어를 통해서 개발되었으며, 전 세계에서 가장 빠르게 성장하고 있다. SQL과 유사한 조작 언어를 제공하고 있으며, 다양한 프로그래밍 언어를 제공하는 것이 특징이다. 단일 노드에서 동작하는 제품은 무료이며, 다중 노드 지원을 위한 클러스터 버전의 경우에는 상용으로 구매해야 한다. 현재는 단순한 시계열 데이터베이스를 넘어서 시계열 시각화 도구를 제공하는 등 플랫폼 영역으로 확장하고 있다. 홈페이지는 http://www.influxdata.com/이다.

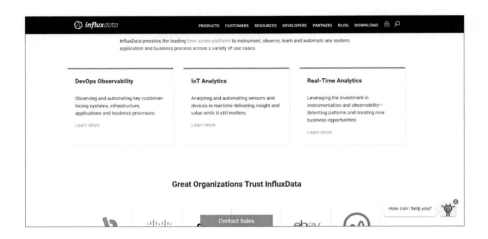

OpenTSDB(오픈소스)

제품명에서 알 수 있듯이 오픈소스를 지향하는 시계열 데이터베이스인데, 2011년 개발이 시작된 것으로 가장 오래된 제품 중의 하나라고 볼 수 있다. 이렇게 오래된 역사 덕분인지는 모르겠지만, 알게 모르게 국내에서도 간간이 적용되어 활용되고 있다. 개발 언어가 자바라 성능에 있어서 비교적 약점이 있을 수 있지만, 반면 하둡과 같은 다양한 개발 환경과의 유연한 연동과 높은 브랜드 인지도가 장점이라고 할 수 있다. 홈페이지는 http://opentsdb.net/이다.

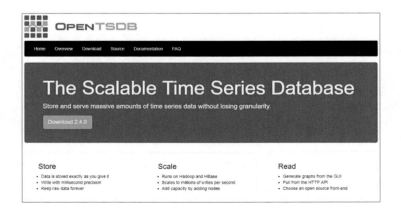

Prometheus(오픈소스)

한글로는 "프로메테우스"라고 불리며, Go 언어로 개발된 오픈소스 데이터베이스이다. 비교적 늦은 시기인 2015년도에 개발이 시작되었는데, 다른 제품과는 조금 다른 특징이 있다. 그것은 이 프로메테우스가 시계열 데이터베이스로 인식되기보다는 다른 시계열 데이터베이스와의 연동을 통한 매우 탁월한 모니터링 솔루션으로 인식된다는 것이다. 인터넷을 찾아보더라도 프로메테우스 자체의 이야기보다는 다른 제품과의 연동을 통한 모니터링 사례를 많이 들고 있을 뿐만 아니라, 많은 기업에서 그러한 용도로 활용하고 있다. 모니터링을 위한 시각화 측면에서 강점을 가지는 제품으로 '사용기술지원'을 통한 상업화를 지향하고 있으며, 제품 자체는 무료로 제공된다. 홈페이지는 http://www.prometheus.io/이다.

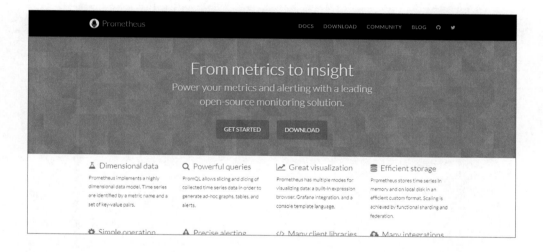

기타 오픈소스 시계열 데이터베이스들

그 외에도 많은 오픈소스 데이터베이스가 오늘 이 순간도 탄생하고, 개발되고 있는 것을 볼 때, 이 시장에 대한 고객의 수요가 높고, 시장 전망이 대단히 밝다는 것을 간접적으로 확인할 수 있다. 위에서 기술하지 않았지만, RRD, Druid와 같은 오픈소스 저장관리자도 활용할 수 있고, 카산드라와 같은 기존 오픈소스 데이터베이스를 저장소로 동작하는 카이로스DB(KairosDB)도 흥미로운 제품이다. 또한, 차트에 특화된 솔루션인 그라파이트(Graphite)도 있으니 관심 있는 독자는 다양하게 테스트해 보길 바란다.

KDB+(비오픈소스)

Kx System이라는 미국 동부의 기업이 개발한 데이터베이스이다. 이미 2000년부터 미국 증권가를 중심으로 'Tick Data', 즉 주식 시세를 초고속으로 처리하는 제품을 성공적으로 상업화한 회사이다. 사실 초고속으로 시계열 데이터를 처리해야 하는 가장 높은 수준의 요구 사항이 존재하는 것이 금융시장이고, 이 영역에서 성공적으로 비즈니스를 했다는 사실만으로 큰 의미를 가진다. 최근 들어 IoT 영역에서의 시계열 데이터 처리 요구가 높아지고 있는 현실에서 이 부분에 대한 시장 진입을 선언하고, 센서 데이터 처리가 필요한 산업군에 대해 적극적으로 비즈니스를 진행하고 있다.

이 제품의 가장 큰 특별한 점은 K라는 특별한 언어가 이 제품의 질의 언어로 되어 있고, 최근 Q라는 언어로 버전업이 되었다. SQL에 익숙한 사용자가 보기에는 매우 특이한 구조의 언어라 초기 사용법을 습득하는데 꽤 어려울 것으로 보인다. 또한, 고속의 데이터 처리를 위해 휘발성 메모리에 데이터를 대량으로(예를 들면 하루 치 입력) 저장하는 메모리 기반 아키텍처이기 때문에 고가용성을 고려하지 않은 단일 서버일 경우 대량의 데이터 유실에 대한 위험을 감수해야 한다. 홈페이지는 http://www.kx.com/이다.

마크베이스(비오픈소스)

마크베이스(Machbase)는 2013년부터 대한민국에서 개발된 시계열 데이터베이스이며, C 언어로 개발되었다. 마크베이스는 일반적인 시계열 데이터베이스의 특징을 보유하고 있으며,

현재 통합 보안 로그 및 스마트팩토리 센서 데이터 저장 및 처리를 위해 사용되고 있다.

마크베이스의 가장 큰 제품 특징은 데이터 처리 성능인데, 2015년 삼성계열사인 시큐아이(SECUI)의 방화벽 장비에서 동작하는 시계열 데이터베이스로서 채택되어, 초당 20만 건의 로그 데이터를 저장하고, 분석하는 성능을 자랑한다. 최근에는 스마트팩토리 및 반도체 공정 데이터 처리의 핵심 기능을 포함하는 버전 5를 2018년도에 출시하여, 일반 PC급 장비에서 초당 백만 건 이상의 센서 데이터 처리 성능을 기록한 바 있다. 또한, 라즈베리파이 및 라떼판다와 같은 암(ARM) 기반의 소규모 장비를 위한 데이터베이스뿐만 아니라, 초대규모 데이터 저장을 위한 클러스터 버전도 함께 출시하여, 스마트 X 시대를 위한 시계열 데이터베이스로서 성장하고 있다. 홈페이지는 https://www.machbase.com/이다.

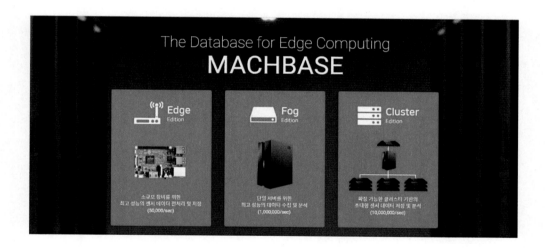

시계열 데이터베이스의 미래

이미 세상은 스마트 시대로 변하고 있다. 이러한 변화를 주도하는 것은 수많은 센서로부터 발생하는 센서 데이터임은 부정할 수 없으며, 이를 위한 핵심적인 소프트웨어인 시계열 데이터베이스는 필수 불가결한 존재가 되어가고 있다. 특히, 전 세계적으로 이와 관련된 수많은 솔루션이 개발되고 있는 사실을 미루어볼 때, 과거 IT 시장에서 오라클과 같은 트랜잭션 기반의 데이터베이스가 출현하여 오늘 전 세계 IT 인프라의 근간이 된 사실을 기억하지 않을 수 없다.

역사는 반복되고, 오늘 우리는 또 다른 곳에서 시작되는 혁명적 시대 변화를 맞이하고 있다. 시계열 데이터베이스는 그 혁명의 중심에서 다시 한번 새로운 전기를 맞고 있으며, 이는 다가올 미래가 아닌 오늘 우리가 맞이하고 있는 현실이자 미래의 모습이라고 생각된다. 앞으로 10년 후에는 역사 이래로 지금까지 설치되고 사용되었던 트랜잭션 기반의 데이터베이스 숫자보다 더 많은 시계열 데이터베이스가 세계 곳곳에 설치될 것이고, 우리의 삶을 지탱하는 핵심 소프트웨어로서 자리매김할 것이 확실하다. 이미 우리는 센서와 교감하는 IoT 시대에 살고 있지 않은가?

제 5 장 마크베이스 소개

마크베이스(Machbase)는 한국에서 개발된 시계열 데이터베이스 제품이다. 이 장에서는 전체적인 제품의 개발 배경과 관련된 핵심 기능에 대해서 살펴본다.

개발 배경

마크베이스는 시계열 데이터베이스로서 초고속으로 시계열 데이터를 저장, 추출, 분석하기 위한 목적으로 개발되었다. 특히, 마크베이스는 고성능의 데이터 처리를 목적으로 하기 때문

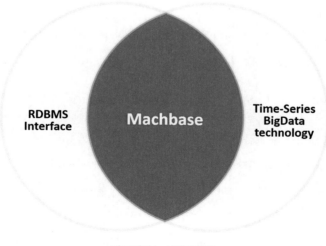

마크베이스 설계 개념도

에 컴파일 언어인 C를 기반으로 개발되었고, 전통적인 데이터베이스 엔진의 구조와는 차별되는 새로운 아키텍처로 설계되었다. 그러나 기존의 데이터베이스 사용자가 쉽게 배우고, 활용할 수 있도록 사용성 측면에서는 전통적인 데이터베이스 인터페이스를 그대로 유지하고, 내부 엔진은 시계열 빅데이터를 고속으로 처리할 수 있는 혁신적인 구조로 설계되었다.

따라서, 오라클 혹은 MySQL에서 활용하던 익숙한 인터페이스인 SQL 및 ODBC, JDBC, Restful API 등을 그대로 사용할 수 있으며 저장된 시계열 데이터에 대해서는 기존 데이터베이스보다 월등한 성능으로 처리할 수 있는 특징을 가지게 되었다.

제품 히스토리

마크베이스는 2013년 하반기부터 개발이 시작되어 지금까지 약 6년간 진화해 온 제품으로서 아래와 같은 순서로 기능이 보강되어 오늘에 이르게 되었다.

개발 초창기의 목표

2014년 당시 초기 버전이 목표로 했던 시장은 텍스트 로그 형태의 빅데이터 시장으로서, 스플렁크 혹은 하둡이 활용되고 있던 텍스트 기반의 시계열 데이터를 처리하는 시장이었다. 이를 위해 텍스트 로그를 빠르게 처리할 수 있는 형태의 테이블인 '로그 테이블'을 최초로 개발하였다. 이 테이블은 기존의 데이터베이스가 가진 데이터 처리 성능의 한계를 뛰어넘는 목표를 달성해야 했는데, 그 목표는 다음과 같았다.

- 초당 수만 건 이상의 텍스트 로그를 입력할 수 있을 것
- 실시간으로 인덱스가 만들어져서 실시간으로 질의를 수행할 수 있을 것
- 십억 건 이상의 데이터 저장소에서 3초 내로 원하는 데이터를 검색할 것
- 단일 서버에서 100억 건 이상의 텍스트 로그를 저장할 수 있을 것
- 표준 SQL을 그대로 수행할 수 있을 것
- 표준 데이터베이스 개발 환경 및 개발도구를 지원할 것

- 실시간으로 데이터를 압축할 수 있을 것
- 문자형 컬럼에 대해서 텍스트 검색이 가능할 것

고객을 만들다

초기 목표로 했던 기능을 가장 먼저 적용했던 분야는 실시간 패킷 분석 솔루션이었다. 대규모로 생성되는 패킷을 분석하고, 이를 세션 형태로 분석하는 보안 솔루션에서 빠르게 세션 정보를 저장하고, 이를 통해 위협을 감지하는 핵심적인 데이터 저장소로서 마크베이스를 활용하게 되었다. 그리고 2015년 대기업의 방화벽 장비에 내장되어 고속으로 동작하는 데이터베이스로 채택되어, 보안 시스템 로그 저장 및 분석을 위한 목표 성능을 달성할 수 있었다.

고객의 요구에 따라 임시 데이터를 고속으로 입력, 변경, 삭제해야 하는 목표를 위해 **휘발성 테이블(Volatile Table)**이 함께 개발되었고, 흔히 마스터 데이터라고 하는 기준 데이터를 영구적으로 저장하기 위한 용도로 **참조 테이블(Lookup Table)**이 함께 개발되었다.

이후 마크베이스는 개인정보보호 시스템, 철도 안전관제 시스템 등의 다양한 통합 로그 시스템 등에 적용되면서 텍스트 기반 빅데이터 분석을 위한 제품으로 자리를 잡게 되었다.

센서 데이터 처리에 대한 새로운 이해와 한계 인식

2017년 소프트뱅크가 오에스아이소프트(OSIsoft)에 대한 전격적인 투자를 단행한 당시만 하더라도 마크베이스 기술진은 로그 테이블을 통해 이러한 센서 데이터의 처리를 무난히 할 수 있다고 믿었다. 그러나 동일한 시계열 데이터라고 하더라도 텍스트 기반의 시스템 로그 시계열 데이터와 센서 시계열 데이터는 서로 다르다는 것을 깨닫는 데 오래 걸리지 않았다. 아래에서 그 차이에 대해 비교, 설명한다.

- 센서 데이터(아이디, 시간, 값)는 완전한 정형이다.
  - 반면, 시스템 로그는 반정형이다.
- 센서 데이터의 모든 값은 대부분 숫자형이다.
  - 반면, 시스템 로그는 텍스트 정보가 대부분이다.
- 하나의 센서 데이터 크기는 기껏해야 30바이트 내외다.
  - 반면, 시스템 로그는 하나의 레코드가 수십 킬로바이트가 될 수 있다.

- 데이터베이스에 저장될 센서 종류가 많다. 즉, 카디널리티(Cardinality)가 매우 높다(수십만 개 이상도 가능하다).
  - 반면, 시스템 로그는 이러한 카디널리티에 대한 고려가 필요 없다.
- 특정 센서 데이터 추출 성능은 1초 내로 100만 건 정도가 일반적이다.
  - 반면, 시스템 로그의 경우, 대량의 추출 요구 사항보다는 특정한 문자 패턴 검색이 주를 이룬다.

위와 같이 센서 데이터와 시스템 로그 데이터의 큰 차이가 존재하는데, 이러한 특성을 고려하기 위해서는 새로운 형태의 테이블이 필요하다는 결론을 내리게 되었다. 다시 말해 기존에 존재하던 모든 로그성 빅데이터 솔루션은 IoT 센서 데이터 처리에 적합하지 않다는 반증이기도 했다.

태그 테이블 지원하다

2018년 가을, 마크베이스는 새로운 형태의 테이블, 즉 태그 테이블을 지원하게 되었다. 태그(Tag)라는 용어는 산업계에서 활용되는 센서를 지칭하는 대표적인 단어를 차용했으며, 대량의 센서 데이터를 저장하고, 고속으로 추출할 수 있는 혁신적인 인덱스를 개발하였다.

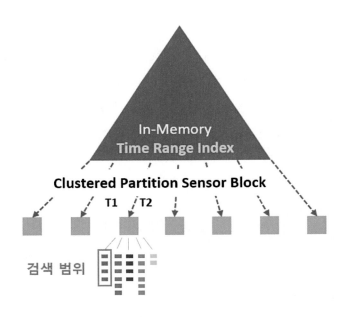

이 인덱스는 센서데이터의 특성을 고려한 2차원의 데이터 처리 기술을 지원하는 것이 가장 핵심인데, 시간 축을 기준으로 데이터를 정렬, 검색할 수 있는 메모리 인덱스와 센서 데이터 축을 기반으로 한 파티션 기반의 클러스터 인덱스 구조를 동시에 지원하는 구조이다.

이러한 인덱스를 기반으로 설계된 태그 테이블은 <센서아이디, 생성시간, 값>을 갖는 기본적인 구조를 지원하고, 원한다면 사용자가 필요한 컬럼을 추가하여 확장할 수 있을 뿐만 아니라, 앞에서 언급했던 롤업 기능이 자동으로 동작하도록 설계되었다. 이를 통해서 기존 로그 테이블에서는 불가능했던 다음과 같은 처리가 가능해지게 되었다.

- 단일 세션 기준 초당 백만 건 이상의 센서 데이터 입력
- 센서 데이터에 대한 실시간 압축
- 초당 백만 건 이상의 데이터 추출 가능
- 롤업을 통한 실시간 통계 정보 추출 가능
- 잠금 충돌이 없는 고속의 데이터 입력 및 추출 성능 지원

제품 특징

제품의 더 자세한 기능과 내용은 마크베이스 한글 매뉴얼(http://krdoc.machbase.com)을 참조하되, 여기에서는 간략하게 제품의 특징을 기술하도록 하겠다.

다양한 테이블 구조 지원

테이블 종류	태그 테이블	로그 테이블	휘발성 테이블	참조 테이블
목적	<센서명, 시간, 센서값> 형태의 센서 시계열 데이터 처리에 최적화	문자형 시계열 데이터 처리에 최적화	휘발성 데이터의 실시간 처리	영구 저장 가능한 마스터 데이터 관리
용도	고속의 센서 데이터 저장, 추출 및 통계 테이블 생성 실시간 센서 데이터 조작에 활용	텍스트 로그 데이터 저장, 분석 히스토리성 이력 데이터 저장	메모리 기반의 고성능 키-밸류 데이터 조작 **시스템 종료 시 모든 데이터가 사라지며,** 실시간 모니터링 용도 활용	마스터 데이터를 영구 저장할 목적으로 사용
추출 질의 형태	센서명 + 시간 범위 한정	모든 질의 가능		
삭제	임의 시점 이전 데이터 실시간 삭제 가능		기본 키(Primary Key) 기준 레코드 삭제 지원 (※ 기본 키 지정 필요)	
변경	지원 불가 (※ 메타데이터 컬럼 에 한해서 변경 가능)	지원 불가	기본 키 기준 변경 지원 (※ 기본 키 지정 필요)	
저장소 한계	디스크 한계		메모리 한계	
인덱스 구조	파티션 기반의 클러스터 인덱스	LSM (Log Structure Merge) 인덱스	실시간 레드블랙(red-black) 트리	

다양한 크기의 하드웨어 지원

마크베이스는 사용자의 비즈니스 환경에 따른 아래와 같은 다양한 제품 에디션을 제공한다.

엣지 에디션

엣지 에디션(Edge Edition)은 암(ARM) 혹은 인텔의 아톰(ATOM) 급 CPU를 기반으로 동작하는 소규모 엣지 장비에서 동작한다. 그러나 이런 소규모 장비에서도 초당 수만 건의 센서 데이터를 저장하고, 필터링을 하고자 하는 경우 마크베이스가 유용하게 활용될 수 있다. 주로, 로봇이나 공장의 생산 설비, 빌딩 등의 단말 장비에서 센서 데이터를 고속으로 저장하고자 하는 경우에 활용된다.

Edge Edition

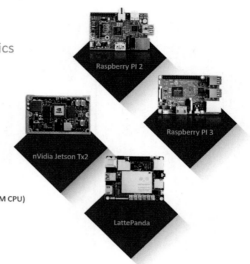

Best solution for Edge Analytics

- **CPU** : ARM, ATOM(x86) series

- **O/S** : Linux(Redhat, CentOS, Fedora, Ubuntu)
  Real-time Linux (Windriver Linux)
  Windows 64bit

- **Performance** : Up to 200,000 EPS input

- Recently, support nVidia Jetson (64 bit, Linux, ARM CPU)

포그 에디션

포그 에디션(Fog Edition)은 단일 서버에서 고속의 데이터 처리를 달성하고자 하는 경우 활용된다. 주로 인텔 x86 CPU 기반의 윈도우나 리눅스 운영체제에서 동작하며, 타 데이터베이스가 제공하지 못하는 매우 빠른 센서 데이터 저장과 분석을 제공한다.

Fog Edition

Fast data process performance in a single node

- Capable of tens to hundreds of thousands of entries

- Best solution for data processing and security related ISVs

- Samsung SECUI, KORAIL, KOREA POST

- Full-version download available at
  Homepage(http://www.machbase.com)

클러스터 에디션

클러스터 에디션(Cluster Edition)은 제조 공장에서 발생하는 거대 규모의 센서 데이터를 저장하기 위한 목적으로 개발되었다. 반도체 혹은 디스플레이, 발전, 철강 생산 공정에서 발생하는 초당 천만 건 이상의 데이터를 저장하기 위해 다수의 물리적 서버가 클러스터 형태로 동작한다. 데이터가 늘어나더라도 처리 용량과 성능을 지속적으로 유지해야 하는 환경에서 활용된다.

Multi-nodes Cluster Scalability

- Scale-up configuration on a single node

- Scale-out configuration on multi-nodes

- Linear performance increase

- Capable of building the time series data cloud system

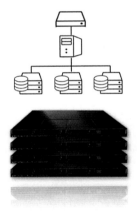

태그 분석기: 데이터 시각화 솔루션 지원

마크베이스는 버전 5부터 마크베이스에 저장된 수백억 건의 센서 데이터에 대한 실시간 시각화 기능인 태그 분석기(Tag analyzer)를 제공한다. 즉, 임의의 태그 아이디를 지정하며, 그 아이디가 입력된 기간동안의 트렌드 차트를 순식간에 웹 기반으로 확인할 수 있도록 한다. 또한, 단순한 태그 데이터뿐만 아니라 그 기간의 통계 차트도 함께 볼 수 있도록 제공하기 때문에 단순 시각화를 넘어 일정 수준의 통계 분석도 가능하다.

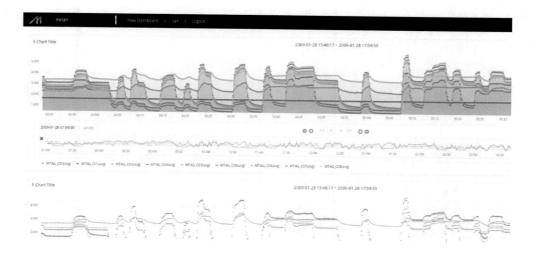

WORM(Write Once, Read Many)

센서 데이터는 일단 데이터베이스에 입력되면 변경 또는 삭제되는 경우가 거의 없다. 따라서, 마크베이스는 머신 데이터에 대한 특성을 최대한 살리기 위해 한번 입력된 주요 시계열 데이터에 대해서는 변경할 수 없도록 설계되었다. 한번 입력된 로그나 센서 데이터는, 악의적 사용자에 의해 변조되거나 삭제되지 않으므로 걱정할 필요가 없다.

잠금 없는 아키텍처

마크베이스는 전통적인 데이터베이스에서 사용하는 잠금(lock)을 사용하지 않는 구조(lock-free architecture)로 설계되었다. 센서 데이터 처리하는데 가장 중요한 것은 데이터의 입력, 변경, 삭제 연산과 읽기 연산이 서로 충돌하지 않고, 가능한 독립적으로 처리되어야 한다는 것이다. 이 때문에 마크베이스는 읽기 연산에 대한 어떠한 잠금도 할당받지 않도록 설계되었고, 변경 연산인 입력 혹은 삭제와도 간섭하지 않는 고성능 구조로 설계되었다. 따라서 수십만 건의 데이터가 입력되고, 실시간으로 일부가 삭제되는 상황에서도 읽기 연산은 수백만 건의 레코드에 대한 통계 연산을 빠른 속도록 진행할 수 있다.

초고속 데이터 저장

마크베이스는 기존의 데이터베이스보다 수십 배의 빠른 데이터 저장 성능을 제공한다. 특정 테이블에 인덱스가 다수 존재하는 상황에서도 단일 서버에서 최소 초당 3십만 건에서 최고 2백만 건까지 데이터를 받아들일 수 있다. 이것이 가능한 이유는 마크베이스가 시계열 데이터를 최적화하는 구조로 설계되었기 때문이다.

스트림 기능 지원

마크베이스는 버전 5부터 엣지 에디션과 포그 에디션에서 실시간 데이터 필터링을 지원하기 위한 스트림(STREAM) 기능을 제공한다. 이 스트림은 데이터베이스 내부에서 실시간으로 입력되는 데이터에 대해 고속으로 주어진 조건 평가를 수행하고, 그 결과를 임의의 테이블로 전송하는 역할을 수행한다. 이 기능은 특정 센서의 값이 특정 범위를 넘었을 경우 경고를 발생시키거나 내부적으로 입력된 데이터에 대한 실시간 평가를 하는 경우 매우 유용하다.

실시간 인덱스 구성

마크베이스는 인덱스가 많으면 많을수록 데이터 입력 성능이 비례적으로 느려지는 전통적인 데이터베이스 구조를 혁신적으로 개선해, 초당 수십만 건의 데이터가 입력되더라도 거의 실시간으로 인덱스를 구성할 수 있다. 이 특징은 실제 데이터가 발생하는 순간 즉시 검색할 수 있는 강력한 기능적인 토대를 제공해 주기 때문에 센서 데이터와 같은 시계열 데이터 처리에 있어서는 핵심적인 기술이다.

실시간 데이터 압축

시계열 데이터의 특징은 끊임없이 데이터가 발생한다는 것이다. 이 사실은 필연적으로 해당 데이터베이스의 저장 공간이 언젠가는 부족해질 뿐만 아니라, 처리해야 할 데이터를 충분하게 보유하지 못한다는 의미이다. 특히 전통적인 데이터베이스는 입력 시 데이터 영역뿐만 아니라 인덱스 영역의 크기 또한 늘어나는데 이는 실시간 압축을 지원하지 않기 때문이다. 마크베이스는 쏟아져 들어오는 데이터에 대해 혁신적인 실시간 압축 기술을 통해 성능 저하 없이 데이터를 압축하여 저장한다.

텍스트 검색 기능 지원

로그성 시계열 데이터를 저장하고 활용하는 사용자의 가장 중요한 실제 용도 중 하나는 특정 시점에 특정 사건이 발생했는지를 확인하는 것이다. 특정 시점의 경우 시계열 데이터 처리로 가능하지만, 어떤 사건이 발생한 경우 특정 컬럼에 저장된 특정 '단어'를 찾는 행위가 필요하다. 그러나 전통적 데이터베이스에서는 텍스트 컬럼에 대한 검색을 지원하지 않기 때문에 성능이 매우 느리다.

반면, 마크베이스에서는 로그 테이블 기반의 SEARCH라는 SQL 키워드를 제공함으로써 실시간 단어 검색이 가능하도록 하였다. 이를 통해 장비로부터 발생된 임의의 에러 텍스트를 순식간에 검색할 수 있게 되었다.

- 예1) msg 필드에 'Error' 혹은 '102'를 포함하는 레코드를 출력
  SELECT id, ipv4 FROM devices WHERE msg SEARCH 'Error' or msg SEARCH '102';
- 예2) msg 필드에 'Error' 그리고 '102'를 모두 포함하는 레코드를 출력
  SELECT id, ipv4 FROM devices WHERE msg SEARCH 'Error 102';

선택적 삭제 지원

센서 데이터의 경우에는 삽입 이후에 삭제 연산이 거의 발생하지 않는 것이 현실이다. 그러나 임베디드 장비의 경우에는 저장 공간의 매우 제약되어 있고 사용자가 주의 깊게 관리하지 않을 경우 저장 공간이 부족해지기 쉽다. 만일 이로 인해 서비스 장애가 발생하게 되면, 기업 입장에서 큰 손해를 감수해야 한다. 마크베이스는 이런 환경에서 주어진 특정 조건에 레코드를 삭제할 수 있도록 기능을 제공한다.

로그 테이블의 경우

로그 테이블은 아래의 모든 삭제 문법을 지원한다.

- 사용 예1) 가장 오래된 마지막 100건을 삭제하라.
  DELETE FROM devices OLDEST 100 ROWS;
- 사용 예2) 최근 1,000건을 제외하고 모두 삭제하라.
  DELETE FROM devices EXCEPT 1000 ROWS;
- 사용 예3) 지금부터 하루 치를 남기고 모두 삭제하라.
  DELETE FROM devices EXCEPT 1 DAY;

- 사용 예4) 2014년 6월 1일 이전의 데이터를 모두 삭제하라.

  DELETE FRM devices BEFORE TO_DATE('2014-06-01', 'YYYY-MM-DD');

태그 테이블의 경우

태그 테이블은 현재 한 가지 종류의 삭제 기능만 지원한다.

- 사용 예) 2014년 6월 1일 이전의 센서 데이터를 모두 삭제하라.

  DELETE FROM TAG BEFORE TO_DATE('2014-06-01', 'YYYY-MM-DD');

제품 활용과 미래

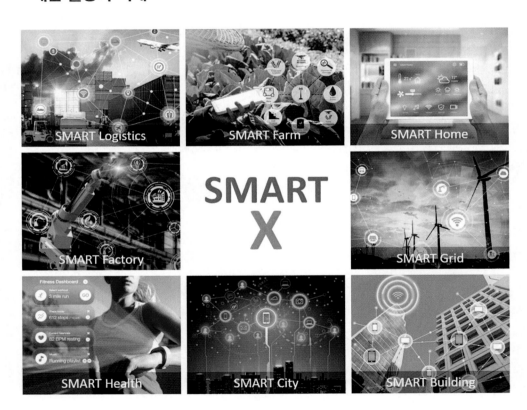

현재 마크베이스가 보유하고 있는 수준의 센서 데이터 처리 능력은 세계 최고 수준이며, 스마트 X로 불리는 위 그림의 대부분 영역에서 적용 가능하다. 만일 관련된 영역에서 이러한 데이터 처리에 대한 문제나 요구가 있다면, 마크베이스를 통해 해결하는 것을 적극 권장하는 바이다. 현재 마크베이스 홈페이지에서 누구나 다운로드하고, 테스트할 수 있도록 제품과 매뉴얼이 제공되며, 관련된 기술 자료도 함께 배포하고 있으니 관심 있는 분들은 방문해 보시기를 바란다.

제 6 장 마크베이스 성능

개요

제품 성능은 여러 가지 관점에서 다양하게 평가될 수 있기 때문에 절대적인 성능 비교를 통한 우열을 결정짓기는 힘들지만, 개략적인 성능을 이해할 수 있도록 한다는 취지로 다음의 성능 자료를 공개한다. 그리고 뒷부분에서는 세계적으로 널리 사용되고 가장 빠르다고 알려진 데이터베이스인 몽고DB와의 시계열 데이터 처리 성능 비교를 통해 마크베이스의 우수한 센서 데이터 처리의 특장점에 대해 다시 한번 살펴보도록 하겠다.

로그 테이블 성능

일반적으로 로그 테이블은 보안 및 시스템 관리 영역에서 사용되는 텍스트 기반의 빅데이터라고 할 수 있다. 마크베이스가 이러한 종류의 하나인 웹 접속 로그를 얼마나 빨리 처리할 수 있는지 살펴보자.

테이블 구조
다음과 같이 약 2KB 정도의 레코드를 입력하도록 환경을 구성하였다.

Field 설명	Create Time	Source IP	Source port	Destination IP	Destination port	Protocol Type	Log Text	Status Code	Data Size
Field 이름	arrivaltime	srcip	srcport	dstip	dstport	protocol	eventlog	eventcode	eventsize
Field 타입	datetime	ipv4	integer	ipv4	integer	short	varchar (1024)	short	long

하드웨어 환경

수행한 환경은 솔리드디스크(SSD)가 아닌 몇 배나 느린 하드디스크라는 것을 다시 강조하고자 밝힌다.

- 운영체제: 리눅스 CentOS 6.6
- CPU: 인텔 코어 i7-4790 @3.60GHz(4 코어)
- 메모리: 32GB
- 디스크: 하드디스크 SATA 1TB

성능 결과

아래는 총 1억 건의 데이터를 로딩하고, 질의 성능을 측정한 결과이다.

측정 지표		마크베이스
Data Loading(sec)		430(00:07:10) (232,558 EPS)
Data size(GB)		4.64(13G 원본)
압축률(%)		64.3%
데이터 추출(초)	Text search(33.9M)	3.75 초
	IP search(2.66M)	0.81초
	Time search(268K)	0.25초
통계(초)	Count	8.14초
	Sum	12.1초
	Average	12.5초
복합 질의	Complex query	5.35초

앞의 표와 같이 하드디스크 기반의 환경에서 1억 건의 데이터에 대한 초당 23만 건 정도의 입력을 넣을 수 있는 것을 확인할 수 있으며, 검색과 추출의 경우에도 매우 빠르게 데이터를 찾는 것을 확인할 수 있다. 만일 저장소를 솔리드디스크(SSD)를 사용했을 경우에는 최소한 5~10배 정도의 성능 향상을 기대할 수 있을 것이다.

태그 테이블 성능 측정

아래는 마크베이스의 태그 테이블에 대해 50억 건의 센서 데이터를 로딩하고, 이를 처리하는 성능을 측정한 것이다.

테이블 구조

다음과 같이, 가장 기본적인 센서 데이터 테이블의 형태이다.

	태그아이디	입력 시간	센서 데이터
필드명	tagname	time	value
필드타입	Varchar(40)	datetime	double

하드웨어 환경

이 테스트에서는 솔리드디스크(SSD)를 활용했음을 알려둔다.

- 운영체제: 리눅스 CentOS 6.8
- CPU: 인텔 제온 E5-2667 @ 3.2GHz * 8 코어(16 쓰레드)
- 메모리: 32 GB
- **디스크: 솔리드디스크 256GB**

데이터 로딩 성능

아래와 같이 초당 167만 건의 센서 데이터를 단일 장비에서 로딩하는 성능을 확인할 수 있다. 만일 검색과 동시에 수행할 경우에는 약간 낮아질 수 있지만, 개략적으로 초당 백만 건 이상의 데이터를 로딩할 수 있을 것이다. 만일 동시성과 관련된 더 자세한 성능 측정 결과를 알고 싶다면, 유튜브의 10억 건 반도체 센서 데이터 처리 시뮬레이션을 참조하기 바란다. (https://youtu.be/xmPVeIaB-DY: Application demo for SemiCon with 10,000 tag and 10B record)

항목	결과
전체 데이터 건수	50억 건 (5,000,000,000)
데이터 로딩 시간(sec)	2,991 seconds
초당 입력 건수(Event/Sec)	1,671,713
데이터 입력 중 CPU 사용률	594% ~ 1029%
데이터 입력 중 메모리 사용량	RES 6.4 ~ 6.8 GB
디스크 사용량(GB)	182 GB

데이터 질의 성능

항목	질의문	결과개수	수행시간
전체 건수	SELECT COUNT(*) FROM TAG;	5000000000	0.001
데이터 시간 범위 최소, 최댓값	SELECCT MIN(TIME), MAX(TIME) FROM TAG;	2018-01-01 00:00:00 ~ 2018-01-29 22:26:40	0.003
1일 시간 범위 1개 태그 추출	SELECT COUNT(*) FROM (SELECT * FROM TAG WHERE NAME = 'TAG_00300' AND TIME BETWEEN TO_DATE('2018-01-01 00:00:00') AND TO_DATE('2018-01-01 23:59:59'));	172,798	0.072

항목	질의문	결과개수	수행시간
1일 시간 범위 10개 태그 추출	SELECT COUNT(*) FROM (　SELECT *　FROM TAG WHERE NAME IN ('TAG_00010', 'TAG_00200', 　'TAG_00300',　'TAG_00400', 'TAG_00500', 'TAG_00600', 'TAG_00700', 　'TAG_00800',　'TAG_00900', 'TAG_01000') AND TIME BETWEEN 　TO_DATE('2018-01-01 00:00:00') AND TO_DATE('2018-01-01 23:59:59'));	1,727,980	0.260
1시간 범위 특정 태그의 초당 평균값 추출	SELECT /*+ ROLLUP(TAG, SEC) */ TIME, VALUE FROM TAG WHERE NAME = 'TAG_00500' 　AND TIME BETWEEN TO_DATE('2018-01-01 00:00:00') AND 　TO_DATE('2018-01-01 01:00:00') ORDER BY TIME;	3,600	0.138
1일 동안 특정 태그의 시간당 최댓값 추출	SELECT /*+ ROLLUP(TAG, HOUR, MAX) */ TIME, VALUE FROM TAG WHERE NAME = 'TAG_00700' 　AND TIME BETWEEN TO_DATE('2018-01-01 00:00:00') AND 　TO_DATE('2018-01-01 23:59:59') ORDER BY TIME;	24	0.004
1개월 동안 특정 태그의 일별 평균값 추출	SELECT DATE_TRUNC('DAY', TIME, 1) DATE, AVG(VALUE) VALUE FROM (　SELECT /*+ ROLLUP(TAG, HOUR) */ TIME, VALUE 　FROM TAG 　WHERE NAME = 'TAG_00900' 　AND TIME BETWEEN TO_DATE('2018-01-01 00:00:00') AND 　TO_DATE('2018-01-31 23:59:59')) GROUP BY DATE ORDER BY DATE;	29	0.011

왼쪽의 결과에서 볼 수 있듯이 50억 건의 센서 데이터가 입력된 상황에서도 다양한 질의에 대해 대부분 1초 내의 응답 결과를 얻을 수 있는 것을 확인할 수 있다. 이 성능은 다른 솔루션에서 얻기 힘든 수준의 데이터 처리 결과라고 할 수 있다.

센서 데이터를 위한 몽고DB와의 성능 비교

왜 몽고DB인가?

마크베이스의 센서 데이터 처리 성능 비교를 위해 몽고DB를 선택한 이유는 NoSQL 데이터베이스 중에서 가장 많은 사용자를 확보하고 있을 뿐만 아니라, 그 성능도 좋다고 알려진 유명한 데이터베이스이기 때문이다. 특히, 메모리를 잘 활용하기에 고속의 대용량 처리에 탁월할 뿐만 아니라, 유수의 해외 대기업에서도 센서 빅데이터 처리의 기반 구조로 사용하고 있기도 하다.

만일 새로운 시계열 데이터베이스가 몽고DB와의 성능을 비교함에 있어서 더 느리다면, 굳이 시계열 데이터베이스의 존재 가치가 없기 때문에 중요한 성능 검증이기도 하다. 또한, 다른 종류의 데이터베이스도 거의 유사한 성능이거나 더 느릴 것으로 판단되기 때문에 이 성능 비교자료가 적지 않은 사실을 말해 줄 것이라고 믿는다.

테스트 구성

- 30억 개의 데이터를 가진 1만 개의 센서로 구성된 CSV 파일을 로딩(107GB)
- 3개의 컬럼을 가정(센서아이디, 시간, 값)
- 센서아이디 및 시간에 대해 각각 인덱스를 생성함(몽고DB의 경우)
- CSV로딩은 각 벤더에 최적화된 유틸리티를 활용함(mongoimport, machloader)

데이터베이스 간 아키텍처 비교

우선 양 데이터베이스 간의 테스트를 위한 특징을 다음과 같이 기술한다.

	마크베이스 v5.5.1	몽고DB v4.0.6
테이블 형태	태그 테이블	BSON(Binary Json)
인덱스	태그 테이블에 내장된 다차원 센서 인덱스	B-Tree
사용된 질의문	SQL	JSON Based
메모리 사용량	조절 가능	높음 (MMAP 기반의 데이터 및 인덱스 저장소)
롤업 기능	제공됨	해당 없음

하드웨어 및 운영체제

아래와 같은 일반적인 리눅스 기반의 장비를 활용하였다.

항목	사양
CPU	인텔 제온 E3-1231 v3 @ 3.40GHz 4 코어(8 쓰레드)
메모리	32GB
디스크	솔리드디스크 256GB
운영체제	CentOS 7.5(커널3.10.0-514.el7.x86_64)
NIC	1Gbps

데이터 로딩 성능

아래는 데이터를 30억 건의 센서데이터를 로딩하는 성능을 나타낸 것이다.

	마크베이스 v5.5.1	몽고DB v4.0.6
총 레코드 개수	3,000,000,000	3,000,000,000
로딩 시간 (sec)	7,460(2시간)	60,352(16.7시간)
초당 처리량 EPS (Event/Sec)	**402,145**	49,708
평균 CPU 사용량 (총 800%)	184 ~ 362%	98 ~ 377%
평균 메모리사용량 (총32GB)	**최고 7.4GB(3배 작음!)**	최고 20.3GB
총 디스크 사용량(GB)	123.4	122.9

위의 로딩 성능은 마크베이스가 약 8배 이상 빠를 뿐만 아니라, 메모리 사용량도 3배 이상

효율적임을 확인할 수 있다.

데이터 추출 성능

아래는 30억 건의 데이터 중에서 다양한 조건을 통해 데이터 추출 및 분석하는 질의의 성능 결과이다. 비율 컬럼은 마크베이스가 몽고DB보다 몇 배나 더 빠른지 나타내는 상대값이다(높을수록 마크베이스가 빠른 것임).

	질의	마크베이스 v5.5.1	몽고DB v4.0.6	비율
Q1	총 레코드 개수	0.16	0.58	3.6
Q2	최대 시간 값 얻기	0.27	0.60	2.2
Q3	하나의 태그에 대한 하루치 데이터 추출	0.29	58.2	201
Q4	15개의 태그에 대한 하루치 데이터 추출	0.32	510.3	1,595
Q5	하루치 데이터 중 시간당 최대값 얻기	0.05	32.7	654
Q6	하루치 데이터 중 분당 총합 얻기	0.12	47.4	395
Q7	하루치 데이터 중에서 초당 평균값 얻기	0.45	52.4	116

적게는 두 배에서 많게는 1,500배 이상의 성능 차이가 나는 것을 확인할 수 있다. 그 이유는 앞 장에서도 언급한 바와 같이 시계열 센서 데이터 처리는 B-Tree와 같은 단일 데이터 구조를 통해서 해결하기 매우 힘든 형태의 문제이기 때문이다. 몽고DB의 경우 데이터가 더 많아질수록 성능이 비례적으로 더 느려질 뿐만 아니라, 입력 성능도 연속적으로 떨어진다는 약점을 가지고 있으며, 이는 유사한 데이터 구조를 사용하는 다른 데이터베이스도 동일한 패턴을 나타낸다.

실제 질의문 확인하기

해당 성능 자료에 대해 더 알기 원하는 독자를 위해 실제로 수행한 질의문을 다음과 같이 기술하니, 참고하기 바란다.

	마크베이스 v5.5.1	몽고DB v4.0.6
Q1	SELECT count(*) FROM tag;	db.sensor.count()
Q2	SELECT max(time) FROM tag;	db.sensor.find({}, {time:1}).sort({time:-1}).limit(1)

Q3	SELECT count(*) FROM (
	   SELECT * FROM tag
	   WHERE name = 'EQ0^TAG287' AND time between to_date('2018-01-01 00:00:00') AND to_date('2018-01-01 23:59:59'))
	 ;
		db.sensor.find({name:"EQ0^TAG287", time:{$gte:ISODate("2018-01-01T00:00:00Z"), $lt:ISODate("2018-01-02T00:00:00Z")}}).count()

Q4	SELECT count(*) from (
	   SELECT * FROM tag
	   WHERE name IN ('EQ0^TAG17', 'EQ0^TAG27', 'EQ0^TAG37', 'EQ0^TAG47', 'EQ0^TAG57', 'EQ0^TAG127', 'EQ0^TAG137', 'EQ0^TAG287', 'EQ0^TAG398', 'EQ0^TAG467', 'EQ0^TAG455', 'EQ0^TAG512', 'EQ0^TAG677', 'EQ0^TAG834', 'EQ0^TAG934') AND time BETWEEN to_date('2018-01-01 00:00:00') AND to_date('2018-01-01 23:59:59')
	);
		db.sensor.find({name:{$in:["EQ0^TAG17", "EQ0^TAG27", "EQ0^TAG37", "EQ0^TAG47", "EQ0^TAG57", "EQ0^TAG127", "EQ0^TAG137", "EQ0^TAG287", "EQ0^TAG398", "EQ0^TAG467", "EQ0^TAG455", "EQ0^TAG512", "EQ0^TAG677", "EQ0^TAG834", "EQ0^TAG934"]}, time:{$gte:ISODate("2018-01-01T00:00:00Z"), $lt:ISODate("2018-01-02T00:00:00Z")}}).count()

| Q5 | ```sql
SELECT /*+ ROLLUP(TAG, hour, max) */
time, value as max
FROM TAG
WHERE name = 'EQ1^TAG1024' AND time
BETWEEN to_date('2018-01-01 00:00:00')
AND to_date('2018-01-01 23:59:59')
ORDER BY time;
``` | ```javascript
db.sensor.aggregate(
[
  { $match : {name:"EQ1^TAG1024", time:
{$gte:ISODate("2018-01-01T00:00:00Z"),
$lt:ISODate("2018-01-02T00:00:00Z")}}},
  { $project : {
          _id : 0,
          "time" : 1,
          "value" : 1,
      }
  },
  { $group : {
      "_id" : {
          "year":{ $year : "$time"},
          "month":{ $month : "$time"},
          "day":{ $dayOfMonth :
"$time"},
          "hour":{ $hour : "$time"}
      },
      "maxValue": { $max: "$value" },
      "count": { $sum: 1 }
    }
  },
  { $sort : {
          "_id.year" : 1,
          "_id.month" : 1,
          "_id.day" : 1,
          "_id.hour" : 1
      }
  }
])
``` |

<table>
<tr>
<td>Q6</td>
<td>

```
SELECT /*+ ROLLUP(TAG, min, sum) */
time, value as sum
FROM TAG
WHERE name = 'EQ5^TAG5678' AND time
BETWEEN to_date('2018-01-01 00:00:00')
AND to_date('2018-01-01 23:59:59')
ORDER BY time;
```

</td>
<td>

```
db.sensor.aggregate(
[
  { $match : {name:"EQ5^TAG5678", time:
{$gte:ISODate("2018-01-01T00:00:00Z"),
$lt:ISODate("2018-01-02T00:00:00Z")}}},
  { $project : {
      _id : 0,
      "time" : 1,
        "value" : 1,
      }
  },
  { $group : {
      "_id" : {
        "year":{ $year : "$time"},
                 "month":{ $month :
"$time"},
                  "day":{
$dayOfMonth : "$time"},
                  "hour":{ $hour :
"$time"},
                   "minute":{ $minute
: "$time"},
          },
       "sumValue": { $sum: "$value" }
          }
  },
  { $sort : {
          "_id.year" : 1,
          "_id.month" : 1,
          "_id.day" : 1,
          "_id.hour" : 1,
          "_id.minute" : 1
      }
  }
])
```

</td>
</tr>
</table>

<table>
<tr>
<td>Q7</td>
<td>

```
SELECT /*+ ROLLUP(TAG, sec) */ time,
value as avg
FROM TAG
WHERE name = 'EQ9^TAG9187' AND time
between to_date('2018-01-01 00:00:00')
and to_date('2018-01-01 23:59:59')
ORDER BY time;
```

</td>
<td>

```
db.sensor.aggregate(
[
   { $match : {name:"EQ9^TAG9187", time:
{$gte:ISODate("2018-01-01T00:00:00Z"),
$lt:ISODate("2018-01-02T00:00:00Z")}}},
   { $project : {
      _id : 0,
      "time" : 1,
         "value" : 1,
      }
   },
   { $group : {
      "_id" : {
         "year":{ $year : "$time"},
                        "month":{ $month :
"$time"},
                        "day":{
$dayOfMonth : "$time"},
                        "hour":{ $hour :
"$time"},
                        "minute":{ $minute
: "$time"},
                        "second":{ $second
: "$time"}
            },
            "avgValue": { $avg:
"$value" }
         }
   },
   { $sort : {
            "_id.year" : 1,
            "_id.month" : 1,
            "_id.day" : 1,
            "_id.hour" : 1,
            "_id.minute" : 1,
            "_id.second" : 1
         }
} ])
```

</td>
</tr>
</table>

마치면서

이 장에서는 마크베이스의 성능에 대해서 살펴보았으며, 몽고DB와의 성능 비교도 함께 해 보았다.

다음 장에서는 독자가 직접 테스트를 할 수 있도록 마크베이스를 설치하는 과정에 대해 자세히 설명하도록 하겠다.

## 제 7 장

마크베이스 설치

이제 IoT 센서 데이터를 효율적으로 저장하고 조회할 수 있는, 마크베이스 제품을 본격적으로 설치하고 구동하는 방법을 소개하고자 한다. 좀 더 자세한 정보는 마크베이스 홈페이지(http://krdoc.machbase.com)의 매뉴얼을 다운받아 확인할 수 있다.

다운로드 사이트 소개

그림과 같이 마크베이스 홈페이지(http://www.machbase.com/kor)의 다운로드 링크를 클릭하여 다운로드할 수 있다.

만일 공공의 연구기관이나 교육기관의 경우에는 영구 라이선스를 무료로 받을 수 있으니 참고하기를 바란다.

포그/엣지 에디션 설치

리눅스에서 설치

대부분의 자체(On-premise) 서버나 클라우드 서버, 엣지 디바이스 장비는 운영체제로 리눅스를 탑재하거나 지원한다. 그래서 마크베이스는 리눅스에서 다양한 방법으로 설치할 수 있도록 제공하고 있다.

설치 준비: 파일 최대 개수 확인/설정

마크베이스는 파일 핸들을 많이 다뤄야 하기 때문에, 아래와 같은 시스템 설정이 필요하다.

1) 아래 명령을 통해, 리눅스 파일 최대 개수를 확인한다.

```
$ ulimit -Sn
1024
```

2) 결과값이 65535보다 작다면, 아래 파일을 수정하고 서버를 리부팅한다.

```
$ sudo vi /etc/security/limits.conf
```

```
#<domain>      <type>  <item>         <value>
#

*              hard    nofile         65535
*              soft    nofile         65535
```

3) 서버를 재부팅하고, 다시 값을 확인한다.

```
$ ulimit -Sn
65535
```

설치 준비: 서버의 시간 확인/설정

마크베이스는 시계열 데이터를 다루는 데이터베이스이므로, 설치될 호스트의 시간 값을 정확하게 설정해야 한다. 먼저, 현재 서버의 시간과 표준시간대(Timezone)가 맞는지 꼭 확인해야 한다. 아래 명령어로 자신이 위치한 표준시간대를 확인한다.

```
$ ls -l /etc/localtime
lrwxrwxrwx 1 root root 32 Sep 27 14:08 /etc/localtime -> ../usr/share/zoneinfo/Asia/Seoul
```

만약 다르다면, /usr/share/zoneinfo에서 맞는 지역을 선택하여 링크한다.

TGZ 패키지 설치

다운로드한 tgz 파일의 압축을 풀기 전에, 먼저 machbase 계정을 생성한다.

```
$ sudo useradd machbase
```

machbase 계정으로 로그인한 다음, 다운로드한 tgz 파일의 압축을 설치할 디렉터리 안에 해제한다. 디렉터리를 미리 만들어서 tgz 파일을 위치시킨 다음에 해제하거나, 디렉터리를 만든 후 tgz 파일의 압축 해제 위치를 해당 디렉터리로 가리키게 해야 한다. 여기서는 /home/machbase/machbase_home 에 압축을 해제했다고 가정한다.

```
$ mkdir machbase_home
$ mv machbase-fog-x.x.x.official-LINUX-X86-64-release.tgz machbase_home/
$ cd machbase_home/
$ tar zxf machbase-fog-x.x.x.official-LINUX-X86-64-release.tgz
```

그다음, 환경변수를 아래와 같이 설정한다. $HOME/.bashrc 또는 다른 쉘 시작 스크립트(예: ZSH는 $HOME/.zshrc)에 다음 내용을 추가한다.

```
export MACHBASE_HOME=/home/machbase/machbase_home
export PATH=$MACHBASE_HOME/bin:$PATH
export LD_LIBRARY_PATH=$MACHBASE_HOME/lib:$LD_LIBRARY_PATH
```

그다음, 터미널을 재접속하거나, 다음 명령어를 통해 환경변수를 재적용한다.

```
source $HOME/.bashrc
```

다음으로, 마크베이스 프로퍼티 파일을 생성한다. $MACHBASE_HOME/conf 안에는 machbase.conf.sample 파일이 존재한다. 이걸 machbase.conf로 복사하면 비로소 구동 준비가 끝난다.

```
cp $MACHBASE_HOME/conf/machbase.conf.sample $MACHBASE_HOME/conf/machbase.conf
```

TGZ 패키지 구동

machadmin이라는 도구를 사용해서 수동으로 데이터베이스를 만들고, 구동해야 한다. 먼저, 아래 명령을 통해 데이터베이스를 만들 수 있다.

```
$ machadmin -c
-----------------------------------------------------------
     Machbase Administration Tool
     Release Version - x.x.x.official
     Copyright 2014, MACHBASE Corp. or its subsidiaries
     All Rights Reserved
-----------------------------------------------------------
Database created successfully.
```

그다음, 아래 명령을 통해 마크베이스 서버를 구동할 수 있다.

```
$ machadmin -u
----------------------------------------------------------------
    Machbase Administration Tool
    Release Version - x.x.x.official
    Copyright 2014, MACHBASE Corp. or its subsidiaries
    All Rights Reserved
----------------------------------------------------------------
Waiting for Machbase server start.
Machbase server started successfully.
```

RPM 패키지 설치/구동

다운로드한 rpm 파일을 아래와 같이 설치한다.

```
sudo yum install machbase-fog-x.x.x.official-LINUX-X86-64-release.rpm
```

 rpm -i 옵션을 사용하면 의존성(Dependency)을 해결하지 못하기 때문에 추천하지 않는다.

설치가 완료되면 /opt/machbase 폴더가 생성이 되고 기본 포트는 5656으로 설정된다. 이후 **데이터베이스가 생성되고 마크베이스 서버와 MWA 웹 서버가 자동으로 실행된다.**

DEB 패키지 설치/구동

다운로드한 deb 파일을 아래와 같이 설치한다.

```
$ sudo dpkg -i machbase-fog-x.x.x.community-LINUX-X86-64-release.deb
```

 설치과정에서 의존성 문제가 발생하면, 다음 명령어로 설치하면 된다.
```
$ sudo apt-get install —f
$ sudo dpkg -i machbase-fog-x.x.x.community-LINUX-X86-64-release.deb
```

설치가 완료되면 /opt/machbase 폴더가 생성이 되고 기본 포트는 5656으로 설정된다. 이후 **데이터베이스가 생성되고 마크베이스 서버와 MWA 웹 서버가 자동으로 실행된다.**

윈도우에서 설치

설치 준비: 방화벽 포트 개방

윈도우(Windows)는 방화벽 포트를 별도로 개방해야 원활히 접속이 가능하다. 다음과 같은 순서로 방화벽 설정을 할 수 있다.

1) **제어판 - 윈도우 방화벽** 또는 **윈도우 디펜더(Defender) 방화벽**에서 **'고급 설정'** 메뉴를 클릭한다.

2) **인바운드 규칙 - 새 규칙**을 선택해 새 대화창을 연다.

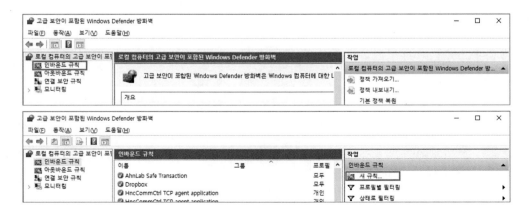

3) 만들려는 규칙 종류는 무엇입니까? 라는 질문에 **포트**를 선택하고 다음으로 넘어간다.

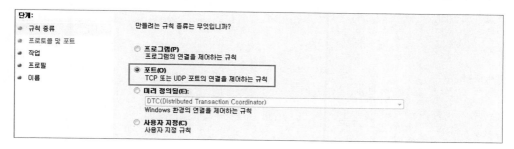

4) 해당 규칙은 **TCP**에 적용되며, 특정 로컬 포트를 선택한 다음 **5656, 5001**을 추가한다. 그리고 다음으로 넘어간다.

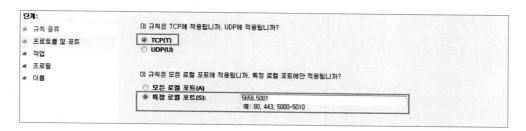

5) 지정한 조건과 일치하는 경우, **연결 허용**을 선택하고 다음으로 넘어간다.

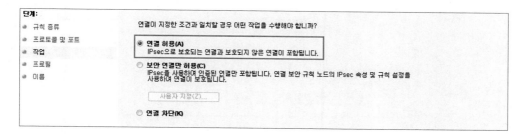

6) 규칙이 적용되는 시기는 **도메인/개인/공용** 모두 선택하고 다음으로 넘어간다(기본적으로 모두 체크되어 있다).

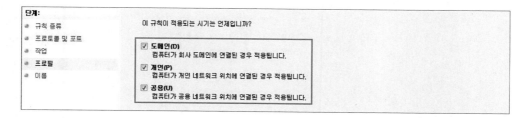

7) **이름과 설명**에 적절한 이름을 기입한다(보통 Machbase, Machbase Ports 라고 기입한다). 그리고 마침을 누른다.

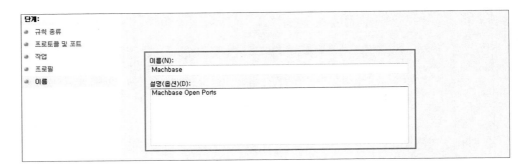

설치

다운로드한 msi 파일을 실행해 설치를 진행한다.

1) 보안 경고 창이 뜨는데, 실행을 누른다(경고 창이 뜨지 않을 수도 있다).

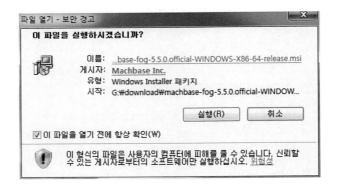

2) 설치 시작 화면이 표시되면, Next를 누른다.

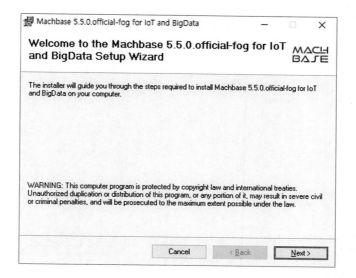

3) 설치 디렉터리를 지정한 뒤, Next를 누른다.

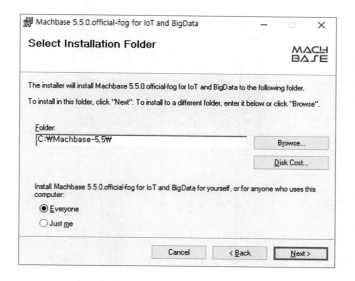

4) 설치가 진행되고, 완료되면 Close를 누른다.

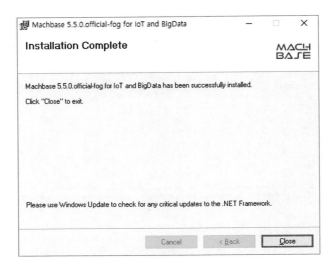

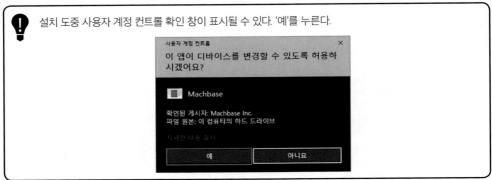

설치 도중 사용자 계정 컨트롤 확인 창이 표시될 수 있다. '예'를 누른다.

구동

시작에서 'machbase' 라고 프로그램 검색을 하면, Machbase 아이콘이 뜬다.

실행하면, 마크베이스 윈도우 관리 화면이 표시된다. 설치하면 자동으로 마크베이스 서버가 구동되어 있는 것을 확인할 수 있다.

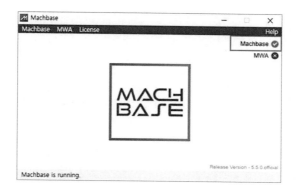

도커를 통한 설치

설치 준비

도커(Docker)를 설치해야 한다. 리눅스 사용자라면 아래 명령어를 입력해서 설치가 가능하고, 최신 정보를 원한다면 https://docs.docker.com/install/를 참고한다.

```
$ curl -fsSL https://get.docker.com -o get-docker.sh
$ sudo sh get-docker.sh
```

설치가 완료되면, 아래 명령으로 도커가 설치되었는지 확인하자.

```
$ sudo docker -v
Docker version 18.09.3, build 774a1f4
```

그다음, 도커 데몬(daemon)을 실행해야 한다. 실행하지 않으면 다음 명령이 입력되지 않는다.

```
$ sudo systemctl start docker
```

Root 가 아닌 다른 사용자에게 도커 권한을 주려면 다음 명령을 추가로 입력해야 한다.
아래 [username] 부분에 원하는 사용자 이름을 입력한다.

```
$ sudo usermod -aG docker [username]
```

설치

Dockerhub에 위치한 machbase/machbase 이미지를 설치한다.

```
$ docker pull machbase/machbase

Using default tag: latest
latest: Pulling from machbase/machbase
3a291d7fe8d1: Pull complete
f1e7bd0ef2d1: Pull complete
78632f9cbb53: Pull complete
...
59383e5f4c61: Pull complete
542101ec7002: Pull complete
Digest: sha256:aa6a982d35946b3fb33930de91cad61bfe7d3e9a559080526ed8e9a511c82c2b
Status: Downloaded newer image for machbase/machbase:latest
```

잠시 후, 설치가 완료되면 아래 명령으로 이미지가 설치되었는지 확인한다.

```
$ sudo docker images
REPOSITORY          TAG           IMAGE ID          CREATED         SIZE
machbase/machbase   latest        72dfb3d7f21a      13 days ago     1.1GB
```

구동

다음 명령으로 machbase 이미지를 통해 컨테이너를 작동시킬 수 있다.

```
$ docker run -it machbase/machbase
------------------------------------------------------------
    Machbase Administration Tool
    Release Version - x.x.x.community
    Copyright 2014, MACHBASE Corp. or its subsidiaries
    All Rights Reserved
------------------------------------------------------------
Database created successfully.
------------------------------------------------------------
    Machbase Administration Tool
    Release Version - x.x.x.community
    Copyright 2014, MACHBASE Corp. or its subsidiaries
    All Rights Reserved
------------------------------------------------------------
Waiting for Machbase server start.
Machbase server started successfully.
SERVER HAS BEEN RESET
SERVER STARTED, PID : 56
    Connection URL : http://172.17.0.2:5001
machbase@5ba45a22d140:~$
```

이제부터는 컨테이너 안에서 machsql, machadmin을 통해 서버를 직접 다루거나 추가 작업을 할 수 있다. 물론, 화면에 나오는 것처럼 이미 마크베이스 서버와 MWA 웹 서버는 모두실행된 상태이다.

## 제 8 장

마크베이스 맛보기

이 장에서는 실제 설치된 마크베이스에 대해 데이터를 로딩하고, 확인하면서, 센서 데이터 처리 성능을 맛볼 수 있도록 구성되었다. 그리고 대부분의 예제는 SSD 디스크 환경의 윈도우 10 버전에서 마크베이스 5.5. 버전을 활용하여 작성되었으며, 리눅스도 동일한 방법으로 설치 및 테스트가 가능할 것이다.

이 장에서는 마크베이스가 이미 윈도우에 설치되어 동작하고 있으며, MWA 역시 동작하고 있다고 가정한다. 윈도우 전용 관리툴인 마크베이스 관리자의 화면이 아래와 같이 나온다면 준비가 된 것이다.

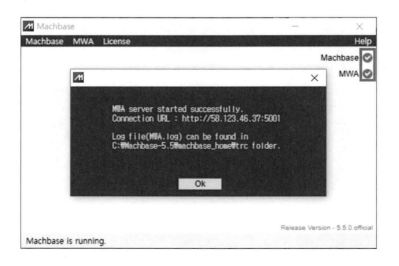

참고로 웹 시각화 도구인 MWA에 접속하기 위해서 위 그림의 주소 혹은 http://127.0. 0.1:5001로 접속하고, 아이디와 패스워드를 각각 admin/machbase로 입력하면 된다.

기트허브로부터 샘플 예제 준비하기

우선 형상관리 도구인 Git를 설치하자. 만일 없으면, 다음 사이트 https://git-scm.com/에서 받아 설치하도록 한다. 아래와 같이 해당 예제를 받는다. 단, 데이터 파일이 꽤 크므로 시간이 조금 걸린다.

```
C:\Machbase-5.5>git clone https://www.github.com/MACHBASE/TagTutorial.git TagTutorial
Cloning into 'TagTutorial'...
warning: redirecting to https://github.com/MACHBASE/TagTutorial.git/
remote: Enumerating objects: 140, done.
remote: Total 140 (delta 0), reused 0 (delta 0), pack-reused 140
Receiving objects: 100% (140/140), 242.48 MiB | 2.66 MiB/s, done.
Resolving deltas: 100% (62/62), done.
Checking out files: 100% (53/53), done.

C:\Machbase-5.5>git clone https://www.github.com/MACHBASE/LogTutorial.git LogTutorial
Cloning into 'LogTutorial'...
warning: redirecting to https://github.com/MACHBASE/LogTutorial.git/
remote: Enumerating objects: 45, done.
remote: Counting objects: 100% (45/45), done.
remote: Compressing objects: 100% (32/32), done.
remote: Total 45 (delta 11), reused 42 (delta 10), pack-reused 0
Unpacking objects: 100% (45/45), done.

C:\Machbase-5.5>
```

콘솔 수행하기

이어지는 예제는 모두 마크베이스 콘솔 환경에서 수행되어야 한다. 그러나 환경변수 설정 등의 번거로움이 있기 때문에 machwin에서 제공되는 외부 콘솔을 수행하는 기능을 이용하면 매우 편리하다.

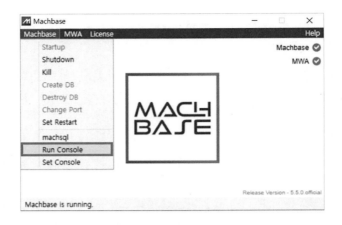

다음의 그림과 같이 해당 메뉴를 수행하면, 모든 환경이 설정된 콘솔이 구동되며, 이 콘솔을 이용해서 예제를 수행해 본다.

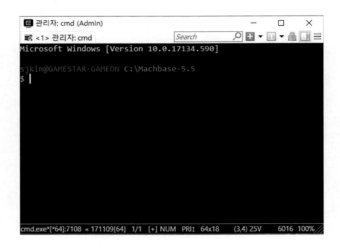

이 콘솔에는 마크베이스 수행에 필요한 모든 환경변수가 설정되어 있다.

태그 테이블 맛보기

개요

이 문서에서는 실제 마크베이스 V5에 대해 센서 데이터를 로딩하고, 태그 분석기를 통해 데이터를 확인하는 가장 간단하고 빠른 예제를 실습해 보도록 한다. 이 문서에 필요한 모든 데이터와 자료는 마크베이스 공식 github을 통해 받을 수 있다.

디렉토리 확인

성공적으로 받았다면 다음과 같이 TagTutorial 디렉토리가 보일 것이다.

```
C:\Machbase-5.5>cd TagTutorial

C:\Machbase-5.5\TagTutorial>dir
 C 드라이브의 볼륨에는 이름이 없습니다.
 볼륨 일련 번호: ECB3-EBAC

 C:\Machbase-5.5\TagTutorial 디렉터리

2019-03-06  오후 08:34    <DIR>          .
2019-03-06  오후 08:34    <DIR>          ..
2019-03-06  오후 08:34    <DIR>          edu_1_basic
2019-03-06  오후 08:34    <DIR>          edu_2_plc
2019-03-06  오후 08:34    <DIR>          edu_3_plc_stream
2019-03-06  오후 08:34    <DIR>          edu_4_house_sensor
2019-03-06  오후 08:34    <DIR>          edu_5_restAPI_input
2019-03-06  오후 08:34    <DIR>          edu_6_restAPI_curl
2019-03-06  오후 08:34               67 README.md
               1개 파일                  67 바이트
               8개 디렉터리  63,379,914,752 바이트 남음

C:\Machbase-5.5\TagTutorial>cd edu_1_basic

C:\Machbase-5.5\TagTutorial\edu_1_basic>dir
 C 드라이브의 볼륨에는 이름이 없습니다.
 볼륨 일련 번호: ECB3-EBAC

 C:\Machbase-5.5\TagTutorial\edu_1_basic 디렉터리
```

```
2019-03-06   오후 08:34   <DIR>                  .
2019-03-06   오후 08:34   <DIR>                  ..
2019-03-06   오후 08:34              109 1_create_tag.sql
2019-03-06   오후 08:34               94 2_insert_meta.sql
2019-03-06   오후 08:34              234 3_load.bat
2019-03-06   오후 08:34              186 3_load.sh
2019-03-06   오후 08:34       16,785,656 3_MTAG_C00.zip
2019-03-06   오후 08:34       16,731,344 3_MTAG_C01.zip
                6개 파일          33,517,623 바이트
                2개 디렉터리   63,379,709,952 바이트 남음


C:\Machbase-5.5\TagTutorial\edu_1_basic>
```

디렉토리 edu_1_basic을 수행해 볼 텐데, 첫 번째 디렉토리인 **edu_1_basic**에는 마크베이스에서 지원하는 태그 테이블과 롤업 테이블 및 태그 분석기를 가장 빨리 테스트해 볼 수 있는 최소한의 테스트 도구들이 들어가 있다. 파일의 앞부분에 숫자가 적힌 것은 그 순서대로 수행하면, 결과가 나온다는 뜻이다. 다음은 압축을 모두 해제한 상태의 디렉토리 내용을 나타낸다.

```
C:\Machbase-5.5\TagTutorial\edu_1_basic$ dir
 C 드라이브의 볼륨에는 이름이 없습니다.
 볼륨 일련 번호: ECB3-EBAC

 C:\Machbase-5.5\TagTutorial\edu_1_basic 디렉터리

2019-03-06   오후 08:58   <DIR>                  .
2019-03-06   오후 08:58   <DIR>                  ..
2019-03-06   오후 08:34              109 1_create_tag.sql
2019-03-06   오후 08:34               94 2_insert_meta.sql
2019-03-06   오후 08:34              234 3_load.bat
2019-03-06   오후 08:34              186 3_load.sh
2018-08-16   오후 03:06      208,509,589 3_MTAG_C00.csv
2018-08-16   오후 03:06      208,510,104 3_MTAG_C01.csv
                6개 파일         417,020,316 바이트
                2개 디렉터리   62,940,082,176 바이트 남음

C:\Machbase-5.5\TagTutorial\edu_1_basic
```

태그 테이블 생성 SQL

태그 테이블(이름 TAG)을 사용하기 위해서는 이 테이블을 생성해야 한다. 아래의 스크립트 1_create_tag.sql를 수행하면 생성된다.

```
C:\Machbase-5.5\TagTutorial\edu_1_basic
$ machsql -s 127.0.0.1 -u SYS -p manager -f 1_create_tag.sql
================================================================
      Machbase Client Query Utility
      Release Version 5.5.0.official
      Copyright 2014 MACHBASE Corporation or its subsidiaries.
      All Rights Reserved.
================================================================
MACHBASE_CONNECT_MODE=INET, PORT=5656
Type 'help' to display a list of available commands.
Mach> create tagdata table tag (name varchar(32) primary key, time datetime basetime,
value double summarized);
Executed successfully.
Elapsed time: 4.816
C:\Machbase-5.5\TagTutorial\edu_1_basic
```

TAG라는 테이블이 생성되었다. 만일 모든 것을 삭제하고 싶다면, **DROP TABLE TAG;**를 통해 모든 자료를 삭제할 수 있다(경고 메시지가 없으므로 주의하자!).

태그 메타 데이터 등록

태그 메타란 센서의 이름과 부가 정보를 등록하는 과정이다. 이 과정이 필요한 이유는 사용자가 각자의 센서를 관리하게 될 텐데, 그 센서의 고유한 이름과 정보를 기록함으로써 수많은 태그 데이터에 대한 보다 쉽고 편리하게 사용할 수 있도록 하기 위함이다.

내부적으로는 각 센서가 고유한 숫자 값을 가지게 되며, 이 값이 지정한 이름과 1:1 맵핑이 된다. 마크베이스는 INSERT 문을 통해 해당 태그 메타 정보를 입력하도록 지원하며, 예제는 파일 2_insert_meta.sql에 나와 있다. 이 INSERT 질의가 수행되면, MTAG_C00이라는 이름과 내부 숫자가 맵핑되고, 사용자는 이 이름으로 해당 태그를 관리할 수 있게 된다.

```
$ machsql -s 127.0.0.1 -u SYS -p manager -f 2_insert_meta.sql
================================================================
      Machbase Client Query Utility
      Release Version 5.5.0.official
      Copyright 2014 MACHBASE Corporation or its subsidiaries.
      All Rights Reserved.
================================================================
MACHBASE_CONNECT_MODE=INET, PORT=5656
Type 'help' to display a list of available commands.
Mach> insert into tag metadata values ('MTAG_C00');
1 row(s) inserted.
Elapsed time: 0.024
Mach> insert into tag metadata values ('MTAG_C01');
1 row(s) inserted.
Elapsed time: 0.010


C:\Machbase-5.5\TagTutorial\edu_1_basic
```

실제로 태그 메타 테이블의 내부를 살펴보자.

```
$ machsql -s 127.0.0.1 -u SYS -p manager
================================================================
      Machbase Client Query Utility
      Release Version 5.5.0.official
      Copyright 2014 MACHBASE Corporation or its subsidiaries.
      All Rights Reserved.
================================================================
MACHBASE_CONNECT_MODE=INET, PORT=5656
Type 'help' to display a list of available commands.
Mach>select * from _tag_meta;
ID                      NAME
------------------------------------------------------------
1                       MTAG_C00
2                       MTAG_C01
[2] row(s) selected.
Elapsed time: 0.005
Mach>
```

위와 같이 MTAG_C00와 MTAG_C01이라는 두 개의 센서가 등록된 것을 확인할 수 있다.

태그 테이블 속성 테스트

이제 데이터 입력을 위한 모든 준비 작업이 끝났다. 마크베이스에는 이렇게 등록된 두 개의 태그 데이터를 받아들일 준비가 된 것이다. 실제로 태그 테이블에 데이터가 있는지 살펴보자.

```
Mach>select * from tag;
NAME                            TIME                            VALUE
--------------------------------------------------------------------------------
[0] row(s) selected.
Elapsed time: 0.005
Mach>
```

데이터가 출력되지 않은 0건이 출력된다.

태그 테이블 데이터 로딩

이제 실제 태그 데이터를 로딩하여, 데이터를 확인할 차례이다.

준비된 200MB짜리 두 개의 데이터 파일을 잠깐 살펴보면 다음과 같다.

파일명	3_MTAG_C00.csv	3_MTAG_C01.csv
레코드 갯수	4178504 건	4178504 건
데이터 종류	실수형 압력 센서 데이터	실수형 압력 센서 데이터
수집 형태	매초 1m second 간격으로 100회 센싱	매초 1m second 간격으로 100회 센싱
데이터 패턴	MTAG_C00, 2009-01-28 07:03:34 0:000:000, -41.98 MTAG_C00, 2009-01-28 07:03:34 1:000:000, -46.50 MTAG_C00, 2009-01-28 07:03:34 2:000:000, -36.16 MTAG_C00, 2009-01-28 07:03:34 3:000:000, -50.36 MTAG_C00, 2009-01-28 07:03:34 4:000:000, -37.30 MTAG_C00, 2009-01-28 07:03:34 5:000:000, -48.43 MTAG_C00, 2009-01-28 07:03:34 6:000:000, -46.17 MTAG_C00, 2009-01-28 07:03:34 7:000:000, -42.78 MTAG_C00, 2009-01-28 07:03:34 8:000:000, -40.85 MTAG_C00, 2009-01-28 07:03:34 9:000:000, -55.68 MTAG_C00, 2009-01-28 07:03:34 10:000:000, -45.20	MTAG_C01, 2009-01-28 07:03:34 0:000:000, 2067.64 MTAG_C01, 2009-01-28 07:03:34 1:000:000, 2067.88 MTAG_C01, 2009-01-28 07:03:34 2:000:000, 2055.81 MTAG_C01, 2009-01-28 07:03:34 3:000:000, 2053.68 MTAG_C01, 2009-01-28 07:03:34 4:000:000, 2081.17 MTAG_C01, 2009-01-28 07:03:34 5:000:000, 2058.64 MTAG_C01, 2009-01-28 07:03:34 6:000:000, 2065.99 MTAG_C01, 2009-01-28 07:03:34 7:000:000, 2067.64 MTAG_C01, 2009-01-28 07:03:34 8:000:000, 2061.72 MTAG_C01, 2009-01-28 07:03:34 9:000:000, 2079.51 MTAG_C01, 2009-01-28 07:03:34 10:000:000, 2064.56 .....
데이터 시작 시간	2009-01-28 07:03:34 0:000:000	2009-01-28 07:03:34 0:000:000
데이타 완료 시간	2009-01-28 18:40:04 19:000:000	2009-01-28 18:40:04 19:000:000

이 데이터는 위의 약 12시간 동안의 센서 데이터를 모아 놓은 것이다. 특징은 매초 센서가 한 번씩 동작하는데, 1밀리 초 단위로 100번 데이터를 입력하고, 다음 초까지 대기하는 패턴

을 나타낸다.

마크베이스 csv 파일 로딩도구인 **csvimport**를 통해서 데이터를 빠르게 입력해 보자. 미리 준비된 해당 실행 스크립트는 다음과 같다.

3_load.bat

```
csvimport -t TAG -d 3_MTAG_C00.csv -F "time YYYY-MM-DD HH24:MI:SS mmm:uuu:nnn" -l error.log
csvimport -t TAG -d 3_MTAG_C01.csv -F "time YYYY-MM-DD HH24:MI:SS mmm:uuu:nnn" -l error.log
```

두 개의 윈도우가 각각 실행되면서, 다음과 같은 실행 결과를 나타낸다.

```
------------------------------------------------------------
    Machbase Data Import/Export Utility.
    Release Version 5.5.0.official
    Copyright 2014, MACHBASE Corporation or its subsidiaries.
    All Rights Reserved.
------------------------------------------------------------
NLS            : US7ASCII        EXECUTE MODE  : IMPORT
TARGET TABLE  : TAG              DATA FILE     : 3_MTAG_C00.csv
LOG FILE       : error_C00.log    IMPORT MODE    : APPEND
FIELD TERM    : ,                ROW TERM      : \n
ENCLOSURE     : "                ESCAPE        : \
ARRIVAL_TIME  : FALSE            ENCODING      : NONE
HEADER        : FALSE            CREATE TABLE  : FALSE

  Progress bar                Imported records      Error records
  ============================      4178504                    0

Import time        :  0 hour  0 min 12.748 sec
Load success count : 4178504
Load fail count    :  0


C:\Machbase-5.5\TagTutorial\edu_1_basic
```

각각 대략 12~13초 정도 걸렸고, 초당 34만 건 정도의 태그 데이터를 로딩한 것을 확인할 수 있다.

태그 테이블 데이터 개수 확인

이제 데이터를 입력하였으니, 잘 동작하는지 콘솔로 태그 테이블 확인해 보도록 한다.

```
C:\Machbase-5.5\TagTutorial\edu_1_basic
$ machsql -s 127.0.0.1 -u SYS -p manager
================================================================
      Machbase Client Query Utility
      Release Version 5.5.0.official
      Copyright 2014 MACHBASE Corporation or its subsidiaries.
      All Rights Reserved.
================================================================
MACHBASE_CONNECT_MODE=INET, PORT=5656
Type 'help' to display a list of available commands.
Mach>select count(*) from tag;
count(*)
----------------------
8357008
[1] row(s) selected.
Elapsed time: 0.002
Mach>select count(*) from tag where name = 'MTAG_C00';
count(*)
----------------------
4178504
[1] row(s) selected.
Elapsed time: 1.201
Mach>select count(*) from tag where name = 'MTAG_C01';
count(*)
----------------------
4178504
[1] row(s) selected.
Elapsed time: 1.129
Mach>
```

전체 개수가 약 8백만 건이 들어가 있고, 태그 각각 4,178,504건씩 들어가 있는 것을 확인할 수 있다.

시간 범위 검색

마크베이스의 가장 큰 특징인 이 태그 테이블에 대한 시간 범위 검색을 해 보도록 한다. 그럼 그날 12시에서 13시까지의 데이터 일부를 검색해 보자.

```
Mach> select count(*) from TAG where name = 'MTAG_C00' and TIME between TO_DATE('2009-01-
28 12:00:00') and TO_DATE('2009-01-28 13:00:00') limit 10;
count(*)
-----------------------
360005
[1] row(s) selected.
Elapsed time: 0.106
Mach> select * from TAG where name = 'MTAG_C00' and TIME between TO_DATE('2009-01-28
12:00:00') and TO_DATE('2009-01-28 13:00:00') limit 10;
NAME                         TIME                          VALUE
------------------------------------------------------------------------------------
MTAG_C00                     2009-01-28 12:00:00 000:000:000 2636.77
MTAG_C00                     2009-01-28 12:00:00 001:000:000 2634.44
MTAG_C00                     2009-01-28 12:00:00 002:000:000 2627.94
MTAG_C00                     2009-01-28 12:00:00 003:000:000 2624.83
MTAG_C00                     2009-01-28 12:00:00 004:000:000 2627.68
MTAG_C00                     2009-01-28 12:00:00 005:000:000 2626.39
MTAG_C00                     2009-01-28 12:00:00 006:000:000 2633.4
MTAG_C00                     2009-01-28 12:00:00 007:000:000 2630.28
MTAG_C00                     2009-01-28 12:00:00 008:000:000 2630.8
MTAG_C00                     2009-01-28 12:00:00 009:000:000 2634.7
[10] row(s) selected.
Elapsed time: 0.032
```

시간당 평균값 추출

이제 좀 더 어려운 추출, 태그 MTAG_C00의 전체 시간 범위에서 시간당 평균값을 구해보도록 하자. 다음과 같은 질의를 통해 눈 깜짝할 새에 결과를 출력한다.

```
Mach>select /*+ ROLLUP(TAG,HOUR,AVG) */TIME,VALUE from tag where name = 'MTAG_C00' order
by time;
TIME                          VALUE
--------------------------------------------------------------
2009-01-28 07:00:00 000:000:000 2250.37
2009-01-28 08:00:00 000:000:000 2527.54
2009-01-28 09:00:00 000:000:000 2410.38
2009-01-28 10:00:00 000:000:000 2548.36
2009-01-28 11:00:00 000:000:000 2415.86
2009-01-28 12:00:00 000:000:000 2516.55
2009-01-28 13:00:00 000:000:000 2670.77
2009-01-28 14:00:00 000:000:000 2520.05
2009-01-28 15:00:00 000:000:000 2415.72
2009-01-28 16:00:00 000:000:000 2676.9
2009-01-28 17:00:00 000:000:000 2775.38
2009-01-28 18:00:00 000:000:000 2486.98
[12] row(s) selected.
Elapsed time: 0.008
```

위의 VALUE 부분이 바로 각 시간당 평균값을 나타낸다.

시간당 최대값 추출

이제 평균이 아니라, 1시간 단위로 최대값을 수행하면, 다음과 같이 순식간에 얻을 수 있다.

```
Mach>select /*+ ROLLUP(TAG,HOUR,MAX) */TIME,VALUE from tag where name = 'MTAG_C00' order
by time;
TIME                          VALUE
--------------------------------------------------------------
2009-01-28 07:00:00 000:000:000 2782.42
2009-01-28 08:00:00 000:000:000 2798.93
2009-01-28 09:00:00 000:000:000 2993.82
2009-01-28 10:00:00 000:000:000 3286.05
```

```
2009-01-28 11:00:00 000:000:000 2915.97
2009-01-28 12:00:00 000:000:000 3235.1
2009-01-28 13:00:00 000:000:000 3402.56
2009-01-28 14:00:00 000:000:000 3097.14
2009-01-28 15:00:00 000:000:000 2856.78
2009-01-28 16:00:00 000:000:000 3250.8
2009-01-28 17:00:00 000:000:000 3260.53
2009-01-28 18:00:00 000:000:000 3106.36
[12] row(s) selected.
Elapsed time: 0.008
```

4백만 건에 대해 한 시간 단위의 최대값을 추출하는데, 0.008초가 걸린 것을 볼 수 있다. 아마 다른 데이터베이스라면, 30초 이상의 질의 시간 혹은 몇십 분 동안 걸릴 정도의 질의이다. 놀랍지 않은가?

태그 분석기를 통한 데이터 시각화

앞에서 언급한 바와 같이 http://127.0.0.1:500으로 접속하면, 다음과 같은 MWA 화면이 출력되는데, 좌측 상단의 "Tag View" 메뉴를 클릭해서 태그 분석기를 수행하도록 하자.

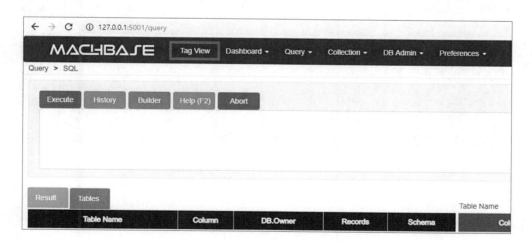

그러면, 다음과 같은 빈 화면이 나타난다.

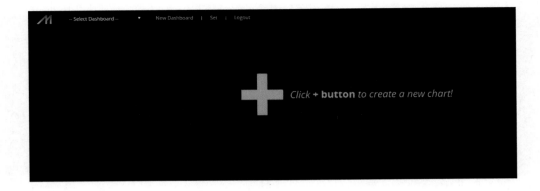

이때 십자가 화면을 클릭하면, 다음과 같은 태그를 선택하는 화면이 나오며, 출력하기 원하는 태그 이름과 통계 종류를 선택한다.

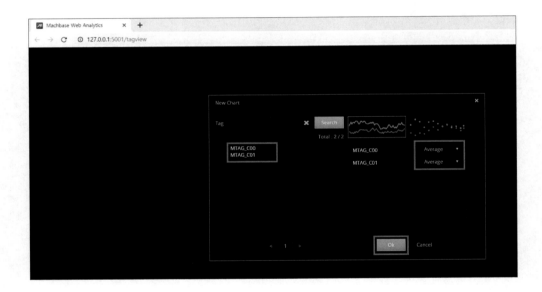

여기에서 OK를 선택하면, 다음과 같은 아름다운 차트를 볼 수 있다.

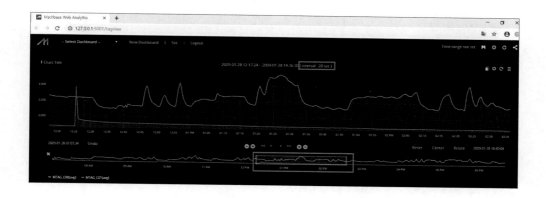

위의 첫 번째 붉은 박스는 하나의 점이 20초 평균을 나타내는 평균 차트를 보고 있다는 것을 나타낸다. 또한, 두 번째 큰 붉은 박스를 마우스로 좌우 움직이면 실시간으로 통계 차트를 탐색할 수 있는 환상적인 차트를 경험할 수 있다.

태그 테이블 마무리

이상으로 간단한 예제를 통해 실제 태그 데이터를 로딩하고, 차트를 그려보았다. 비록 아주 간단한 예제였지만, 마크베이스를 통해 얼마나 빨리 그리고 편리하게 센서 데이터를 관리할 수 있는지 맛보는 좋은 기회였을 것으로 생각된다.

로그 테이블 맛보기

개요

이제 두 번째로 마크베이스가 가진 대용량 텍스트 로그 데이터 예제를 수행해 보자. 마크베이스는 로그 테이블을 통해 반정형의 텍스트 기반의 로그 데이터를 대량으로 저장하고, 이를 효율적으로 저장, 검색, 삭제할 수 있는 강력한 기능을 가지고 있다.

디렉토리 확인

GitHub에서 다운로드했던 LogTutorial 디렉토리의 csvload 예제를 수행해 보도록 한다. 이 디렉토리에는 다음과 같은 파일이 들어 있으며, 압축된 파일인 sample_data.csv.zip은 원래 파일로 압축을 풀어 놓는다.

```
C:\Machbase-5.5\LogTutorial\csvload
$ dir
 C 드라이브의 볼륨에는 이름이 없습니다.
 볼륨 일련 번호: ECB3-EBAC

 C:\Machbase-5.5\LogTutorial\csvload 디렉터리

2019-03-06  오후 10:12    <DIR>          .
2019-03-06  오후 10:12    <DIR>          ..
2019-03-06  오후 08:35           246,769 awards.csv
2019-03-06  오후 08:35               271 create_sample2_table.sql
2019-03-06  오후 08:35               242 create_sample_table.sql
2019-03-06  오후 08:35                43 load_awards.bat
2019-03-06  오후 08:35                66 load_awards.sh
2019-03-06  오후 08:35               477 load_sample.bat
2019-03-06  오후 08:35               500 load_sample.sh
2019-03-06  오후 08:35               467 load_sample2.bat
2019-03-06  오후 08:35               488 load_sample2.sh
2019-03-06  오전 10:55       130,477,124 sample_data.csv
2019-03-06  오후 08:35        13,599,283 sample_data.csv.zip
              11개 파일         144,325,730 바이트
               2개 디렉터리  59,883,261,952 바이트 남음
C:\Machbase-5.5\LogTutorial\csvload
```

이 샘플 데이터는 약 100만 라인으로 구성된 웹 접속 기록을 보관하고 있는 웹로그이다.

```
2015-05-20 06:00:00,63.214.191.124,2296,122.195.164.32,5416,12,GET /twiki/bin/view/Main/
TWikiGroups?rev=1.2 HTTP/1.1,200,5162
2015-05-20 06:00:07,212.237.153.79,6203,71.129.68.118,8859,67,GET /twiki/bin/view/Main/
WebChanges HTTP/1.1,200,40520
2015-05-20 06:00:07,243.9.49.80,344,122.195.164.32,6203,46,GET /twiki/bin/view/Main/
TWikiGroups?rev=1.2 HTTP/1.1,200,5162
2015-05-20 06:00:07,232.191.241.129,5377,174.47.129.59,1247,17,GET /mailman/listinfo/
```

```
hsdivision HTTP/1.1,200,6291
2015-05-20 06:00:07,121.67.24.216,2296,212.237.153.79,6889,68,GET /twiki/bin/view/TWiki/
WebTopicEditTemplate HTTP/1.1,200,3732
2015-05-20 06:00:07,31.224.72.52,450,100.46.183.122,10541,20,GET /twiki/bin/view/Main/
WebChanges HTTP/1.1,200,40520
2015-05-20 06:00:07,210.174.159.227,6180,173.149.119.202,6927,2,GET /twiki/bin/rdiff/TWiki/
AlWilliams?rev1=1.2&rev2=1.1 HTTP/1.1,200,5234
2015-05-20 06:00:07,210.174.159.227,10124,16.194.51.72,10512,69,GET /twiki/bin/rdiff/TWiki/
AlWilliams?rev1=1.2&rev2=1.1 HTTP/1.1,200,5234
2015-05-20 06:00:07,60.48.99.15,12333,85.183.139.166,12020,64,GET /robots.txt HTTP/1.1,200,68
2015-05-20 06:00:07,81.227.25.139,5883,96.128.212.177,2042,56,GET /twiki/bin/oops/TWiki/Text
FormattingRules?template=oopsmore¶m1=1.37¶m2=1.37 HTTP/1.1,200,11400
— — — — — — — — — — — — — — — — — — — — — — — — — — . .
```

고속 텍스트 데이터 로딩

이 튜토리얼에는 이미 로딩을 위한 배치파일인 load_sample.bat가 있으므로 이를 활용하도록 한다. 참고로 그 파일은 다음과 같은 명령어들로 구성되었다.

```
#-----------------------------------------------------------------
# run csvimport command to load sample_data.csv into Machbase DB
# use first field as _arrival_time column and
# -F option for formatting datetime.
#
# Usage: sh load_sample.sh
#-----------------------------------------------------------------
machsql -s 127.0.0.1 -u sys -p manager -f create_sample_table.sql

csvimport -t sample_table -d sample_data.csv -a -F "_arrival_time YYYY-MM-DD HH24:MI:SS"
```

위의 파일을 수행하면 다음과 같이 테이블을 생성하고, 데이터를 로딩한다.

```
$ machsql -s 127.0.0.1 -u sys -p manager -f create_sample_table.sql
=====================================================================
    Machbase Client Query Utility
    Release Version 5.5.0.official
    Copyright 2014 MACHBASE Corporation or its subsidiaries.
    All Rights Reserved.
=====================================================================
MACHBASE_CONNECT_MODE=INET, PORT=5656
Type 'help' to display a list of available commands.
Mach> CREATE TABLE SAMPLE_TABLE
(
    srcip       IPV4,
    srcport     INTEGER,
    dstip       IPV4,
    dstport     INTEGER,
    protocol    SHORT,
    eventlog    VARCHAR(1204),
    eventcode   SHORT,
    eventsize   LONG
);
Created successfully.
Elapsed time: 0.080

C:\Machbase-5.5\LogTutorial\csvload
$ csvimport -t sample_table -d sample_data.csv -a -F "_arrival_time YYYY-MM-DD HH24:MI:SS"
-----------------------------------------------------------------
    Machbase Data Import/Export Utility.
    Release Version 5.5.0.official
    Copyright 2014, MACHBASE Corporation or its subsidiaries.
    All Rights Reserved.
-----------------------------------------------------------------
NLS            : US7ASCII         EXECUTE MODE : IMPORT
TARGET TABLE   : sample_table      DATA FILE        : sample_data.csv
IMPORT MODE    : APPEND           FIELD TERM       : ,
ROW TERM       : \n               ENCLOSURE        : "
ESCAPE         : \                 ARRIVAL_TIME     : TRUE
ENCODING       : NONE             HEADER           : FALSE
CREATE TABLE   : FALSE
 Progress bar                      Imported records    Error records
 ============================= 1000000                  0

Import time          :  0 hour  0 min  4.616 sec
Load success count   : 1000000
Load fail count      : 0
```

위를 보면 접속 인터넷 주소인 srcip와 1,204바이트의 eventlog를 포함한 7개 컬럼의 테이블이 생성되었고, 이 테이블에 100만 건의 데이터가 4.6초, 즉 초당 약 20만 건 이상의 텍스트 로그가 로딩된 것을 확인할 수 있다. 편의상 인덱스를 생성하지는 않았다.

분석 질의 수행해 보기

아래는 전체 건수를 확인한 후에(100만 건), **접속한 100만 건 중에서 가장 많이 접속한 접속 IP 주소를 상위 랭크 10개를 출력하는 질의**를 수행해 본 것이다.

```
$ machsql -s 127.0.0.1 -u SYS -p manager
=============================================================
     Machbase Client Query Utility
     Release Version 5.5.0.official
     Copyright 2014 MACHBASE Corporation or its subsidiaries.
     All Rights Reserved.
=============================================================
MACHBASE_CONNECT_MODE=INET, PORT=5656
Type 'help' to display a list of available commands.
Mach>select count(*) from sample_table;
count(*)
-----------------------
1000000
[1] row(s) selected.
Elapsed time: 0.002
Mach>select srcip, count(srcip) from sample_table group by srcip order by 2 desc limit 10;
srcip            count(srcip)
-----------------------------------------
96.128.212.177   13594
173.149.119.202  13546
219.229.142.218  13537
69.99.246.62     13511
239.81.105.222   13501
86.45.186.17     13487
231.146.69.51    13483
248.168.229.34   13472
105.9.103.49     13472
115.18.128.171   13468
[10] row(s) selected.
Elapsed time: 0.275
```

개략적으로 약 1초 내로 100만 건의 분석 질의가 수행된 것을 알 수 있다. 몇천만 건 이상의 데이터를 처리할 경우에는 적절한 인덱스와 질의 튜닝이 필요하겠지만, 개략적인 성능과 느낌을 얻는 데는 충분했으리라 생각된다.

INSERT-SELECT 구문을 통한 텍스트 필터링

이번에는 로딩된 데이터를 가공하는 성능도 함께 수행해 보기로 한다. 즉, mytest라는 로그 테이블을 다시 만들어서 sample_table에 있는 100만 건에 대한 질의를 통해 원하는 데이터만을 로딩하는 예이다. 이를 위해서 sample_table에 있는 데이터 중에서 IP 주소가 211.x.x.x보다 큰 것들에 대해서 주소와 eventlog만 다시 mytest라는 테이블을 넣어 보겠다. 이를 위해서 마크베이스에서 제공하는 INSERT-SELECT 구문을 이용한다.

```
Mach>desc sample_table
[ COLUMN ]
--------------------------------------------------------------------------------
NAME                                            TYPE            LENGTH
--------------------------------------------------------------------------------
SRCIP                           ipv4             15
SRCPORT                         integer          11
DSTIP                           ipv4             15
DSTPORT                         integer          11
PROTOCOL                        short            6
EVENTLOG                        varchar          1204
EVENTCODE                       short            6
EVENTSIZE                       long             20

Mach>create table mytest(srcip ipv4, eventlog varchar(1024));
Created successfully.
Elapsed time: 0.080
Mach>insert into mytest select srcip, eventlog from sample_table where srcip > '211.*.*.*';
226668 row(s) inserted.
Elapsed time: 0.543
Mach>
```

위와 같이 22만 건을 필터링하고, 이를 다른 테이블로 입력하는데 약 0.5초 걸렸다. 실제 들어갔는지 확인해 보자.

```
Mach>select count(*) from mytest;
count(*)
-----------------------
226668
[1] row(s) selected.
Elapsed time: 0.003
Mach>select * from mytest limit 10;
SRCIP           EVENTLOG
------------------------------------------------------------------------------
214.153.107.182 GET /twiki/bin/search/TWiki/?scope=topic®ex=on&search=startd HTTP/1.1
238.136.26.139  GET /twiki/bin/search/Main/?scope=topic®ex=on&search=startg HTTP/1.1
231.146.69.51   GET /robots.txt HTTP/1.1
227.106.13.91   GET /twiki/bin/edit/Main/Header_checks?topicparent=Main.
ConfigurationVariables H
                TTP/1.1
233.8.84.203    GET /twiki/bin/view/Main/TokyoOffice HTTP/1.1
233.8.84.203    GET /twiki/bin/oops/TWiki/RichardDonkin?template=oopsmore¶m1=1.2¶m2=1.2
HTTP/1
                .1
227.106.13.91   GET /twiki/bin/search/Main/?scope=topic®ex=on&search=startg HTTP/1.1
248.168.229.34  GET /twiki/bin/view/TWiki/WikiCulture HTTP/1.1
226.7.237.25    GET /twiki/bin/edit/Main/Smtpd_etrn_restrictions?topicparent=Main.
ConfigurationV
                ariables HTTP/1.1
232.191.241.129 GET /twiki/bin/rdiff/Know/ReadmeFirst?rev1=1.5&rev2=1.4 HTTP/1.1
[10] row(s) selected.
Elapsed time: 0.010
Mach>
```

22만 건이 입력된 것을 확인했고, 실제 데이터가 잘 들어가 있는 것을 볼 수 있다.

텍스트 검색을 위한 인덱스 생성

마크베이스 로그 테이블의 가장 큰 특징 중의 하나는 VARCHAR 컬럼에 대해 임의의 스트링 검색이 가능하다는 것이다. 이를 위해서 sample_table의 URL이 저장된 필드인 eventlog의 컬럼에 텍스트 인덱스를 다음과 같이 만들어 보자.

```
Mach>CREATE INDEX eventlog_index ON SAMPLE_TABLE( eventlog) INDEX_TYPE KEYWORD;
Created successfully.
Elapsed time: 0.382
```

이로써 eventlog 컬럼의 검색이 가능하게 되었다(비동기 인덱스 생성이므로 완전히 끝나기 위해서
는 몇 초 정도 걸린다).

간단한 텍스트 검색

이제 검색을 해 볼 텐데, eventlog 중에서 "view"라는 단어가 포함된 레코드를 찾아보면,
다음과 같다.

```
Mach>SELECT count(*) froM SAMPLE_TABLE WHERE EVENTLOG SEARCH 'view' ;
count(*)
----------------------
339935
[1] row(s) selected.
Elapsed time: 0.027

Mach>SELECT EVENTLOG FROM SAMPLE_TABLE WHERE EVENTLOG SEARCH 'view' LIMIT 10;
EVENTLOG
-----------------------------------------------------------------------------
GET /twiki/bin/view/TWiki/ManagingWebs?skin=print HTTP/1.1
GET /twiki/bin/view/Main/TokyoOffice HTTP/1.1
GET /twiki/bin/view/TWiki/ManagingWebs?rev=1.22 HTTP/1.1
GET /twiki/bin/view/Main/DCCAndPostFix HTTP/1.1
GET /twiki/bin/view/TWiki/WebTopicEditTemplate HTTP/1.1
GET /twiki/bin/view/Main/TokyoOffice HTTP/1.1
GET /twiki/bin/view/TWiki/WikiCulture HTTP/1.1
GET /twiki/bin/view/Main/MikeMannix HTTP/1.1
GET /twiki/bin/view/TWiki/WikiCulture HTTP/1.1
GET /twiki/bin/view/TWiki/WikiCulture HTTP/1.1
[10] row(s) selected.
Elapsed time: 0.015
```

전체 100만 건 중에서 eventlog에 view라는 단어를 가진 레코드는 총 339,935건이며, 10
건을 검색하면 위와 같다.

두 개 이상의 단어를 가진 텍스트 검색 질의 수행

이제 좀 더 복잡한 검색을 해 보도록 하자. 즉, TokyoOffice라는 단어와 view가 함께 포함된 레코드를 찾아볼 텐데, 다음과 같다.

```
Mach>SELECT count(*) FROM SAMPLE_TABLE WHERE EVENTLOG SEARCH 'view TokyoOffice' LIMIT 10;
count(*)
----------------------
19973
[1] row(s) selected.
Elapsed time: 0.006
Mach>SELECT EVENTLOG FROM SAMPLE_TABLE WHERE EVENTLOG SEARCH 'view TokyoOffice' LIMIT
10;
EVENTLOG
--------------------------------------------------------------------
GET /twiki/bin/view/Main/TokyoOffice HTTP/1.1
GET /twiki/bin/view/Main/TokyoOffice HTTP/1.1
GET /twiki/bin/view/Main/TokyoOffice HTTP/1.1
GET /twiki/bin/view/Main/TokyoOffice HTTP/1.1
GET /twiki/bin/view/Main/TokyoOffice HTTP/1.1
GET /twiki/bin/view/Main/TokyoOffice HTTP/1.1
GET /twiki/bin/view/Main/TokyoOffice HTTP/1.1
GET /twiki/bin/view/Main/TokyoOffice HTTP/1.1
GET /twiki/bin/view/Main/TokyoOffice HTTP/1.1
[10] row(s) selected.
Elapsed time: 0.013
```

두 단어를 AND 검색하면, 총 19,973건이 존재하는 것을 알 수 있으며, 0.006초 내로 검색되는 것을 확인할 수 있다.

분석 통계 질의를 위한 텍스트 검색 활용

마지막으로 전체 데이터 100만 건 중에서 robots.txt를 가져간 접속 IP 중에서 가장 많이 접속했던 상위 10개의 주소와 그 접속 횟수를 구하는 질의를 수행해 보자.

```
Mach>SELECT SRCIP, COUNT(*) FROM SAMPLE_TABLE WHERE EVENTLOG SEARCH 'robots.txt' GROUP
BY SRCIP ORDER BY 2 DESC LIMIT 10;
SRCIP            COUNT(*)
-----------------------------------------
81.227.25.139    616
162.80.44.96     596
7.234.88.67      595
227.106.13.91    578
220.192.100.45   570
46.201.48.18     570
231.146.69.51    564
185.22.195.164   564
64.58.31.79      561
50.5.206.126     561
[10] row(s) selected.
Elapsed time: 0.030
Mach>
```

위와 같이 인터넷 주소 81.227.25.139에서 가장 많이 접속했다는 것을 파악할 수 있다.

로그 테이블 마무리

로그테이블은 실제로 훨씬 더 많은 텍스트 검색, 인터넷 주소 필터링, 시계열 질의, 다양한 인덱스 생성 등 텍스트 기반의 빅데이터 처리를 위한 풍부한 기능들이 포함되어 있다. 이 장에서는 간단한 맛보기만을 수행해 보았으며, 더 복잡하고, 다양한 분석을 위해서는 관련 매뉴얼(http://krdoc.machbase.com)을 참조하기를 추천한다.

마치면서

이 장에서는 마크베이스에 대한 간단한 예제와 함께 전체적인 기능과 성능을 살펴볼 수 있었다. 다음 장에서는 마크베이스의 기초적인 활용에 대해서 본격적으로 배워보도록 하자.

## 제 9 장

마크베이스 기초 활용

이 장에서는 실제로 마크베이스를 사용할 수 있도록 기본적인 기능을 소개하고, 마크베이스에서 제공하는 4가지 테이블에 대한 기초 활용법에 대해 배운다.

Machsql 사용 방법

기초 활용을 하기 위해서 필수적인 도구가 필요한데, 바로 **machsql**이라는 대화형 도구를 사용하는 것이다. 관리 창에서 **Machbase > machsql** 메뉴를 선택하면, SQL 언어와 부가적인 명령을 입력받을 수 있는 프롬프트가 있는 새 창이 나타난다. 마치 윈도우의 명령 프롬프트를 연상케 한다. 차례대로 다음 값을 입력하는데, 기본값과 입력값이 일치하는 경우에는 그대로 엔터를 입력해도 좋다. 다음은 각 프롬프트에 대한 설명이다.

- Machbase server address: 마크베이스 서버가 위치한 호스트 주소. 현재 마크베이스 서버가 설치되지 않은 다른 곳에서 machsql 도구를 실행한 경우에 한해서만 별도로 입력한다.
- Machbase user ID: 마크베이스 서버에 접속할 사용자 이름. 우리는 모든 기능을 사용할 것이므로 기본값인 SYS를 그대로 사용한다. 다른 사용자로 접속할 때만 별도로 입력한다.
- Machbase user Password: 접속 사용자에 대응되는 패스워드. 기본값이 설정되어 있

지 않기 때문에, SYS의 기본 패스워드인 manager(소문자)를 입력한다.

입력이 완료되면 아래 그림과 같이 접속이 완료된다.

```
Machbase server address (Default:127.0.0.1) :
Machbase user ID  (Default:SYS)
Machbase User Password : manager

MACHBASE_CONNECT_MODE=INET, PORT=5656
Type 'help' to display a list of available commands.
Mach>
```

태그 테이블

태그 테이블은 대표적은 장비의 숫자형 센서 데이터를 저장하고, 이를 처리할 수 있도록 개발된 특별한 테이블이라고 앞에서 소개하였다.

그러나 태그 테이블은 내부적으로는 매우 복잡한 다수의 테이블로 구성된 가상의 테이블로서 센서 데이터 처리를 위한 데이터 저장소 및 관련 부가 정보 관리를 담당한다. 태그 테이블에서는 아래의 세 가지 개념적인 데이터 처리 공간을 제공한다.

- 파티션 테이블: 실제 센서 데이터(태그 데이터)가 저장되는 영역. 센서 데이터는 〈센서ID, 시각, 값〉의 형태를 기본적으로 갖추고 있다고 판단한다. 이에 최적화된 파티션 테이블 구조를 채택해 저장하게 된다. 물론 이 외에도 추가 컬럼을 정의할 수 있다.
- 메타데이터 테이블: 태그 데이터가 생산된 태그 아이디에 종속된 태그 이름이 저장되는 영역. 예를 들어, 센서의 유형이나 센서의 위치는 센서 데이터가 많아지더라도 변하지 않는 정보이다. 따라서 이 정보는 별도의 파티션 테이블에 저장함으로써 저장 효율을 높이고 조회 성능도 같이 향상시킬 수 있다.
- 롤업(Rollup) 테이블: 각 센서에서 발생한 센서 데이터의 값을 초/분/시 단위로 통계를 낸 값을 미리 저장한 영역. 통계값은 최소/최대/합계/개수/평균을 지원한다.

태그 테이블 생성과 삭제

태그 테이블 기본 생성

machsql 도구에, 아래와 같은 SQL을 입력해서 태그 테이블을 생성할 수 있다.

```
CREATE TAGDATA TABLE tag (
    sensor_id      VARCHAR(100)  PRIMARY KEY,
    time           DATETIME      BASETIME,
    sensor_value   DOUBLE        SUMMARIZED);
```

여기서는 세 개의 키워드가 각각 포함된 컬럼이 반드시 필요하다.

- PRIMARY KEY: 센서 ID를 나타내는 컬럼에 지정되어야 할 키워드. 센서 ID가 해당 테이블에서 유일한 값일 필요는 없지만, 메타데이터와 연결하기 위해서 지정해 줘야 한다. 등록되는 컬럼의 자료형은 VARCHAR여야 한다.
- BASETIME: 센서 데이터의 생성 시각을 나타내는 컬럼에 지정되어야 할 키워드. 롤업 기능을 사용할 때 기준 시각을 연결하기 위해서 지정해 줘야 한다. 컬럼의 자료형은 DATETIME이어야 한다.
- SUMMARIZED: 센서 데이터의 값을 나타내는 컬럼에 지정되어야 할 키워드. 롤업 기능을 사용할 때 집계 대상 값을 연결하기 위해서 지정해 줘야 한다. 컬럼의 자료형은 DOUBLE이어야 한다.

태그 테이블을 생성하면, 다음과 같은 이름의 파티션 테이블이 자동으로 생성된다.

_TAG_PARTITION_X	파티션 테이블
_TAG_META	메타데이터 테이블
_TAG_ROLLUP_SEC	초 단위 롤업 테이블
_TAG_ROLLUP_MIN	분 단위 롤업 테이블
_TAG_ROLLUP_HOUR	시 단위 롤업 테이블

추가 센서 컬럼 지정

센서 데이터의 추가 정보가 필요한 상황일 때, 아래 질의와 같이 추가 컬럼을 지정해 줄 수 있다.

```
CREATE TAGDATA TABLE tag (
    sensor_id      VARCHAR(100)    PRIMARY KEY,
    time           DATETIME        BASETIME,
    sensor_value   DOUBLE          SUMMARIZED,
    src_ip         IPV4);
```

추가 메타데이터 컬럼 지정

센서 데이터가 아닌, 센서 메타 데이터의 추가 정보가 필요한 상황일 때, 아래 질의와 같이 추가 컬럼을 지정해 줄 수 있다.

```
CREATE TAGDATA TABLE tag (
    sensor_id      VARCHAR(100) PRIMARY KEY,
    time           DATETIME     BASETIME,
    sensor_value DOUBLE         SUMMARIZED)
METADATA
(description VARCHAR(100),
 type        INTEGER);
```

해당 컬럼은 메타데이터 테이블에 정의되며, 파티션 테이블에는 정의되지 않는다.

파티션 테이블 개수 지정

파티션 테이블 기본 개수는 4개이지만, 태그 테이블을 생성할 때 이 값을 아래와 같이 조정할 수 있다. 아래 질의를 수행하면, 생성되는 파티션 테이블은 2개가 된다.

```
CREATE TAGDATA TABLE tag (
    sensor_id      VARCHAR(100) PRIMARY KEY,
    time           DATETIME     BASETIME,
    sensor_value DOUBLE         SUMMARIZED)
TAG_PARTITION_COUNT = 2;
```

태그 테이블 삭제

다른 테이블 유형도 마찬가지겠지만, 태그 테이블이라고 해서 삭제 구문이 특별한 것은 없다. 아래와 같은 질의로 삭제가 가능하다. 자동 생성되는 테이블들도 함께 삭제된다.

```
DROP TABLE tag;
```

태그 메타데이터 입력

태그 데이터를 입력하기 전에, 태그의 메타데이터를 먼저 입력할 수 있다. 여기서 메타데이터는 태그ID를 포함한 정보를 말한다. 예를 들기 위해, '태그 데이터 생성 > 추가 메타데이터 컬럼 지정'에서 사용한 태그 테이블을 다시 수행했다고 하자.

```
CREATE TAGDATA TABLE tag (
    sensor_id     VARCHAR(100) PRIMARY KEY,
    time          DATETIME     BASETIME,
    sensor_value DOUBLE        SUMMARIZED)
METADATA
(description VARCHAR(100), type INTEGER);
```

여기서 메타데이터를 입력하려면 아래와 같이 입력 질의를 수행해야 한다. 주목할 것은 사이에 있는 METADATA 키워드이다. 메타데이터 입력을 뜻한다.

```
INSERT INTO tag METADATA VALUES ('TAG^0001', 'Temperature on Site A', 1001);
```

만약 존재하지 않는 태그 아이디를 포함한 태그 데이터가 입력될 경우, 해당 태그 아이디는 자동으로 입력되지만, 추가 메타데이터 정보는 NULL 값으로 입력된다. NULL로 채워진 값들은 추후 소개될 '메타데이터 수정' 방법을 통해 값을 채워 넣을 수 있다.

태그 메타데이터 수정

메타데이터의 수정은, 수정하고자 하는 메타데이터의 태그 아이디를 필요로 한다. 예를 들어, 이전 설명에서 입력했던 TAG^0001의 값을 수정하고자 한다면, 아래와 같은 질의를 입력할 수 있다.

```
UPDATE tag METADATA SET description = 'Temperature on Site B', type = 2001
WHERE sensor_id = 'TAG^0001';
```

METADATA 키워드가 있다는 것을 주의해야 한다. 메타데이터 수정이기 때문에 필요한 키워드이다. UPDATE 구문의 WHERE 절에는, 반드시 기본 키(primary key)가 되는 컬럼 조건만 명시되어야 한다. SET 절에는 기본 키를 포함한 메타데이터 컬럼 어느 것이든 올 수 있으며, 여러 컬럼 값을 바꾸자 할 때는 쉼표(,)로 구분할 수 있다.

태그 메타데이터 삭제

메타데이터의 삭제는 태그 아이디와 일치 조건을 사용해서 삭제할 수 있다. 이때도 반드시 METADATA 키워드를 입력해서, 메타데이터를 삭제한다는 것을 명시해야 한다.

```
DELETE FROM tag METADATA WHERE sensor_id = 'TAG^0001';
```

태그 데이터 입력

이제 메타데이터 입력과 수정을 했으니, 테이블에 실제 태그 데이터를 입력해보도록 하자. 태그 데이터는 앞서 소개한 대로 <태그ID, 생성시간, 값, (추가 컬럼 값...)>으로 이뤄져 있다고 가정한다.

```
INSERT INTO tag VALUES ('TAG^0001', '2013-03-01', 1.0);
```

주의할 점은, 추가 메타데이터 컬럼이 존재한다고 하더라도 실제 데이터 입력에서는 해당 값을 넣지 않는다는 것이다. 태그 아이디만 입력하면, 논리적으로 태그 메타데이터와 실제 데이터가 연결된다.

 태그 테이블 데이터 입력은 위와 같이 INSERT 구문으로도 가능하지만, 마크베이스에서 제공하는 APPEND 프로토콜을 이용한 클라이언트 프로그램으로도 사용이 가능하다.

태그 데이터 수정

태그 메타데이터 수정은 앞서 소개한 대로 가능하지만, 실제 태그 데이터는 센서가 생성한 데이터이므로 수정할 여지가 없다. 따라서 태그 테이블은 실제 데이터에 대한 수정 기능은 제공하지 않는다.

태그 데이터 삭제

태그 데이터의 삭제는, 특정 시점 이전의 전체 데이터에 대한 삭제만을 지원한다. 즉, '특정 태그 아이디를 가진 데이터 삭제'나 '특정 시간 범위의 데이터를 삭제'할 수 없다. 태그 테이블은 무수히 많은 태그 아이디를 가진 센서 데이터를 효율적으로 조회하는 것에 중점을 두기 때문에, 삭제 연산을 고려한 구조를 취한다면 성능 저하는 물론 삭제 중 서비스에도 굉장한 영향을 미칠 수 있기 때문이다. 센서 빅데이터 환경에서 센서 종류의 추가나 누락도 중요한 문제이지만, 더욱 중요한 것은 오래된 데이터의 삭제가 필수적이므로, 해당 기능에 한해서만 제공하고 있다. 아래와 같이 특정 시점을 입력하면, 시점 이전의 태그 데이터는 모두 삭제된다.

```
DELETE FROM tag BEFORE TO_DATE('2013-02-28 12:00:00');
```

태그 데이터 조회

이제 테이블 생성과 데이터 조작을 모두 소개했으니, 실제 데이터 조회 예제와 결과를 하나씩 보도록 하자. 먼저, 실제 데이터를 조회하는 것부터 시작한다.

데이터 조회 결과를 같이 나타내기 위해, 먼저 다음의 태그 테이블과 데이터를 미리 입력하기로 한다. 데이터 건수가 아주 적지만, 어디까지나 간단한 예제이므로 고려해서 입력한다.

```
CREATE TAGDATA TABLE tag (name VARCHAR(20) PRIMARY KEY, time DATETIME BASETIME, value
DOUBLE SUMMARIZED);
INSERT INTO tag METADATA VALUES ('TAG_0001');
INSERT INTO tag METADATA VALUES ('TAG_0002');
INSERT INTO tag VALUES('TAG_0001', '2018-01-01 01:00:00 000:000:000', 1);
INSERT INTO tag VALUES('TAG_0001', '2018-01-02 02:00:00 000:000:000', 2);
INSERT INTO tag VALUES('TAG_0001', '2018-01-03 03:00:00 000:000:000', 3);
INSERT INTO tag VALUES('TAG_0001', '2018-01-04 04:00:00 000:000:000', 4);
INSERT INTO tag VALUES('TAG_0001', '2018-01-05 05:00:00 000:000:000', 5);
INSERT INTO tag VALUES('TAG_0001', '2018-01-06 06:00:00 000:000:000', 6);
INSERT INTO tag VALUES('TAG_0001', '2018-01-07 07:00:00 000:000:000', 7);
INSERT INTO tag VALUES('TAG_0001', '2018-01-08 08:00:00 000:000:000', 8);
INSERT INTO tag VALUES('TAG_0001', '2018-01-09 09:00:00 000:000:000', 9);
INSERT INTO tag VALUES('TAG_0001', '2018-01-10 10:00:00 000:000:000', 10);
INSERT INTO tag VALUES('TAG_0002', '2018-02-01 01:00:00 000:000:000', 11);
INSERT INTO tag VALUES('TAG_0002', '2018-02-02 02:00:00 000:000:000', 12);
INSERT INTO tag VALUES('TAG_0002', '2018-02-03 03:00:00 000:000:000', 13);
INSERT INTO tag VALUES('TAG_0002', '2018-02-04 04:00:00 000:000:000', 14);
INSERT INTO tag VALUES('TAG_0002', '2018-02-05 05:00:00 000:000:000', 15);
INSERT INTO tag VALUES('TAG_0002', '2018-02-06 06:00:00 000:000:000', 16);
INSERT INTO tag VALUES('TAG_0002', '2018-02-07 07:00:00 000:000:000', 17);
INSERT INTO tag VALUES('TAG_0002', '2018-02-08 08:00:00 000:000:000', 18);
INSERT INTO tag VALUES('TAG_0002', '2018-02-09 09:00:00 000:000:000', 19);
INSERT INTO tag VALUES('TAG_0002', '2018-02-10 10:00:00 000:000:000', 20);
```

단순 조회

이제 간단한 조회부터 해 보자. 아래와 같이 단순한 SELECT 구문에 LIMIT 절을 붙여 10
건의 태그 데이터만 조회하면, 아래와 같이 결과가 나온다.

```
Mach> SELECT * FROM tag LIMIT 10;
NAME    TIME                              VALUE
-----------------------------------------------------------------------
TAG_0001 2018-01-01 01:00:00 000:000:000 1
TAG_0001 2018-01-02 02:00:00 000:000:000 2
TAG_0001 2018-01-03 03:00:00 000:000:000 3
TAG_0001 2018-01-04 04:00:00 000:000:000 4
TAG_0001 2018-01-05 05:00:00 000:000:000 5
TAG_0001 2018-01-06 06:00:00 000:000:000 6
TAG_0001 2018-01-07 07:00:00 000:000:000 7
```

```
TAG_0001 2018-01-08 08:00:00 000:000:000 8
TAG_0001 2018-01-09 09:00:00 000:000:000 9
TAG_0001 2018-01-10 10:00:00 000:000:000 10
[10] row(s) selected.
```

태그 아이디 조건 조회

특정 태그 아이디를 조건으로 부여한 SELECT 구문을 입력하면, 아래와 같이 결과가 나온다.

```
Mach> SELECT * FROM tag WHERE name='TAG_0002';
NAME      TIME                          VALUE
-------------------------------------------------------------------------
TAG_0002 2018-02-01 01:00:00 000:000:000 11
TAG_0002 2018-02-02 02:00:00 000:000:000 12
TAG_0002 2018-02-03 03:00:00 000:000:000 13
TAG_0002 2018-02-04 04:00:00 000:000:000 14
TAG_0002 2018-02-05 05:00:00 000:000:000 15
TAG_0002 2018-02-06 06:00:00 000:000:000 16
TAG_0002 2018-02-07 07:00:00 000:000:000 17
TAG_0002 2018-02-08 08:00:00 000:000:000 18
TAG_0002 2018-02-09 09:00:00 000:000:000 19
TAG_0002 2018-02-10 10:00:00 000:000:000 20
[10] row(s) selected.
```

이런 식의 태그 아이디를 조건으로 부여하는 조회 구문은, 내부의 태그 아이디 인덱스를 사용하기 때문에 빠른 검색 속도를 보장한다. 조건의 종류는 다음과 같이 제한되어 있지만, 이 외의 조건들은 조회 조건으로 잘 사용되지 않고 다른 조건 표현으로 대체할 수 있다.

- **=** (name = 'TAG_0001')
- **IN** (name IN ('TAG_0002', 'TAG_0003')

태그 아이디+시간 범위 조건 조회

또 다른 내부 인덱스는 바로 시간 인덱스이다. 이 인덱스는 물론 시간 범위 조건이 정의되어 있을 때 작동한다. 여기에, 위에서 설명한 태그 아이디 조건이 포함되어 있을 때 한해서 작동하며, 태그 아이디 조건만 정의된 SELECT 구문보다 더욱더 빠른 조회 성능을 낼 수 있도록 한다. 센서 빅데이터를 다루는 현장의 요구사항 대부분은, 특정 태그 데이터가 특정 시간 범위에 어떤 결과를 생성했는지 빅데이터 속에서 빠르게 알고자 하는 경우이다. 태그 테이블은 그런 면에서 이런 유형의 질의에 최적화된 것이라고 말할 수 있다.

```
Mach> SELECT * FROM tag WHERE name = 'TAG_0002' AND time BETWEEN TO_DATE('2018-02-01')
AND TO_DATE('2018-02-05');
NAME       TIME                                    VALUE
-----------------------------------------------------------------------
TAG_0002 2018-02-01 01:00:00 000:000:000 11
TAG_0002 2018-02-02 02:00:00 000:000:000 12
TAG_0002 2018-02-03 03:00:00 000:000:000 13
TAG_0002 2018-02-04 04:00:00 000:000:000 14
[4] row(s) selected.
```

롤업 데이터 조회

태그 데이터를 입력하는 동시에, 롤업 테이블에는 롤업 데이터가 하나씩 계산되어 입력되게 된다. 만약 특정 시간 동안의 데이터 값의 평균값을 그대로 태그 데이터에서 구하고자 한다면, 데이터양에 따라 굉장히 오래 걸릴 것이다. 하지만 롤업 테이블에는 초/분/시 통계 정보를 미리 구해두기 때문에, 이런 경우에는 태그 데이터를 조회해 집계하는 것보다 롤업 데이터를 단순 조회하는 것이 당연히 효율적이다.

두 가지 경우를 하나씩 비교해 보도록 하자. 먼저, 태그 데이터를 조회해 집계하는 경우이다.

```
SELECT DATE_TRUNC(time, 'second', 0), AVG(value) FROM TAG WHERE name = 'TAG_0001'
GROUP BY DATE_TRUNC(time, 'second', 0);
```

여기서는 태그 아이디가 'TAG_0001'인 태그 데이터의 초당 평균값을 구하고자 한다. 대상이 되는 태그 데이터가 만약 1백만 건이라면, 그룹을 나누고 평균값을 각각 구하는 데 오랜 시간을 들이게 된다.

다음으로, 같은 결과를 출력하지만 롤업 데이터를 조회하는 경우이다.

```
SELECT /*+ ROLLUP(tag, sec, AVG) */ time, value FROM tag WHERE name = 'TAG_0001';
```

롤업 힌트가 주어지고, 대신 GROUP BY 절이 사라졌다. 이 힌트를 통해, 태그 데이터가 아닌 롤업 데이터에 접근할 수 있게 된다. 롤업 힌트의 3개 인자에 대한 설명은 아래와 같다.

- 테이블 이름: 태그 테이블의 이름을 입력한다.
- 대상 롤업 레코드: 초(sec)/분(min)/시(hour) 단위로 롤업 해두기 때문에, 어떤 종류의 롤업 레코드를 읽을 것인지 선택한다. 여기서는 초 단위 롤업을 선택한다.
- 대상 통계 정보: 어떤 종류의 통계 정보를 value 컬럼에 일치시켜 읽을 것인지 선택한다. 여기서는 평균(avg)을 선택했다. 즉, SELECT 구문에서 결과로 얻기 위한 value 컬럼에 위치한 값들은 사실 value의 평균값이다.

이처럼 집계가 필요한 경우, 통계 정보로 만들어진 롤업 테이블을 그냥 조회하면 된다. 즉, 별도의 집계 과정이 필요 없으므로 조회 성능이 월등히 빨라지게 되는 것이다. 이 기능은 전체 태그 데이터 추세를 나타내는 태그 분석기 차트를 빠르게 그리기 위한 훌륭한 조회 기능으로 지원하고 있다.

로그 테이블

로그 테이블(Log Table)은 입력되는 데이터가 시계열 데이터인 '머신 로그 데이터'를 저장할 수 있는 테이블이다. 마크베이스에서 '테이블'이라고 하면 기본적으로 이 테이블 유형으로 생성된 테이블을 뜻한다. 로그 테이블은 다음과 같은 특징이 있다.

- 숨겨진 시간 컬럼: 로그 테이블은 사용자가 생성하지 않더라도 '_arrival_time' 컬럼을 자동 생성한다. 그리고 사용자가 로그 테이블에 데이터를 입력하는 그 시점의 시간을 자동으로 기록한다. 물론 사용자가 '_arrival_time' 컬럼의 값을 직접 지정해 줄 수도 있다.
- 최신 데이터 검색 용이: 로그 테이블은 기본적으로 가장 나중에 입력된 데이터가 가장 먼저 조회된다. 이로 인해, ORDER BY 절과 같은 정렬 기능을 사용하지 않고도 LIMIT 절을 이용해서 최신 데이터 검색을 빠르게 할 수 있다. 머신 데이터에서는, 최신 데이터가 과거 데이터보다 훨씬 더 중요하기 때문이다.
- 입력/조회 최적화: 로그 테이블은 로그 데이터를 입력하고 조회하는 데 최적화되어 있다. 로그 데이터를 수정하는 경우가 거의 없기 때문이다. 이로 인해, 데이터의 안정성과 무결성을 엔진 레벨에서 자동 지원한다.
- 향상된 텍스트 검색 지원: 로그 테이블은, 일반 데이터베이스의 문자열을 취급하는 방식에서 한 걸음 더 나아가 고속 단어 기반 검색 기능을 제공한다. 이 기능은 머신 로그 데이터의 용도에 가장 잘 부합하는 것으로, 특정 시간대에 저장된 로그 데이터에 대한 검색이 비즈니스 상황에서 주요한 기능으로 사용되기 때문이다.
- DURATION 절 지원: 로그 테이블은, 자동 생성되는 '_arrival_time' 컬럼 값을 기준으로 하는 시간 기반 파티션을 하기 때문에, DURATION 절을 이용해 다양한 시간 범위 데이터를 매우 빠르게 검색할 수 있다.

로그 테이블 생성과 삭제

로그 테이블의 생성은, 다른 데이터베이스 시스템의 일반 테이블 생성 구문과 크게 다르지 않다.

```
CREATE TABLE sensor_data (id VARCHAR(32), val DOUBLE);
```

로그 테이블의 삭제는 아래와 같이 이뤄진다.

```
DROP TABLE sensor_data;
```

로그 테이블 인덱스 생성과 삭제

로그 테이블에는 두 가지 유형의 인덱스를 제공한다.

- LSM 인덱스: TEXT, BINARY를 제외한 모든 자료형 컬럼에 생성할 수 있는 인덱스
- Keyword 인덱스: VARCHAR, TEXT 컬럼에만 생성할 수 있는 인덱스

LSM 인덱스는 특별한 옵션을 주지 않고도 아래와 같이 만들 수 있다.

```
CREATE INDEX id_index ON sensor_data(id);
```

Keyword 인덱스는 VARCHAR, TEXT를 SEARCH 조건으로 검색하는 데 필요한 인덱스이다. 아래와 같이 KEYWORD 라는 키워드가 필요하다.

```
CREATE KEYWORD INDEX id_keyword_index ON sensor_data(id);
```

인덱스를 삭제할 때는 아래와 같이 인덱스 이름을 입력하면 된다.

```
DROP INDEX id_index;
```

로그 데이터 입력

로그 테이블에 데이터를 입력하는 방법은 크게 4가지로 나눌 수 있다.

- **INSERT**: SQL 구문을 사용해서 입력하는 방법. 가장 간단하지만, 대량의 데이터를 고속으로 입력하거나 준비된 데이터를 읽어 들이기엔 적합하지 않다.
- **APPEND**: 마크베이스에서 제공하는 클라이언트 라이브러리에 있는 APPEND 프로토콜을 사용해서 고속 입력하는 방법. INSERT와 반대로 고속 데이터 입력은 가능하지만 사용자가 직접 입력 프로그램을 구현해야 하는 수고를 들여야 한다.
- **IMPORT**: 마크베이스에서 제공하는 machloader 도구를 사용해, 구분자로 구분된 텍

스트 파일을 읽어 들이는 방법. 입력 데이터가 이미 존재하는 경우에 가장 쉬운 방법이다. 도구 사용법을 익혀야 하는 단점은 있지만, 난이도는 어렵지 않은 편이다.

- **LOAD**: 마크베이스의 특수한 질의인 LOAD를 사용해서, 구분자로 구분된 CSV 파일을 읽어 들이는 방법. machloader 도구를 사용하는 것과 얼핏 비슷해 보이지만 SQL 레벨에서 처리하고자 할 때에 사용된다.

이 장에서는 INSERT/APPEND만 진행하기로 한다. 데이터를 불러오는 과정은 마크베이스 매뉴얼(http://krdoc.machbase.com/)의 내용을 참고하도록 한다.

INSERT를 이용한 데이터 입력

다른 데이터베이스에서의 테이블 입력과 마찬가지로, 아래와 같이 INSERT 문으로 데이터를 지정해서 입력하면 된다.

```
INSERT INTO sensor_data VALUES ('SENSOR_LOG_X', 1);
INSERT INTO sensor_data VALUES ('SENSOR_LOG_X', 2);
INSERT INTO sensor_data VALUES ('SENSOR_LOG_AAA', 200);
```

APPEND를 이용한 데이터 입력

사용자 프로그램을 작성해서 APPEND를 해야 하는데, 의사코드(pseudocode)로 작성하면 아래와 같다.

```
SQLAllocEnv(Env);
SQLAllocConnect(Env, &Conn);
SQLDriverConnect(Conn, ConnectionString);

SQLAllocStmt(Conn, &Stmt);
SQLAppendOpen(Stmt, TableName);
data = getFirstData();
while (data) {
    // store data as list (or array)
    SQLAppendData(Stmt, list);
    data = getNetxData();
```

```
}
SQLAppendClose(Stmt);

SQLDisconnect(Conn);
SQLFreeConnect(Conn);
SQLFreeEnv(Env);
```

나머지는 마크베이스 서버와 연결을 맺고 끊거나, Statement 객체를 생성하는 일반적인 ODBC의 것과 같다. 하지만 파란색으로 강조한 함수들은 마크베이스가 고유하게 제공하는 함수들이다. SQLAppendOpen()을 통해 테이블 이름을 지정한 뒤, 테이블 컬럼 순서에 맞춰 데이터를 배열(언어에 따라서는 리스트)에 쌓은 다음, SQLAppendData()를 통해 데이터를 입력할 수 있다. 모든 입력이 끝나면 SQLAppendClose()를 통해 데이터 입력을 마칠 수 있다. 자세한 내용은 마크베이스 매뉴얼의 SDK 가이드를 참고하도록 한다.

로그 데이터 수정

로그 데이터는 앞서 소개한 대로, 그대로 보존되어야 할 데이터이므로 수정할 여지가 없다. 따라서 로그 테이블의 수정 기능은 제공하지 않는다.

로그 데이터 삭제

로그 테이블은 기본적으로 조건 없는 데이터 전체 삭제도 지원한다. 여기에, _arrival_time 컬럼 값을 기준으로 특정 시점 이전의 삭제만 지원한다. 특정 컬럼 값 조건을 만족하는 데이터를 선별적으로 삭제할 수 없다. 태그 테이블과 마찬가지로, 선별적으로 삭제할 수 있게 되면 삭제 과정 중에 일어나는 조회/입력의 성능 저하가 발생해 안정적인 성능을 보장할 수 없게 된다. 그리고 삭제 지원을 하기 위해 불필요한 구조들이 추가되어야 했기 때문에, 이를 포기하고 오래된 데이터를 정리하는 기능만 지원하는 것이다.

로그 테이블 데이터를 삭제할 때 '특정 시점 이전의 데이터 범위'를 표현하기 위한 다양한 방법을 제공한다.

- 가장 오래된 0건의 데이터를 삭제
- 최근 0건을 제외한 나머지 데이터를 삭제

- 최근 특정 기간에 입력된 데이터를 제외한 나머지 데이터를 삭제
- 특정 시점 이전에 입력된 데이터를 삭제

다음은 그 예제를 나타낸 것이다.

```
-- 모든 데이터를 삭제한다.
Mach> DELETE FROM devices;

10 row(s) deleted.

-- 가장 오래된 5건의 데이터를 삭제한다.
Mach> DELETE FROM devices OLDEST 5 ROWS;
10 row(s) deleted.

-- 최근 5건을 제외한 나머지 데이터를 삭제한다.
Mach> DELETE FROM devices EXCEPT 5 ROWS;
15 row(s) deleted.

-- 최근 2일에 입력된 데이터를 제외한 나머지 데이터를 삭제한다.
Mach>DELETE FROM devices EXCEPT 2 DAY;
20 row(s) deleted.

-- 2018년 6월 1일 이전의 데이터를 삭제한다.
Mach> DELETE FROM devices BEFORE TO_DATE('2018-06-01', 'YYYY-MM-DD');
50 row(s) deleted.
```

로그 데이터 조회

로그 테이블을 조회하는 과정은, 일반 테이블 조회와 별로 다를 게 없다. 하지만 앞서 소개한 로그 테이블의 특별한 구문인 DURATION 절과 네트워크 자료형을 가진 데이터를 어떻게 조회할 수 있는지, 마지막으로 인덱스를 이용한 텍스트 검색 방법을 다루고자 한다. 예제 결과를 보기 위해, 다음의 테이블과 데이터를 준비했다고 가정한다.

```
CREATE TABLE mach_log (device IPV4, tm DATETIME, temp INTEGER, msg VARCHAR(100));
INSERT INTO mach_log VALUES ('192.168.0.1', NULL, NULL, NULL);
INSERT INTO mach_log VALUES ('192.168.0.2', '2014-06-15 19:50:03.010', 82, 'error code = 20,
```

```
critical warning');
INSERT INTO mach_log VALUES ('192.168.0.2', '2014-06-15 19:50:03.008', 57, 'error code =
20');
INSERT INTO mach_log VALUES ('192.168.0.1', '2014-06-15 19:50:03.006', 99, 'error code = 10,
critical bug');
INSERT INTO mach_log VALUES ('192.168.0.1', '2014-06-15 19:50:03.004', 55, 'error code =
10');
INSERT INTO mach_log VALUES ('192.168.0.2', '2014-06-15 19:50:03.002', 31, 'normal state');
INSERT INTO mach_log VALUES ('192.168.0.1', '2014-06-15 19:50:03.000', 32, 'normal state');
```

단순 조회

전형적인 SELECT 구문을 사용해서 조회가 가능하다. 아래 예제와 같이, 조건을 통해 데이터를 걸러낼 수 있다.

```
Mach> SELECT * FROM mach_log WHERE msg LIKE '% state';
DEVICE          TM                               TEMP
------------------------------------------------------------
MSG
------------------------------------------------------------
192.168.0.1     2014-06-15 19:50:03 000:000:000 32
normal state
192.168.0.2     2014-06-15 19:50:03 002:000:000 31
normal state
192.168.0.1     2014-06-15 19:50:03 000:000:000 32
normal state
192.168.0.2     2014-06-15 19:50:03 002:000:000 31
normal state
[4] row(s) selected.
```

DURATION 절을 이용한 시간 범위 조회

마크베이스가 특별히 지원하는 조건 표현 구문인 DURATION 절은, _arrival_time과 현재 시각을 기준으로 하는 (또는 특정 시각을 기준으로 하는) 시간 범위 조건을 표현할 수 있다. 로그 테이블의 데이터는 _arrival_time 기준으로 저장되어 있기 때문에, 해당 컬럼을 WHERE 절에서 시간 범위를 지정하는 것보다 훨씬 더 빠른 속도를 보장할 수 있다.

예를 들어, _arrival_time 컬럼 값이 현재 시각보다 3초 이내로 입력된 데이터를 조회하고 자 한다면 SELECT 문의 WHERE 절에서는 이렇게 작성해야 한다.

```
SELECT * FROM mach_log WHERE _arrival_time BETWEEN now-(3*1000*1000*1000) AND now;
```

 NOW는 의사컬럼(pseudocolumn)으로, 현재 시각을 DATETIME 자료형의 값으로 나타낸다. DATETIME 값에 사칙연산을 하게 되면, 나노초 (nanosecond) 단위로 연산하게 된다. 따라서 위의now-(3*1000*1000*1000); 값은 '현재 시각에서 3초 이전의 시각'이 된다.

이렇게 작성하면, 로그 테이블의 모든 데이터에 접근하여 조건을 검사하기 때문에, 비효율 적이다. 그리고 현재 시각 이전 시점을 나타내는 방법도 불편하다.

위의 질의와 같은 의미를 지니면서, 시간 범위 내의 데이터만 실제로 조회하도록 하는 방 법을 사용하려면, DURATION 절을 사용한다.

```
SELECT * FROM mach_log DURATION 3 SECOND;
```

최근 3분 동안 입력된 데이터에 한해서만 조회가 되므로, 이전 시점에 데이터가 몇억 건이 있건 상관없이 일정하게 빠른 속도로 조회가 가능하다. 물론, DURATION 절과 다른 표현 을 함께 사용해도 상관없다. DURATION 절이 가장 우선하기 때문이다. DURATION 절에 대한 자세한 설명은, 마크베이스 매뉴얼을 참고하도록 한다.

텍스트 검색 조회

우리는 '단순 조회' 예제에서 아래 질의를 사용해서 결과를 걸러냈다.

```
SELECT * FROM mach_log WHERE msg LIKE '% state';
```

그러나 이 조건은 데이터양이 많아지면 모든 데이터를 조회하며 결과를 검사하기 때문에 굉장히 느리다. 로그 메시지는 대부분 텍스트로 이루어져 있어, 이를 위한 인덱싱이 필요하 다. 우선, 예제 테이블에서 인덱스를 하나 만들 것이다. 바로, 앞서 소개한 Keyword 인덱스를 아래와 같이 생성한다.

```
CREATE KEYWORD INDEX mach_log_msgidx ON mach_log (msg);
```

이후에는 아래와 같은 SELECT 문으로 동일한 질의를 할 수 있다. LIKE가 아닌 SEARCH 연산자를 사용했다는 것을 기억하자.

```
Mach> SELECT * FROM mach_log WHERE msg SEARCH ' state';
DEVICE          TM                              TEMP
----------------------------------------------------------------
MSG
----------------------------------------------------------------
192.168.0.1     2014-06-15 19:50:03 000:000:000 32
normal state
192.168.0.2     2014-06-15 19:50:03 002:000:000 31
normal state
192.168.0.1     2014-06-15 19:50:03 000:000:000 32
normal state
192.168.0.2     2014-06-15 19:50:03 002:000:000 31
normal state
[4] row(s) selected.
```

네트워크 자료형 조건 조회

대부분 데이터베이스에서는 네트워크 자료형이 존재하지 않기 때문에, 사용자는 대부분 VARCHAR 자료형 컬럼에 보관하고 조회한다. 하지만, 두 가지 문제가 남아있다.

- 비효율적인 저장 공간: IPv4를 예를 들면, '192.168.0.1'을 저장할 때 문자열만 저장해도 11바이트를 사용한다. 하지만 각각의 요소는 255를 넘을 수 없으므로, 각각의 부분을 1바이트에 저장할 수 있어 총 4바이트만 저장해도 된다.
- 와일드카드 검색의 어려움: VARCHAR 자료형으로 저장했을 땐 '192.168.0.*'으로 검색하기 위해서는 LIKE '192.168.0.%'으로 검색하면 된다. 하지만 IPv4로 저장할 경우엔 문자열 일부가 아닌 각 부분에 대해서만 조건 적용이 가능하므로 더욱 효율적인 비교 연

산을 수행할 수 있다.

이런 이유로, 마크베이스는 다양한 소스에서 발생하는 머신 로그 데이터를 처리하기 위해 네트워크 자료형을 지원한다. 이미 예제 테이블에 IPv4 컬럼이 존재하므로, 여기에 와일드카드 조건을 통해 데이터를 걸러낼 수 있는 질의가 아래에 나타나 있다.

```
Mach> SELECT * FROM mach_log WHERE device = '192.168.*.2';
DEVICE          TM                            TEMP
--------------------------------------------------------------
MSG
--------------------------------------------------------------
192.168.0.2     2014-06-15 19:50:03 002:000:000 31
normal state
192.168.0.2     2014-06-15 19:50:03 008:000:000 57
error code = 20
192.168.0.2     2014-06-15 19:50:03 010:000:000 82
error code = 20, critical warning
192.168.0.2     2014-06-15 19:50:03 002:000:000 31
normal state
192.168.0.2     2014-06-15 19:50:03 008:000:000 57
error code = 20
192.168.0.2     2014-06-15 19:50:03 010:000:000 82
error code = 20, critical warning
[6] row(s) selected.
```

휘발성/참조 테이블

휘발성 테이블과 참조 테이블은 마크베이스에서 제공하는 특별한 테이블과는 다른 평범한 테이블이다. 앞서 소개된 두 테이블이 수정이나 삭제에 제약이 있는 대신 최적화된 성능과 다양한 기능을 지원하는 대신, 지금 소개할 이 테이블들은 키(Key) 기반의 수정/삭제가 가능하다.

휘발성 테이블(Volatile Table)은 마크베이스 서버가 종료되는 경우에 테이블 스카마는 유지하지만, 테이블 데이터가 모두 날아간다. 하지만, 모든 데이터가 메모리에만 상주하기 때문에 빠른 조회 성능을 기대할 수 있다. 대부분 임시 테이블 목적으로 사용하게 된다.

참조 테이블(Lookup Table)은 테이블 데이터를 모두 저장한다. 이 경우, 디스크에 데이터를 저장하기 때문에 조회 성능이 휘발성 테이블보다 떨어질 수 있다. 이런 특징 외에는 휘발성 테이블을 사용하는 방법에 아무런 차이가 없다.

휘발성/참조 테이블 생성과 삭제

휘발성 테이블을 생성하고자 한다면, VOLATILE 키워드가 필요하다.

```
CREATE VOLATILE TABLE vtable (id1 INTEGER, name VARCHAR(20));
```

참조 테이블을 생성하고자 한다면, LOOKUP 키워드가 필요하다.

```
CREATE LOOKUP TABLE lotable (id1 INTEGER, name VARCHAR(20));
```

여기서, 두 테이블에 기본 키(Primary Key)를 지정할 수 있다. 휘발성/참조 테이블에 지정되는 기본 키에는, 태그 테이블의 것과는 달리 반드시 유일한 값을 입력해야 한다.

```
CREATE VOLATILE TABLE vtable (id INTEGER PRIMARY KEY, name VARCHAR(20));
CREATE LOOKUP TABLE lotable (id INTEGER PRIMARY KEY, name VARCHAR(20));
```

두 테이블의 삭제는 아래와 같이 이뤄진다.

```
DROP TABLE vtable;
DROP TABLE lotable;
```

휘발성/참조 테이블 인덱스 생성과 삭제

휘발성/참조 테이블에는 한 가지 유형의 인덱스만 제공한다.

- Redblack인덱스: 하나의 컬럼에 생성 가능하며, 모든 자료형 컬럼에서 생성 가능함

Redblack 인덱스는 특별한 옵션을 주지 않고도 아래와 같이 만들 수 있다.

```
CREATE INDEX vtable_idx ON vtable (id1);
CREATE INDEX lotable_idx ON lotable (id1);
```

 기본 키를 만든 컬럼에는 Redblack 인덱스를 생성할 수 없다. 이유는, 기본 키에 이미 Redblack 인덱스가 존재하기 때문이다.

휘발성/참조 테이블 데이터 입력

로그 테이블이나 태그 테이블과 마찬가지로, 여기서도 INSERT 문을 통해 입력이 가능하다. 아래 예제에서는 휘발성 테이블에 대해서만 입력하는 과정을 나타낸 것이다.

```
INSERT INTO vtable VALUES (1, 'Machbase!');
INSERT INTO vtable VALUES (1, 'Test message');
```

만약, 휘발성 테이블 vtable의 id 컬럼에 기본 키가 지정되어 있다면, 위 예제의 두 번째 줄은 이렇게 실패할 것이다. 기본 키가 되는 컬럼에 중복된 값을 입력했기 때문이다.

```
INSERT INTO vtable VALUES (1, 'Test message');
[ERR-01418: The key already exists in the unique index.]
```

휘발성/참조 테이블 데이터 수정

앞서 '테이블 생성'에서 Primary Key 지정을 한 경우에만 수정이 가능하다. '태그 테이블의 메타데이터 수정'처럼 UPDATE 문이 아니라, 조금 특수한 수정 구문을 지원한다. 바로 INSERT ... ON DUPLICATE KEY UPDATE 구문이다. 아래 vtable 테이블의 id 컬럼에 기본 키가

지정되어 있다. 그리고 차례대로 질의를 수행한다.

```
Mach> SELECT * FROM vtable;
ID          NAME
------------------------------------
1           Machbase!
[1] row(s) selected.

Mach> INSERT INTO vtable values (1, 'Hello Machbase!');
[ERR-01418: The key already exists in the unique index.]

Mach> INSERT INTO vtable values (1, 'Hello Machbase!') ON DUPLICATE KEY UPDATE;
1 row(s) inserted.

Mach> SELECT * FROM vtable;
ID          NAME
------------------------------------
1           Hello Machbase!
[1] row(s) selected.
```

각각의 질의를 설명하면 다음과 같다.

1) SELECT 를 통해, 현재 데이터(1, 'Machbase!')가 있다는 것을 확인했다.

2) INSERT 를 통해, ID가 중복인 다른 데이터를 입력한다. 결과는 실패.

3) INSERT ... ON DUPLICATE KEY UPDATE를 통해, ID가 중복인 다른 데이터를 입력한다. 결과는 성공한다!

4) 다시 SELECT를 통해, 현재 데이터가 (1, 'Hello Machbase!')로 변경되었다는 것을 확인했다.

INSERT ... ON DUPLICATE KEY UPDATE 구문은, 중복된 기본 킷값이 존재하지 않을 경우엔 '입력'이 되고, 중복된 기본 킷값이 존재하는 경우엔 '갱신'이 되는 것이다. UPDATE가 아닌 이런 구문을 지원하는 이유는, 킷값의 유무를 확인하고 입력하거나 갱신하는 두 번의 단계를 거치는 것이 번거롭다는 현장의 의견을 반영한 것이다.

휘발성/참조 테이블 데이터 삭제

테이블 데이터를 모두 삭제하는 것은 조건 없이 가능하다.

```
DELETE FROM vtable;
```

하지만, 특정 데이터를 삭제하기 위해서는, 앞서 테이블 생성에서 보았던 기본 키(Primary Key)를 지정해야 한다. 삭제문인 DELETE에서 WHERE 절을 사용하되, 반드시 기본 키가 되는 컬럼 조건만 명시한다.

```
DELETE FROM vtable WHERE id = 1;
```

휘발성/참조 테이블 데이터 조회

태그 테이블이나, 로그 테이블처럼 특별한 기능이 없다. 따라서, 아래와 같이 보통 SELECT 구문을 사용해 조회가 가능하다.

```
Mach> CREATE VOLATILE TABLE vtable (id INTEGER PRIMARY KEY, name VARCHAR(20));
Created successfully.

Mach> INSERT INTO vtable VALUES(1, 'west device');
1 row(s) inserted.

Mach> INSERT INTO vtable VALUES(2, 'east device');
1 row(s) inserted.

Mach> INSERT INTO vtable VALUES(3, 'north device');
1 row(s) inserted.

Mach> INSERT INTO vtable VALUES(4, 'south device');
1 row(s) inserted.

Mach> SELECT * FROM vtable;
ID          NAME
-------------------------------------
1           west device
2           east device
```

```
3           north device
4           south device
[4] row(s) selected.


Mach> SELECT * FROM vtable WHERE id = 1;
ID          NAME
-------------------------------------
1           west device
[1] row(s) selected.


Mach> SELECT * FROM vtable WHERE name LIKE 'west%';
ID          NAME
-------------------------------------
1           west device
[1] row(s) selected.
```

## 제 10 장

마크베이스 데이터 로딩

구슬이 서말이라도 꿰어야 보배라는 말이 있듯이, 마크베이스에 데이터를 빠르게 로딩할 수 없다면 그림의 떡일 수밖에 없다. 이 장에서는 마크베이스에서 제공해 주는 유틸리티를 활용해서 배치 형태로 마크베이스에 수십 혹은 수백 기가 이상의 외부 텍스트 파일을 로딩하는 유틸리티를 소개한다. 더불어서 마크베이스 저장된 데이터를 외부 텍스트 형태로 꺼내는 것도 함께 설명한다.

machloader

machloader는 마크베이스 패키지에 포함된 텍스트 파일 데이터를 로딩하는 유틸리티 명이다. 이 유틸리티는 마크베이스가 외부로 저장했던 데이터를 로딩하는 목적으로 설계되었지만, 내부적으로 CSV 형태의 데이터를 로딩할 수 있는 기능을 csvimport이름으로 확장 제공한다. machloader의 특징은 다음과 같다.

- machloader는 datetime 형식을 스키마 파일에서 지정할 수 있다. 지정하는 datetime 형식은 마크베이스 서버에서 지원하는 형식이어야 한다. 하나의 datetime 형식을 모든 필드에 적용할 수도 있고, 필드마다 다른 형식을 지정할 수도 있다.
- 입력 대상 테이블의 데이터를 삭제하고 입력하려면 "-m replace" 옵션을 사용하면 된다.

- machloader는 스키마와 데이터 파일의 정합성을 검증하지 않는다. 사용자는 스키마, 테이블, 데이터 파일이 정합성을 만족하는지 검사해야만 한다.
- machloader는 APPEND 모드를 기본으로 지원한다.
- machloader는 기본적으로는 "_ARRIVAL_TIME" 컬럼을 사용하지 않는다. 해당 컬럼 데이터를 import/export 하려면 "-a" 옵션을 사용하여야 한다.

machloader의 옵션은 다음 명령으로 확인할 수 있다.

```
C:\Machbase-5.5\machbase_home> machloader -h
```

옵션	설명
-s, --server=SERVER	마크베이스 서버의 IP 주소를 입력한다. (default : 127.0.0.1)
-u, --user=USER	접속할 사용자명을 입력한다. (default : SYS)
-p, --password=PASSWORD	접속할 사용자의 패스워드 (default : MANAGER)
-P, --port=PORT	마크베이스 서버의 포트 번호 (default : 5656)
-i, --import	데이터 import 명령 옵션
-o, --export	데이터 export 명령 옵션
-c, --schema	데이터베이스의 테이블 정보를 이용하여 스키마 파일을 만드는 명령 옵션
-t, --table=TABLE_NAME	스키마 파일을 생성할 테이블 명을 설정
-f, --form=SCHEMA_FORM_FILE	스키마 파일명을 지정
-d, --data=DATA_FILE	데이터 파일명을 지정
-l, --log=LOG_FILE	machloader 실행 로그 파일을 지정
-b, --bad=BAD_FILE	-i 옵션 실행 시 입력 오류가 발생한 데이터를 기록하며, 에러 설명을 기록하는 파일명을 지정한다.
-m, --mode=MODE	-i 옵션 실행 시 import 방법을 지시한다. append 또는 replace 옵션이 사용가능 하다. append는 기존 데이터 이후에 데이터를 입력하고 replace는 기존 데이터를 삭제하고 데이터를 입력한다.
-D, -delimiter=DELIMITER	각 필드 구분자를 설정한다. 기본값은 ','이다.
-n, --newline=NEWLINE	각 레코드 구분자를 설정한다. 기본값은 '₩n'이다.
-e, --enclosure=ENCLOSURE	각 필드의 enclosing 구분자를 설정한다.

옵션	설명
-r, --format=FORMAT	파일 입력/출력 시 포맷을 지정한다. (default : csv)
-a, --atime	내장 컬럼 "_ARRIVAL_TIME"을 사용할 것인지를 결정한다. 기본값은 사용하지 않는 것이다.
-l, --silent	저작권 관련 출력 및 import/export 상태 정보를 표시하지 않는다.
-h, --help	옵션 리스트를 표시한다.
-F, --dateformat=DATEFORMAT	컬럼 dateformat을 설정하거나 ("_arrival_time YYYY-MM-DD HH24:MI:SS") 컬럼명을 명시하지 않으면 파일 전체 데이트 형식을 설정한다.
-E, --encoding=CHARACTER_SET	입/출력하는 파일의 인코딩을 설정한다. 지원되는 인코딩은 UTF8(기본값), ASCII, MS949, KSC5601, EUCJP, SHIFTJIS, BIG5, GB231280, UTF16이다.
-C, --create	import시에 table이 없으면 생성한다.
-H, --header	import/export시에 헤더 정보의 유무를 설정한다. 기본값은 미설정이다.
-S, --slash	backslash 구분자를 지정한다.

기본 사용법

아래 사용법을 실행하기 전에 테이블을 먼저 생성해야 한다.

CSV 파일 Import

마크베이스 서버에 CSV 파일을 import 한다.

Option:

```
-i: import 지정 옵션
-d: 데이터 파일명 지정 옵션
-t: 테이블명 지정 옵션
```

Example:

```
machloader -i -d data.csv -t table_name
```

CSV 파일 Export

데이터를 CSV 파일에 기록한다.

Option:

```
-o: export 지정 옵션
-d: 데이터 파일명 지정 옵션
-t: 테이블명 지정 옵션
```

Example:

```
machloader -i -d data.csv -t table_name
machloader -o -d data.csv -t table_name -H
```

테이블 자동 생성

테이블 자동 생성에 관련한 내용이다.

Option:

```
-C: import할 때 테이블을 자동 생성한다. 컬럼명은 c0, c1, ... 자동으로 생성된다. 생성되는 컬럼은 varchar(32767)
    타입이다.
-H: import할 때 csv 헤더명으로 컬럼명을 생성한다.
```

Example:

```
machloader -i -d data.csv -t table_name -C
machloader -i -d data.csv -t table_name -C -H
```

CSV 포맷 이외 파일

CSV 포맷이 아닌 파일에 대해서 구분자를 설정하여 사용한다.

Option:

```
-D: 각 필드의 구분자 지정 옵션
-n: 각 레코드 구분자 지정 옵션
-e: 각 필드의 enclosing character 지정 옵션
```

```
machloader -i -d data.txt -t table_name -D '^' -n '₩n' -e '""'
machloader -o -d data.txt -t table_name -D '^' -n '₩n' -e '""'
```

입력 모드 지정

import 시(-i 옵션 설정 시) REPLACE와 APPEND의 두 가지 모드가 있다. APPEND가 기본값이다. REPLACE 모드인 경우, 기존 데이터를 삭제하므로 주의해야 한다.

Option:

```
-m: import 모드 지정
```

Example:

```
machloader -i -d data.csv -t table_name -m replace
```

접속 정보 지정

서버 IP, 사용자, 패스워드를 별도로 지정한다.

Option:

```
-s: 서버 IP 주소 지정 (default: 127.0.0.1)
-P: 서버 포트 번호 지정 (default: 5656)
-u: 접속할 사용자명 지정 (default: SYS)
-p: 접속할 사용자의 패스워드 지정 (default: MANAGER)
```

Example:

```
machloader -i -s 192.168.0.10 -P 5656 -u mach -p machbase -d data.csv -t table_name
```

로그 파일 생성

machloader의 실행 로그 파일을 생성한다.

> -b: import할 때 입력되지 않은 데이터를 생성할 로그 파일명 설정한다.
> -l: import할 때 입력되지 않은 데이터와 에러 메시지를 생성할 로그 파일명을 설정한다.

Example:

```
machloader -i -d data.csv -t table_name -b table_name.bad -l table_name.log
```

스키마 파일 생성

machloader의 스키마 파일을 생성할 수 있다. 스키마 파일을 이용하여 데이터 타입 형식을 바꾸거나 테이블과 데이터 파일의 컬럼 수가 다른 경우에도 import/export가 가능하다.

Option:

> -c: 스키마 파일 생성 옵션
> -t: 테이블명 지정 옵션
> -f: 생성될 스키마 파일명 지정 옵션

Example:

```
machloader -c -t table_name -f table_name.fmt
machloader -c -t table_name -f table_name.fmt -a
```

스키마 파일에서 datetime 형식 설정

DATEFORMAT 옵션으로 dateformat을 원하는 대로 설정할 수 있다.

Syntax:

```
# 모든 datetime 컬럼에 대해서 설정한다.
DATEFORMAT <dateformat>

# 개별 datetime 컬럼에 대해서 설정한다.
DATEFORMAT <column_name> <format>
```

Example:

```
-- 스키마 파일(datetest.fmt)에 datetest.csv 파일의 각 필드에 맞게 dateformat을 설정한다.
datetest.fmt
table datetest
{
INS_DT datetime;
UPT_DT datetime;
}
DATEFORMAT ins_dt "YYYY/MM/DD HH12:MI:SS"
DATEFORMAT upt_dt "YYYY DD MM HH12:MI:SS"

datetest.csv
2017/02/20 11:05:23,2017 20 02 11:05:23
2017/02/20 11:06:34,2017 20 02 11:06:34



-- datetest.csv 파일을 import 하고 입력된 데이터를 확인한다.
machloader -i -f datetest.fmt -d datetest.csv
-----------------------------------------------------------------
Machbase Data Import/Export Utility.
Release Version 5.5.1.community
Copyright 2014, MACHBASE Corporation or its subsidiaries.
All Rights Reserved.
-----------------------------------------------------------------
Import time : 0 hour 0 min 0.39 sec
Load success count : 2
Load fail count : 0

mach> SELECT * FROM datetest;
INS_DT UPT_DT
-----------------------------------------------------------------
2017-02-20 11:06:34 000:000:000 2017-02-20 11:06:34 000:000:000
2017-02-20 11:05:23 000:000:000 2017-02-20 11:05:23 000:000:000
[2] row(s) selected.
Elapsed time: 0.000
```

IGNORE

CSV 파일의 특정 필드를 입력하려 하지 않을 때, IGNORE 옵션을 fmt 파일에 설정할 수 있다. ignoretest.csv 파일은 세 개의 필드를 갖지만, 마지막 필드가 필요 없을 경우, fmt 파일에 필요 없는 컬럼에 IGNORE를 명시한다.

Example:

```
-- ignoretest.fmt 파일에 마지막 필드에 대해서 ignore 옵션을 설정한다.
ignoretest.fmt
table ignoretest
{
ID integer;
MSG varchar(40);
SUB_ID integer IGNORE;
}

ignoretest.csv
1, "msg1", 3
2, "msg2", 4


-- ignoretest.csv 파일을 import 하고 입력된 데이터를 확인한다.
machloader -i -f ignoretest.fmt -d ignoretest.csv
-------------------------------------------------------------
Machbase Data Import/Export Utility.
Release Version 5.5.1.community
Copyright 2014, MACHBASE Corporation or its subsidiaries.
All Rights Reserved.
-------------------------------------------------------------
NLS : US7ASCII EXECUTE MODE : IMPORT
SCHMEA FILE : ignoretest.fmt DATA FILE : ignoretest.csv
IMPORT_MODE : APPEND FILED TERM : ,
ROW TERM : \n ENCLOSURE : "
ARRIVAL_TIME : FALSE ENCODING : NONE
HEADER : FALSE CREATE TABLE : FALSE

Progress bar Imported records Error records
2 0

Import time : 0 hour 0 min 0.39 sec
Load success count : 2
Load fail count : 0


mach> SELECT * FROM ignoretest;
ID MSG
-----------------------------------------------------------
2 msg2
1 msg1
[2] row(s) selected.
Elapsed time: 0.000
```

컬럼 개수가 필드 개수보다 많은 경우

테이블의 컬럼 개수가 데이터 파일의 필드 개수보다 많은 경우에는 스키마 파일에 지정된 컬럼만 입력되고 다른 컬럼은 NULL로 입력된다.

컬럼 개수가 필드 개수보다 적은 경우

테이블의 컬럼 개수가 데이터 파일의 필드 개수보다 적은 경우에는 테이블에 없는 필드는 IGNORE 옵션을 제외하고 입력하여야 한다.

Example:

```
-- 마지막 필드에 대해서 ignore 옵션을 설정해서 제외한다.
loader_test.fmt
table loader_test
{
ID integer;
MSG varchar (40);
SUB_ID integer IGNORE;
```

csvimport

csvimport는 machloader에서 CSV만을 간편하게 로딩할 수 있도록 별도의 이름으로 제공하는 데이터 로딩 유틸리티이다. 이 유틸리티는 가능한 쉽고 빠른 방법으로 CSV를 로딩할 수 있도록 해 주므로, 데이터 분석이나 로딩 시에 매우 유용하게 사용할 수 있다.

기본 사용법

테이블 명과 데이터 파일명을 다음의 옵션에 따라 입력하여 수행한다.

Option:

> -t: 테이블명 지정 옵션
> -d: 데이터 파일명 지정 옵션
> * 옵션을 지정하지 않고 테이블명과 데이터 파일명만으로도 수행할 수 있다.

Example:

> csvimport -t table_name -d table_name.csv
> csvimport table_name file_path
> csvimport file_path table_name

CSV 헤더 제외

입력 시에 CSV 파일의 헤더를 제외하고 입력하려면 다음의 옵션을 사용한다.

Option:

> -H: csv 파일의 첫 번째 라인을 헤더로 인식하고 입력하지 않는다.

Example:

> csvimport -t table_name -d table_name.csv -H

테이블 자동 생성

입력 시 입력할 테이블을 생성하지 않은 경우, 다음 옵션을 통해서 테이블 생성도 동시에 수행할 수 있다.

Option:

> -C: import할 때 테이블을 자동 생성한다. 컬럼명은 c0, c1, ... 자동으로 생성된다. 생성되는 컬럼은 varchar(32767) 타입이다.
> -H: import할 때 csv 헤더명으로 컬럼명을 생성한다.

Example:

```
csvimport -t table_name -d table_name.csv -C
csvimport -t table_name -d table_name.csv -C -H
```

csvexport

'csvexport'로 데이터베이스 테이블 데이터를 CSV 파일로 쉽게 export할 수 있다.

기본 사용법

Option:

```
-t: 테이블명 지정 옵션
-d: 데이터 파일명 지정 옵션
* 옵션을 지정하지 않고 테이블명과 데이터 파일명만으로도 수행할 수 있다.
```

Example:

```
csvexport -t table_name -d table_name.csv
csvexport table_name file_path
csvexport file_path table_name
```

CSV 헤더 사용

다음의 옵션을 이용하면, export 할 CSV 파일에 컬럼명으로 헤더를 추가할 수 있다.

Option:

```
-H: 테이블 컬럼명으로 csv 파일의 헤더를 생성한다.
```

Example:

```
csvexport -t table_name -d table_name.csv -H
```

마치면서

이 장에서는 외부 텍스트 파일을 마크베이스로 로딩하는 유틸리티에 대해 간략하게 설명하였다. 이 방식은 일종의 배치로 데이터를 로딩하는 방식인데, 실제 사용자 프로그램에서 실시간 로딩을 위해서는 다른 방법을 활용해야 한다. 대표적으로 별도의 언어인 C, JAVA, C# 등에서 실시간으로 로딩을 하거나, 마크베이스의 콜렉터를 통해서 외부의 다양한 데이터 소스를 로딩하는 방법을 들 수 있다. 후자의 경우에는 이 책의 범위를 벗어나므로 설명하지 않지만, 다양한 언어와의 연동은 이후 별도의 장에서 샘플과 함께 설명하도록 하겠다.

## 제 11 장

마크베이스 웹 관리 도구

본 장에서는 웹 브라우저 기반에서 마크베이스를 활용할 수 있는 도구인 MWA(Machbase Web Analytics)를 소개한다. 또한, MWA에 포함된 태그 데이터를 환상적으로 시각화해 주는 도구인 Tag Analyzer도 함께 소개하기로 한다.

MWA 활용

개요

Machbase Web Analytics(MWA)는 Python 2.7과 Flask 기반의 Werkzeug, Jinja2로 개발된 Web application이다. 사용자는 이를 활용하여, 아래와 같은 다양한 업무를 수행할 수 있다.

- 사용자 관리
- 접속 서버 리스트 관리 및 환경 설정
- 사용자 질의 수행 및 결과 처리
- 다양한 차트 등의 시각화 화면 생성
- 사용자 정의 대쉬 보드 생성
- 외부 실시간 데이터 로딩을 위한 마크베이스 콜렉터 생성 및 관리
- 마크베이스 Cluster Edition의 설치와 노드 환경 관리

- Tag Analyzer 구동

이 모든 기능을 기술하는 것은 이 책의 목적을 벗어나는 것이기 때문에 이 장에서는 간단한 사용자 접속을 통해 태그 테이블에 대한 사용자 대시보드를 생성하는 것을 보이도록 하겠다.

MWA 구동 및 브라우저 접속

윈도우에서 마크베이스 관리자 도구에서 제공하는 메뉴를 수행하면, MWA가 구동된다.

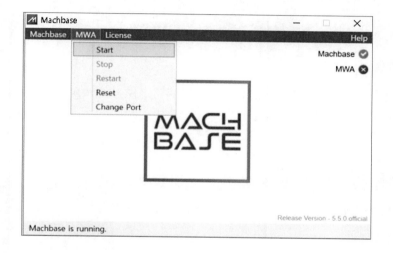

해당 메뉴에서 Start 기능을 수행하면, MWA가 구동되며, 우측의 버튼이 녹색으로 변한다.

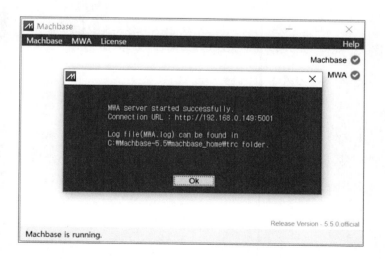

앞의 http URL 혹은 127.0.0.1의 5001번 포트로 접속하면, 아래와 같이 구동된다.

아이디는 admin, 패스워드 machbase로 접속하여, MWA의 화면으로 접속하도록 하자.
다음과 같이 초기 화면이 출력된다.

이제 MWA를 사용할 준비가 되었다.

예제 데이터 준비

이를 위해 이미 태그 데이터가 로딩되어 있다고 가정한다. 이 데이터는 앞 장 "마크베이스
맛보기" 장에서 활용했던 GitHub의 TagTutorial 첫 번째 예제를 사용한다.

간단한 차트 및 대시보드 만들기

이 절에서는 MWA를 활용해서 가장 간단한 대시보드를 만들어 보기로 한다. 두 개의 차트가 포함된 대시보드를 만드는 과정은 다음과 같이 간단하게 그릴 수 있다.

센서 MTAG_C00 차트 만들기

Dashboard 메뉴의 Chart를 선택한 후에 우측에 있는 Create를 클릭하고, 태그명 MTAG_C00에서 1000을 가져오는 질의를 실행한 후에 Chart를 클릭하면, 다음과 같은 화면이 나온다.

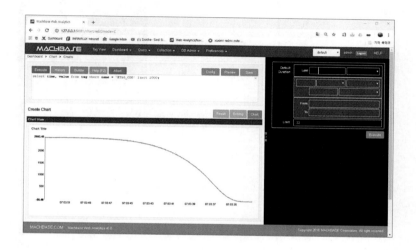

이 차트를 Save 명령을 눌러 c00이라는 이름으로 저장한다.

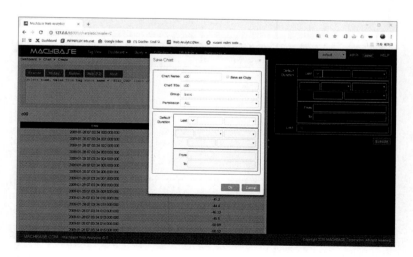

센서 MTAG_C01 차트 만들기

이 차트도 c00과 동일하게 반복한다. 단, 태그명을 MTAG_C01로 바꾸는 것을 잊지 않는다.

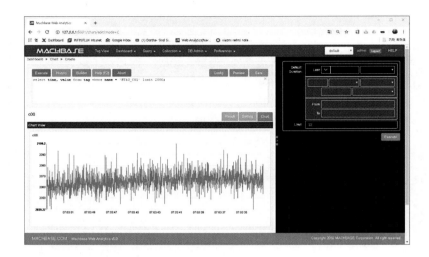

이 역시 c01로 저장을 한다.

대쉬 보드 등록

Dashboard 메뉴의 Dashboard로 들어가서, Create를 누르면, 다음과 같은 차트 선택 화면이 나타난다.

여기에서 chart+를 눌러서, 만들었던 차트 c00과 c01을 각각 선택한다. 그리고 Row+를 누른 후에 URL+를 눌러, http://www.machbase.com/kor을 다시 등록한다. 그러면 다음과 같은 간단한 최종 대시보드가 출력된다.

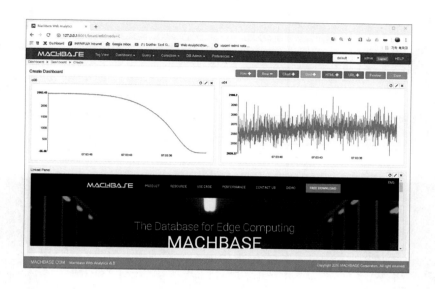

이 대시보드를 저장하기 위해 우측의 Save를 눌러 이름을 지정한다. 이 화면에서는 Row+를 통해 구역을 자유롭게 키우거나 줄일 수 있으며, 미리 만들어 놓은 다양한 차트를 등록해서 대시보드에 등록할 수 있다.

MWA 기능의 다양한 기능 활용

이제까지 간단한 차트를 만들어 대시보드에 등록하고, 저장하는 과정을 보았다. 더 자세한 기능은 http://krdoc.machbase.com에서 확인하고, 직접 이것저것 실습해 보는 것이 좋을 것이다.

Tag Analyzer 활용

개요

Tag Analyzer는 태그 데이터를 시각화할 수 있는 많은 기능이 포함된 또 하나의 웹 도구이다.

해당 제품의 세부적인 기능과 설명은 매뉴얼 페이지(http://krdoc.machbase.com) 혹은 마크베이스의 공식 유튜브 채널의 Tag Analyzer 설명 동영상을 확인하면 더 쉽게 파악할 수 있다[검색어: "마크베이스(Machbase) Tag Analyzer 사용법"]. 그러나 빨리 전체적인 기능에 대해서 이해하고자 하는 독자는 위해 다음과 같이 간략한 기능 정리 그림을 참고하자.

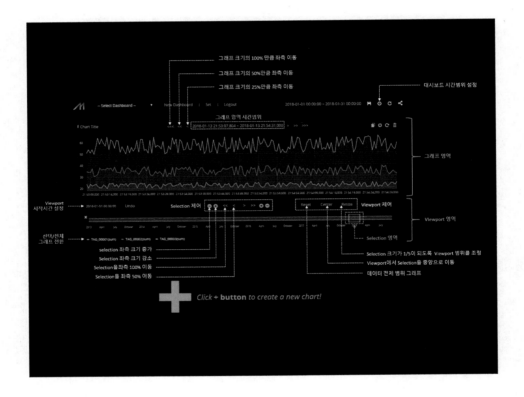

본 절에서는 간단한 샘플 데이터를 통해서 Tag Analyzer의 다양한 기능을 활용한 차트를 그려보고, 그 강력한 기능을 느낄 수 있도록 설명하도록 하겠다.

예제 데이터 준비 및 디렉토리 확인

이 장에서는 TagTutorial에 포함된 예제 중에서 edu_4_house_sensor에 포함된 질의 및 데이터를 사용하도록 한다. **TagTutorial에서 edu_4_house_sensor 디렉토리**를 확인하면, 아래와 같다. 전체 구조는 두 번째 튜토리얼과 동일하다.

```
$ dir
1_create_table.sql        # ENERGYDATA 테이블 생성
1_create_tag.sql          # 태그 테이블 생성 : 이미 생성했다면 필요 없음.
2_meta.sql                # 태그 매타 정보
3_load.sh                 # 리눅스용 PLC 데이터 로딩
3_load.bat                # Windows용 PLC 데이터 로딩
4_to_tag.sql              # PLC로 부터 태그 테이블 로딩
energydata_complete.zip   # 실제 센서 데이터
```

데이터셋 설명

이 데이터셋은 스마트 홈에서 발생한 아래와 같은 다양한 종류의 센서 데이터를 모은 것이다. 수집된 시간은 2016년 1월 11일 오후 5시부터 그해 5월 27일 오후 6시이며, 모두 10분 간격으로 센서 데이터를 모은 것이다. 파일은 zip으로 압축되었으며, energydata_complete.zip이다. 이 파일은 압축해제를 하여야 한다.

데이터 구조 설명

아래는 예제로 제공된 데이터에 대한 각 컬럼에 대한 설명을 달아 놓은 것이다.

컬럼명	태그명	데이터 설명 (단위)
APPLIANCES	ETAG_APPLIANCES	가전 전력 사용량 (Wh)
LIGHTS	ETAG_LIGHTS	조명 전력 사용량 (Wh)
T1	ETAG_T1	주방 온도 (섭씨)
T2	ETAG_T2	거실 온도 (섭씨)
T3	ETAG_T3	세탁실 온도 (섭씨)
T4	ETAG_T4	사무실 온도 (섭씨)

컬럼명	태그명	데이터 설명 (단위)
T5	ETAG_T5	화장실 온도 (섭씨)
T6	ETAG_T6	북쪽 외부 온도 (섭씨)
T7	ETAG_T7	다용도실 온도 (섭씨)
T8	ETAG_T8	자녀방 온도 (섭씨)
T9	ETAG_T9	부모방 온도 (섭씨)
TO	ETAG_TO	외부 온도 (섭씨)
RH_1	ETAG_RH_1	주방 습도 (%)
RH_2	ETAG_RH_1	거실 습도 (%)
RH_3	ETAG_RH_1	세탁실 습도 (%)
RH_4	ETAG_RH_1	사무실 습도 (%)
RH_5	ETAG_RH_1	화장실 습도 (%)
RH_6	ETAG_RH_1	북쪽 외부 습도 (%)
RH_7	ETAG_RH_1	다용도실 습도 (%)
RH_8	ETAG_RH_1	자녀방 습도 (%)
RH_9	ETAG_RH_1	부모방 습도 (%)
RH_OUT	ETAG_RH_OUT	외부 습도 (%)
PRESSURE	ETAG_PRESSURE	기압 (mm Hg)
WINDSPEED	ETAG_WINDSPEED	바람세기 (m/s)
VISIBILITY	ETAG_VISIBILITY	가시도 (km)
TDEWPOINT	ETAG_TDEWPOINT	온도 (섭씨)
RV1	ETAG_RV1	Random 값
RV2	ETAG_RV2	Random 값

데이터 모습

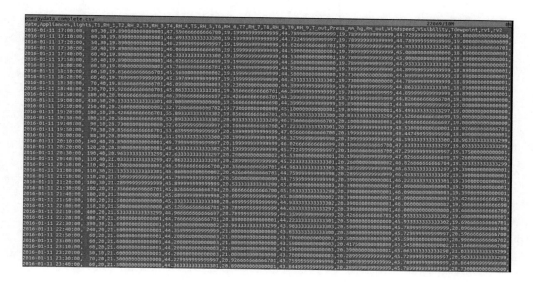

이 데이터 모습은 전형적인 PLC에서 나오는 데이터 형태이다. 즉, 하나의 시간 값에 다수의 센서 값이 연속된 형태인 CSV 파일인 것이다. 그러나 이미 짐작하고 있다시피, 이 데이터는 마크베이스의 로그 테이블 형태와 일치하지만, 태그 테이블에 입력될 수 있는 형태는 아니다. 그래서 이후에 INSERT-SELECT 구문을 활용해서 이 데이터를 태그 테이블로 변화하는 과정을 거치게 된다.

테이블 생성 및 데이터 로딩

이 파일은 CSV 형태의 태그 테이블로 직접 입력될 수 있는 형태가 아니다. 그래서 로딩 방법은 일단 이 파일을 log table로 로딩한 이후에 이것을 태그 테이블로 변환하는 과정을 거치게 된다. 아래에 이와 관련된 스크립트가 이미 준비되어 있으며, 순서대로 콘솔에서 수행하면 된다. 우선 machwin에서 "Run Console"을 수행해서 콘솔을 윈도우 환경에서 준비하자(만일 리눅스라면 마크베이스 환경에서도 그냥 쉘을 수행하면 된다).

태그 테이블 생성(1_create_tag.sql)

이 명령은 태그 테이블을 생성하는 것이다. 만일 이전에 이미 태그 테이블을 생성해 놓은 상태라면 건너뛴다.

```
$ machsql -s 127.0.0.1 -u sys -p manager -f 1_create_tag.sql
================================================================
     Machbase Client Query Utility
     Release Version 5.5.0.official
     Copyright 2014 MACHBASE Corporation or its subsidiaries.
     All Rights Reserved.
================================================================
MACHBASE_CONNECT_MODE=INET, PORT=5656
Type 'help' to display a list of available commands.
Mach> create tagdata table tag (name varchar(32) primary key, time datetime basetime,
value double summarized);
Executed successfully.
Elapsed time: 3.495
```

로그 테이블 생성(1_create_table.sql)

첫 번째로 데이터가 로딩될 로그 테이블을 다음과 같이 생성한다.

```
$ machsql -s 127.0.0.1 -u sys -p manager -f 1_create_table.sql
================================================================
     Machbase Client Query Utility
     Release Version 5.5.0.official
     Copyright 2014 MACHBASE Corporation or its subsidiaries.
     All Rights Reserved.
================================================================
MACHBASE_CONNECT_MODE=INET, PORT=5656
Type 'help' to display a list of available commands.
Mach> drop table energydata;
Dropped successfully.
Elapsed time: 0.049
Mach> CREATE TABLE ENERGYDATA
(
    DATE DATETIME ,
    APPLIANCES DOUBLE ,
    LIGHTS DOUBLE ,
    T1 DOUBLE ,
    RH_1 DOUBLE ,
    T2 DOUBLE ,
    RH_2 DOUBLE ,
    T3 DOUBLE ,
```

```
        RH_3 DOUBLE ,
        T4 DOUBLE ,
        RH_4 DOUBLE ,
        T5 DOUBLE ,
        RH_5 DOUBLE ,
        T6 DOUBLE ,
        RH_6 DOUBLE ,
        T7 DOUBLE ,
        RH_7 DOUBLE ,
        T8 DOUBLE ,
        RH_8 DOUBLE ,
        T9 DOUBLE ,
        RH_9 DOUBLE ,
        T_OUT DOUBLE ,
        PRESS_MM_HG DOUBLE ,
        RH_OUT DOUBLE ,
        WINDSPEED DOUBLE ,
        VISIBILITY DOUBLE ,
        TDEWPOINT DOUBLE ,
        RV1 DOUBLE ,
        RV2 DOUBLE );
Created successfully.
Elapsed time: 0.106
```

태그 메타 등록(2_meta.sql)

아래와 같이 태그를 등록하도록 한다.

```
$ machsql -s 127.0.0.1 -u sys -p manager -f 2_meta.sql
=================================================================
     Machbase Client Query Utility
     Release Version 5.5.0.official
     Copyright 2014 MACHBASE Corporation or its subsidiaries.
     All Rights Reserved.
=================================================================
MACHBASE_CONNECT_MODE=INET, PORT=5656
Type 'help' to display a list of available commands.
Mach> insert into tag metadata values('ETAG_APPLIANCES');
1 row(s) inserted.
Elapsed time: 0.021
```

```
Mach> insert into tag_metadata values('ETAG_LIGHTS');
1 row(s) inserted.
Elapsed time: 0.018
Mach> insert into tag_metadata values('ETAG_T1');
1 row(s) inserted.
Elapsed time: 0.030
Mach> insert into tag_metadata values('ETAG_RH_1');
1 row(s) inserted.
Elapsed time: 0.038
Mach> insert into tag_metadata values('ETAG_T2');
1 row(s) inserted.
Elapsed time: 0.021
Mach> insert into tag_metadata values('ETAG_RH_2');
1 row(s) inserted.
Elapsed time: 0.032
Mach> insert into tag_metadata values('ETAG_T3');
1 row(s) inserted.
Elapsed time: 0.037
Mach> insert into tag_metadata values('ETAG_RH_3');
1 row(s) inserted.
Elapsed time: 0.028
Mach> insert into tag_metadata values('ETAG_T4');
1 row(s) inserted.
Elapsed time: 0.035
Mach> insert into tag_metadata values('ETAG_RH_4');
1 row(s) inserted.
Elapsed time: 0.035
Mach> insert into tag_metadata values('ETAG_T5');
1 row(s) inserted.
Elapsed time: 0.044
Mach> insert into tag_metadata values('ETAG_RH_5');
1 row(s) inserted.
Elapsed time: 0.024
Mach> insert into tag_metadata values('ETAG_T6');
1 row(s) inserted.
Elapsed time: 0.044
Mach> insert into tag_metadata values('ETAG_RH_6');
1 row(s) inserted.
Elapsed time: 0.027
Mach> insert into tag_metadata values('ETAG_T7');
1 row(s) inserted.
Elapsed time: 0.028
Mach> insert into tag_metadata values('ETAG_RH_7');
```

```
1 row(s) inserted.
Elapsed time: 0.035
Mach> insert into tag_metadata values('ETAG_T8');
1 row(s) inserted.
Elapsed time: 0.035
Mach> insert into tag_metadata values('ETAG_RH_8');
1 row(s) inserted.
Elapsed time: 0.023
Mach> insert into tag_metadata values('ETAG_T9');
1 row(s) inserted.
Elapsed time: 0.027
Mach> insert into tag_metadata values('ETAG_RH_9');
1 row(s) inserted.
Elapsed time: 0.030
Mach> insert into tag_metadata values('ETAG_T_OUT');
1 row(s) inserted.
Elapsed time: 0.046
Mach> insert into tag_metadata values('ETAG_PRESS_MM_HG');
1 row(s) inserted.
Elapsed time: 0.023
Mach> insert into tag_metadata values('ETAG_RH_OUT');
1 row(s) inserted.
Elapsed time: 0.028
Mach> insert into tag_metadata values('ETAG_WINDSPEED');
1 row(s) inserted.
Elapsed time: 0.026
Mach> insert into tag_metadata values('ETAG_VISIBILITY');
1 row(s) inserted.
Elapsed time: 0.039
Mach> insert into tag_metadata values('ETAG_TDEWPOINT');
1 row(s) inserted.
Elapsed time: 0.026
Mach> insert into tag_metadata values('ETAG_RV1');
1 row(s) inserted.
Elapsed time: 0.028
Mach> insert into tag_metadata values('ETAG_RV2');
1 row(s) inserted.
Elapsed time: 0.044
```

28개의 센서 이름이 등록되었다.

CSV 파일 로딩(3_load.bat)

배치파일 3_load.bat을 수행한다.

```
C:\Machbase-5.5\TagTutorial\edu_4_house_sensor$ 3_load.bat
$ csvimport -H -t ENERGYDATA -d energydata_complete.csv -F "date YYYY-MM-DD HH24:MI:SS"
-b error.log
-----------------------------------------------------------
    Machbase Data Import/Export Utility.
    Release Version 5.5.0.official
    Copyright 2014, MACHBASE Corporation or its subsidiaries.
    All Rights Reserved.
-----------------------------------------------------------
NLS            : US7ASCII      EXECUTE MODE   : IMPORT
TARGET TABLE   : ENERGYDATA    DATA FILE      : energydata_complete.csv
BAD FILE       : error.log      IMPORT MODE    : APPEND
FIELD TERM     : ,             ROW TERM       : \n
ENCLOSURE      : "             ESCAPE         : \
ARRIVAL_TIME   : FALSE         ENCODING       : NONE
HEADER         : TRUE          CREATE TABLE   : FALSE

 Progress bar                  Imported records      Error records
==============================  19735                 0


Import time        :  0 hour  0 min  0.712 sec
Load success count  : 19735
Load fail count     : 0
$
```

위와 같이 약 2만 건의 센서 데이터가 로딩되었다.

태그 테이블로 데이터 전송하기(4_to_tag.sql)

그러나 앞에서도 언급한 바와 같이 이 로그 테이블에 로딩된 것이므로, Tag Analyzer를 통해서 시각화 및 분석이 불가능하다. 그래서 다음과 같이 INSERT-SELECT를 통해서 로그 테이블의 데이터를 태그 테이블 형태로 모두 변환하였다.

```
$ machsql -s 127.0.0.1 -u sys -p manager -f 4_to_tag.sql
================================================================

    Machbase Client Query Utility
    Release Version 5.5.0.official
    Copyright 2014 MACHBASE Corporation or its subsidiaries.
    All Rights Reserved.

================================================================
MACHBASE_CONNECT_MODE=INET, PORT=5656
Type 'help' to display a list of available commands.
Mach> insert into tag select 'ETAG_APPLIANCES', date, APPLIANCES from ENERGYDATA;
19735 row(s) inserted.
Elapsed time: 0.047
Mach> insert into tag select 'ETAG_LIGHTS', date, LIGHTS from ENERGYDATA;
19735 row(s) inserted.
Elapsed time: 0.062
Mach> insert into tag select 'ETAG_T1', date, T1 from ENERGYDATA;
19735 row(s) inserted.
Elapsed time: 0.047
Mach> insert into tag select 'ETAG_RH_1', date, RH_1 from ENERGYDATA;
19735 row(s) inserted.
Elapsed time: 0.057
Mach> insert into tag select 'ETAG_T2', date, T2 from ENERGYDATA;
19735 row(s) inserted.
Elapsed time: 0.053
Mach> insert into tag select 'ETAG_RH_2', date, RH_2 from ENERGYDATA;
19735 row(s) inserted.
Elapsed time: 0.049
Mach> insert into tag select 'ETAG_T3', date, T3 from ENERGYDATA;
19735 row(s) inserted.
Elapsed time: 0.055
Mach> insert into tag select 'ETAG_RH_3', date, RH_3 from ENERGYDATA;
19735 row(s) inserted.
Elapsed time: 0.063
Mach> insert into tag select 'ETAG_T4', date, T4 from ENERGYDATA;
19735 row(s) inserted.
Elapsed time: 0.062
Mach> insert into tag select 'ETAG_RH_4', date, RH_4 from ENERGYDATA;
19735 row(s) inserted.
Elapsed time: 0.055
Mach> insert into tag select 'ETAG_T5', date, T5 from ENERGYDATA;
19735 row(s) inserted.
Elapsed time: 0.087
Mach> insert into tag select 'ETAG_RH_5', date, RH_5 from ENERGYDATA;
```

```
19735 row(s) inserted.
Elapsed time: 0.057
Mach> insert into tag select 'ETAG_T6', date, T6 from ENERGYDATA;
19735 row(s) inserted.
Elapsed time: 0.054
Mach> insert into tag select 'ETAG_RH_6', date, RH_6 from ENERGYDATA;
19735 row(s) inserted.
Elapsed time: 0.069
Mach> insert into tag select 'ETAG_T7', date, T7 from ENERGYDATA;
19735 row(s) inserted.
Elapsed time: 0.052
Mach> insert into tag select 'ETAG_RH_7', date, RH_7 from ENERGYDATA;
19735 row(s) inserted.
Elapsed time: 0.056
Mach> insert into tag select 'ETAG_T8', date, T8 from ENERGYDATA;
19735 row(s) inserted.
Elapsed time: 0.062
Mach> insert into tag select 'ETAG_RH_8', date, RH_8 from ENERGYDATA;
19735 row(s) inserted.
Elapsed time: 0.060
Mach> insert into tag select 'ETAG_T9', date, T9 from ENERGYDATA;
19735 row(s) inserted.
Elapsed time: 0.061
Mach> insert into tag select 'ETAG_RH_9', date, RH_9 from ENERGYDATA;
19735 row(s) inserted.
Elapsed time: 0.069
Mach> insert into tag select 'ETAG_T_OUT', date, T_OUT from ENERGYDATA;
19735 row(s) inserted.
Elapsed time: 0.071
Mach> insert into tag select 'ETAG_PRESS_MM_HG', date, PRESS_MM_HG from ENERGYDATA;
19735 row(s) inserted.
Elapsed time: 0.062
Mach> insert into tag select 'ETAG_RH_OUT', date, RH_OUT from ENERGYDATA;
19735 row(s) inserted.
Elapsed time: 0.065
Mach> insert into tag select 'ETAG_WINDSPEED', date, WINDSPEED from ENERGYDATA;
19735 row(s) inserted.
Elapsed time: 0.061
Mach> insert into tag select 'ETAG_VISIBILITY', date, VISIBILITY from ENERGYDATA;
19735 row(s) inserted.
Elapsed time: 0.062
Mach> insert into tag select 'ETAG_TDEWPOINT', date, TDEWPOINT from ENERGYDATA;
19735 row(s) inserted.
```

```
Elapsed time: 0.058
Mach> insert into tag select 'ETAG_RV1', date, RV1 from ENERGYDATA;
19735 row(s) inserted.
Elapsed time: 0.058
Mach> insert into tag select 'ETAG_RV2', date, RV2 from ENERGYDATA;
19735 row(s) inserted.
Elapsed time: 0.069

C:\Machbase-5.5\TagTutorial\edu_4_house_sensor
```

위와 같이 태그 테이블에 로그 테이블의 각각의 컬럼 정보를 변환하면서 입력한 것을 볼 수 있다.

입력된 데이터의 확인

이제 MWA의 테이블 화면을 아래와 같이 확인해 보자.

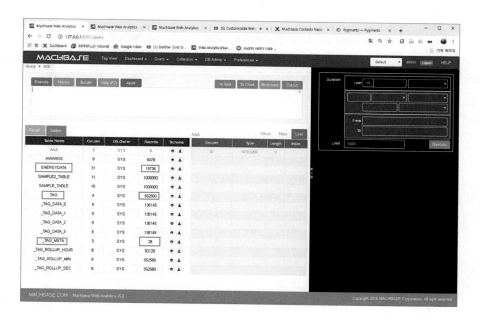

위에서 붉은 박스로 표시된 부분이 로딩된 로그 테이블과 태그 테이블을 나타낸 것이다. 이제 Tag Analyzer를 활용할 수 있는 모든 준비가 끝났다! 본격적으로 Tag Analyzer를 통해서 다양하게 시각화를 해보자.

차트 출력을 위한 태그명 선택

Tag Analyzer에서 큰 +(플러스기호)를 누르면, 팝업 윈도우가 뜨고, 이곳에서 아래와 같은 태그 선택창이 나타난다.

검색창을 통해서 태그 이름을 필터링할 수 있다. 리스트가 너무 많을 경우 원하는 이름의 일부를 넣고, Search를 누른다. 좌측 판넬은 이렇게 필터링 된 태그 리스트이다. 이 태그 이름을 클릭하면, 우측에 나타나면서 선택된다. 우측 판넬은 선택된 태그의 리스트이다. 이 태그 이름을 클릭하면, 우측에서 사라지면서 선택이 취소된다. 차트 종류를 현재 선과 점 두 개 중에 하나를 선택할 수 있다. 기본으로는 선 차트가 선택된다.

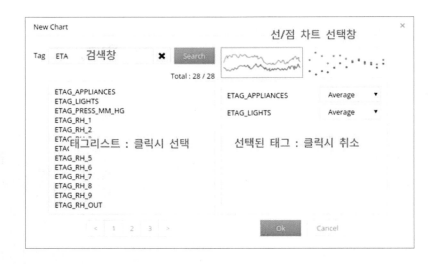

원하는 태그가 선택되었으면, OK 버튼을 누른다.

전력량 차트 그리기

전력사용량 태그인 ETAG_APPLIANCES와 ETAG_LIGHTS를 설정하고, 각각 통계지표를 Average로 선택하면, 아래와 같이 출력된다.

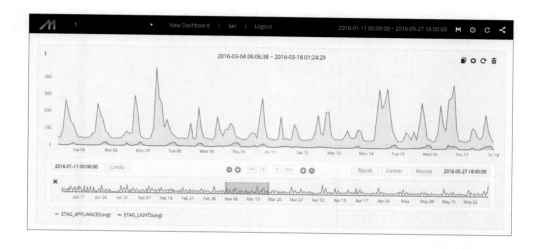

대시보드 색 조절

현재 MWA는 두 종류의 컬럼 템플릿이 대시보드를 위해 존재한다. 위의 그림을 White 색상이고, 아래와 같이 선택하면, 블랙 색상을 사용할 수 있다.

위와 같이 Set의 Preference 메뉴를 클릭하면, 다음과 같이 White 혹은 Black을 선택할 수 있다.

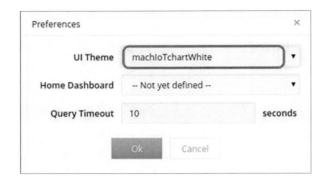

부가적으로 Home Dashboard는 저장된 대시보드에서 default 화면을 설정하는 것이다. 또한, Query Timeout은 해당 초 이내에 DB가 답이 없을 경우에 해당 질의를 취소하여 웹서버와 DB 부하를 방지하는 것이다. Default로 10초로 되어 있으며, 원하는 경우보다 크게 조절할 수 있다. 아래는 Black으로 조절했을 때의 화면이다.

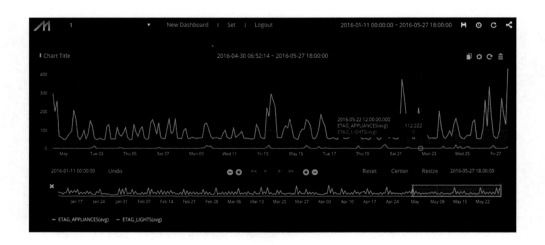

대시보드 저장하기

이 메뉴는 다양한 종류의 차트를 만들고, 주제별로 저장하여 나중에 해당 대시보드 화면을 쉽게 불러올 수 있도록 하는 용도이다. 아래와 같이 디스크 모양의 아이콘을 클릭한다.

그러면 다음과 같은 화면이 나타나는데, 각각의 내용은 다음과 같다.

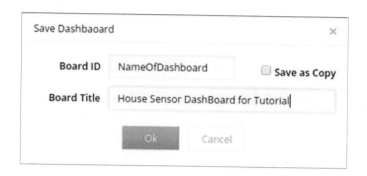

- Board ID: 이것은 저장된 대시모드가 저장될 유일한 아이디 명을 기록한다. 중복될 수 없다.
- Board Title: 이것은 화면에서 해당 대시보드를 선택할 때 사용하는 설명이다.

위와 같이 저장하면, 화면에 상단에 아래와 같이 출력된다.

위에서 저장한 보드 타이틀이 나타나는 것을 볼 수 있다.

차트 메뉴

만들어진 하나의 차트는 다양하게 표현될 수 있으며, 해당 메뉴는 차트의 우측 상단에 다음과 같이 나타난다.

첫 번째는 해당 차트만 별도의 웹 윈도우로 만들어서 링크로 활용할 수 있도록 해 준다. 두 번째는 해당 차트를 수정할 수 있는 다양한 메뉴 화면이 출력된다. 세 번째는 해당 차트를 리프레시하여 새롭게 그린다. 네 번째는 해당 차트를 삭제하는 메뉴이다. 이 중에서 수정 메

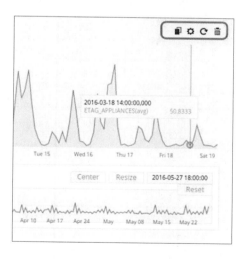

뉴가 가장 많은 기능을 가지고 있다.

차트 수정 세부 메뉴

위의 두 번째 메뉴를 누르면 아래와 같이 다섯 개의 세부 항목이 나타나고 각각의 역할은
다음과 같다.

General 메뉴

이 메뉴를 해당 차트의 크기와 이름 그리고 차트를 클릭했을 경우의 동작 등을 설정하는
일반 메뉴이다.

Datas 메뉴

이 메뉴는 보고자 하는 태그를 추가, 변경, 삭제할 수 있는 메뉴이다.

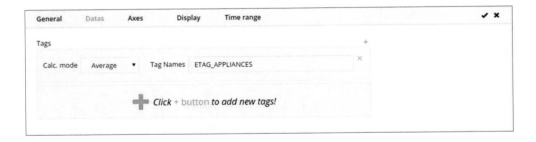

Axes 메뉴

이 메뉴는 좌표축을 세부적으로 조절하는 목적으로 사용된다. 특히 Y-axis의 경우에는 Y 축의 시작 값을 0으로 할지 결정한다.

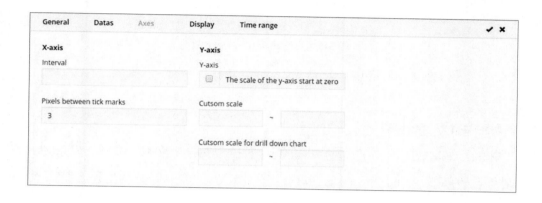

Display 메뉴

이 메뉴는 실제 차트의 라인과 포인트의 크기 및 굵기, 색상을 설정한다.

Time Range 메뉴

이 메뉴는 해당 차트의 시간 속성값을 부여한다. 출력할 전체의 시간 범위를 설정할 수 있을 뿐만 아니라, 실시간 데이터 입력 시 해당 차트를 Refresh 하기 위한 주기도 설정할 수 있다.

General	Datas	Axes	Display	Time range		✔ ✖

From (default value)

📅

To (default value)

📅

Refreshing every

▾

Quick range
Last 2 days
Last 7 days
Last 30 days
Last 90 days
Last 6 months
Last 1 year
Last 2 years
Last 5 years

Last 5 minutes
Last 15 minutes
Last 30 minutes
Last 1 hour
Last 3 hours
Last 6 hours
Last 12 hours
Last 24 hours

차트 수정 후 주의할 점

변경된 차트는 반드시 대시보드에 반영되어야 하는데, 이를 위해서는 아래의 그림과 같이 번호 순서대로 클릭해야 한다. 만일 차트가 변경되었으면, 1번의 체크박스가 붉은색으로 변경되고, 이를 클릭하면 검은색으로 다시 바뀐다. 이때 2번의 체크박스를 눌러서 변경된 차트를 대시보드에 반영하도록 한다. 그리고 변경된 차트를 영구히 저장하기 위해서는 앞에서 언급한 것처럼 대시보드 저장을 반드시 수행한다.

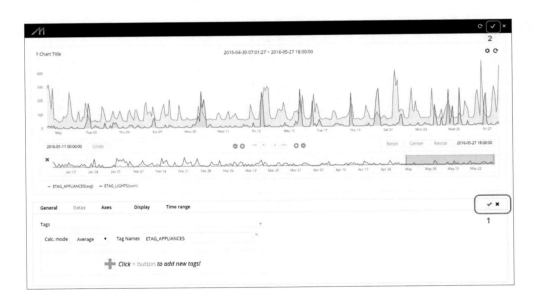

다양한 차트 모습들

선 없는 점, 면 차트(전기 사용량)

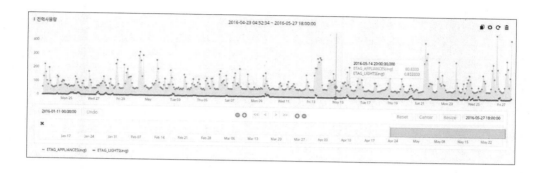

가는 선과 점, 면 차트(평균 습도)

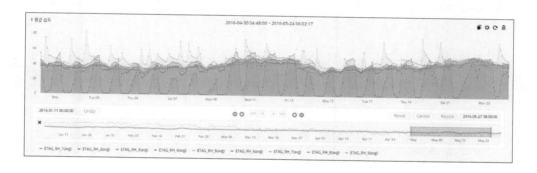

점만 활용한 차트(평균 온도)

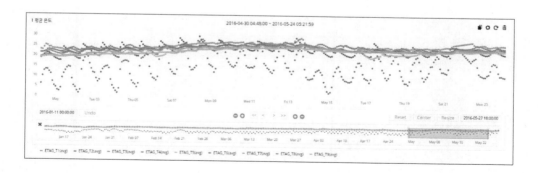

하나의 태그에 대한 다양한 통계 출력(풍량 평균/최소/최대)

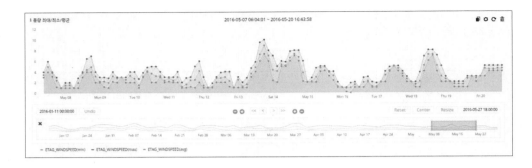

전체 모습

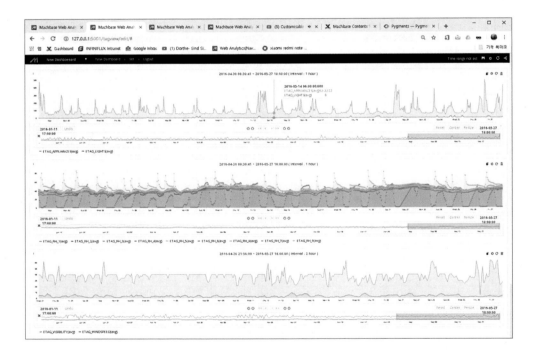

확장된 태그 데이터 추적 및 분석

Tag Analyzer의 진정한 능력은 위의 차트를 기반으로 실제 통계 데이터로부터 실제 데이터까지의 추적과 분석이 가능하다는 것이다. 만일 분석하고자 하는 별도의 데이터를 가지고 있다면, 이와 유사하게 데이터를 로딩, 활용할 수 있다.

마치면서

이 장에서는 마크베이스에서 제공하는 웹 기반의 관리 및 시각화 도구인 MWA와 부속된 Tag Analyzer의 사용법에 대해서 설명해 보았다. 이것만으로도 보유하고 있는 많은 센서 데이터를 훌륭하게 로딩하고 시각화할 수 있음으로 분명하다. 보다 자세한 기능과 활용에 대해서는 관련 홈페이지와 매뉴얼을 참조하도록 하고, 이후에는 실제 마크베이스가 가지고 있는 다양한 기능들에 대해 심도 있게 살펴보도록 하겠다.

## 제 12 장

마크베이스 태그 테이블 활용

이 장에서는 마크베이스의 태그 테이블에 대한 보다 심도 있는 내용에 대해서 다루도록 한다. 특히, 이후에 소개되는 예제를 통해 배치로 존재하는 센서뿐만 아니라 실시간으로 로딩되는 센서 데이터를 어떻게 저장하고 이를 시각화할 것인지에 대해 상세하게 설명하기 때문에 실제 비즈니스 응용 개발에 많은 도움이 될 것이다.

태그 테이블의 세부 아키텍처

앞 장에서 간단하게 설명했었지만, 마크베이스의 태그 테이블은 다른 테이블과는 달리 내부적으로 많은 기능과 복잡한 구조를 담고 있는 고도의 데이터 처리 모듈이다. 다시 말해 TAG라는 이름을 가진 테이블은 내부적으로 하나의 가상테이블이라는 의미이기도 하다. 실제 내부에서 하는 역할과 연결된 모듈에 대한 그림은 우측과 같다.

태그 테이블은 아래의 세 가지 개념적인 데이터 처리 공간을 제공하며, 세부적인 설명은 다음과 같다.

Sensor Storage

이는 태그 테이블이 생성될 때 사용자가 정의한 스키마를 기준으로 저장되는 내부 센서 데이터 테이블이다(내부적으로는 다수의 Internal table이 생성된다). 이 데이터는 태그 테이블에 대한 SELECT 문을 통해서 추출이 가능하며, 고속으로 초당 수만 건에서 수십만 건의 센서 데

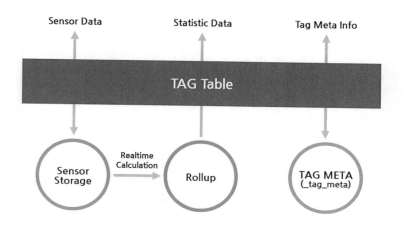

이터를 로딩할 수 있다. 또한, 실시간으로 압축된 형태로 저장되며, 사용자 요구에 따라 고속으로 초당 수백만 건의 센서 데이터를 시간 범위의 조건으로 검색할 수 있다. 삭제의 경우에는 시간순으로 오래된 센서 데이터에 대해 순차적으로 가능하다. 이 태그 테이블은 기본적으로 시계열 데이터로서 해당 태그의 이름과 데이터 발생 시간 그리고 64비트 실수 값을 갖는 특정한 데이터형이다.

태그이름(사용자 지정 길이 스트링)	시간(64비트)	실수 값(64비트)	(사용자 확장 컬럼들)

그리고 사용자가 원하는 경우 위의 3가지 컬럼에 연속되는 부가 사용자 확장 컬럼을 추가할 수 있도록 설계되어 있어, 비즈니스 영역에 따라 다양한 스키마를 생성할 수 있다.

ROLLUP

이것은 Sensor storage에 저장된 센서 데이터를 바탕으로 자동으로 통계 데이터를 생성하는 내부 테이블이다. 이는 수일 혹은 수년의 긴 시간 동안의 통계 데이터를 수초 내의 실시간으로 얻을 목적으로 개발되었다. 하나의 Sensor storage당 Hour, Minute, Second 단위로 3개의 내부 롤업 테이블이 별도로 생성된다. 현재 이 테이블에서는 MIN, MAX, AVG, SUM, COUNT 5개의 통계 데이터를 지원한다. 이 롤업 결과값을 얻기 위해서는 태그 테이블에 대한 SELECT 문의 힌트(hint) 지정을 통해서 가능하다. 아래는 대표적인 롤업 질의 예를 든 것이다.

```
SELECT DATE_TRUNC('second', time, 30) time, avg(value) avg FROM
(
SELECT /*+ ROLLUP(TAG, sec) */ time, value

FROM TAG WHERE name = 'EQ8^TAG8287' AND time between to_date('2018-01-01 12:00:00') and
to_date('2018-01-01 12:59:59')
)
group by time order by time;
```

위의 질의는 태그 이름이 "EQ8^TAG8287" 인 센서의 1시간 범위의 데이터에서 30초 평균 레코드 총 120개를 얻어내는 것이다.

TAG META

TAG META는 Sensor Storage에 저장될 태그의 이름 및 부가 메타 정보를 저장하는 별도의 테이블이다.

이 테이블명은 _tag_meta로 명명되고, 사용자는 이 테이블에 대해 명시적으로 INSERT를 통해 태그의 메타 정보를 생성할 수 있다. 이뿐만 아니라, 사용자는 이 테이블을 통해 태그 이름에 대한 생성뿐만 아니라, 수정, 삭제도 가능하다. 또한, 사용자 편의를 위해 마크베이스의 APPEND 프로토콜을 사용해서 데이터를 입력하는 경우에는 자동으로 태그 명을 생성하는 기능도 포함되어 있다. 그러나 현재 SQL 구문은 INSERT를 통해서 태그 테이블에 데이터를 입력하는 경우에는 자동으로 태그 이름을 생성해 주지는 않는다(Machbase 6.0에서 지원 예정).

배치형 PLC 데이터 변환 예제

개요

이 절에서 보일 예제는 일반적인 센서 데이터가 저장된 파일의 구조 형태를 태그 테이블에 로딩을 하는 일련의 과정을 설명한 것이다.

가장 흔히 볼 수 있는 형태의 텍스트 저장 파일은 아무런 설명 없이 ,(콤마)나 나뉘어진 다수의 숫자형 값을 그냥 나열한 무작위의 파일 내용인 <값,값,값><값,값,값><반복..> 형태가 대표적이고, 시간을 포함한 파일의 경우에는 <시간,값,값,값> <시간, 값,값,값><반복..> 이런 형태가 가장 흔히 볼 수 있다.

이런 파일의 데이터는 PLC(programmable Logic Controller)라고 불리는 장비에서 1개 이상의 센서 값을 지속적으로 입력된 데이터를 오랜 기간동안 수집했을 경우에 만들어진다.

그런 이유로 인터넷 공간상에 여러 가지 센서 데이터 샘플을 보게 되면, 대부분의 경우 아래 그림과 같은 형태의 구조를 갖고 있는 것이 사실이다.

```
2009-01-28 07:03:34 0:000:000, 0.00, 0.00, -41.98, 2067.64, -37.13, 2.28, 8.63, -26.62, -8
2009-01-28 07:03:34 1:000:000, 0.00, 0.00, -46.50, 2067.88, -28.56, 13.69, -12.35, -25.81,
2009-01-28 07:03:34 2:000:000, 0.00, 0.00, -36.16, 2055.81, -10.89, 8.63, -2.93, -30.34,
2009-01-28 07:03:34 3:000:000, 0.00, 0.00, -50.36, 2053.68, -31.96, -0.65, -8.29, -21.60,
2009-01-28 07:03:34 4:000:000, 0.00, 0.00, -37.30, 2081.17, -36.16, 3.26, 5.05, -26.14, -7
2009-01-28 07:03:34 5:000:000, 0.00, 0.00, -48.43, 2058.64, -32.61, 18.59, 9.61, -28.89,
2009-01-28 07:03:34 6:000:000, 0.00, 0.00, -46.17, 2065.99, -33.74, 7.82, -2.12, -38.10, 1
2009-01-28 07:03:34 7:000:000, 0.00, 0.00, -42.78, 2067.64, -32.28, 12.87, 1.63, -33.58,
2009-01-28 07:03:34 8:000:000, 0.00, 0.00, -40.85, 2061.72, -34.87, 3.42, -0.65, -30.99,
2009-01-28 07:03:34 9:000:000, 0.00, 0.00, -55.68, 2079.51, -33.09, 6.68, -1.79, -30.34, -
2009-01-28 07:03:34 10:000:000, 0.00, 0.00, -45.20, 2064.56, -26.46, 13.53, -9.43, -29.86,
2009-01-28 07:03:34 11:000:000, 0.00, 0.00, -44.40, 2072.39, -23.71, 12.87, 7.82, -37.30,
2009-01-28 07:03:34 12:000:000, 0.00, 0.00, -46.33, 2067.88, -27.75, 7.17, 2.44, -28.08,
2009-01-28 07:03:34 13:000:000, 0.00, 0.00, -46.50, 2064.56, -25.00, 11.90, 11.90, -27.92,
2009-01-28 07:03:34 14:000:000, 0.00, 0.00, -50.69, 2072.86, -26.14, 10.43, 7.33, -19.82,
2009-01-28 07:03:34 15:000:000, 0.00, 0.00, -50.52, 2057.93, -25.81, 15.00, -0.49, -30.83,
2009-01-28 07:03:34 16:000:000, 0.00, 0.00, -46.17, 2062.43, -32.28, 2.28, 4.07, -25.97,
2009-01-28 07:03:34 17:000:000, 0.00, 0.00, -49.40, 2065.99, -33.58, 11.08, -0.16, -25.81,
2009-01-28 07:03:34 18:000:000, 0.00, 0.00, -50.36, 2060.54, -32.45, -1.14, -6.02, -26.14,
2009-01-28 07:03:34 19:000:000, 0.00, 0.00, -46.33, 2071.44, -30.83, 4.23, 1.79, -29.53,
2009-01-28 07:03:34 20:000:000, 0.00, 0.00, -41.66, 2064.09, -33.90, -1.14, -3.09, -28.89,
2009-01-28 07:03:34 21:000:000, 0.00, 0.00, -41.98, 2068.59, -28.89, 4.23, -3.74, -29.21,
2009-01-28 07:03:34 22:000:000, 0.00, 0.00, -42.62, 2062.20, -47.78, 9.29, 3.58, -34.06, -
2009-01-28 07:03:34 23:000:000, 0.00, 0.00, -47.46, 2066.93, -25.81, 7.17, 1.79, -28.73,
2009-01-28 07:03:34 24:000:000, 0.00, 0.00, -47.62, 2054.86, -30.99, 19.24, 2.12, -41.98,
2009-01-28 07:03:34 25:000:000, 0.00, 0.00, -36.65, 2067.17, -29.70, 6.19, -3.09, -25.97,
2009-01-28 07:03:34 26:000:000, 0.00, 0.00, -44.40, 2079.51, -38.59, 8.14, 1.14, -31.80,
```

그런 이유로 이 절에서는 이 파일을 어떻게 마크베이스의 태그 테이블로 한꺼번에 배치 형태로 로딩하는지에 대한 설명을 하려고 한다.

데이터 변환 순서도

PLC_TAG.CSV   CSV

↓ machloader

PLC_TAG_TABLE
(log table)

TIME	V0	V1	C0	C1	......	C15
2009-01-28 07:03:34 000:000:000	0	1.1	3.3	6.6	......	3.9
2009-01-28 07:03:34 001:000:000	0	2.2	4.3	6.7	......	3.3
......	...	...	...	...	......	...

↓ Insert-select SQL

TAG table

NAME	TIME	VALUE
MTAG_V00	2009-01-28 07:03:34 000:000:000	0
MTAG_V01	2009-01-28 07:04:34 001:000:000	22.7
MTAG_C00	2009-01-28 07:04:34 002:000:000	33.12
MTAG_C01	2009-01-28 08:03:34 000:000:000	99.15
MTAG_C00	2009-01-28 07:55:34 000:000:000	128.1
MTAG_C15	2009-01-28 12:33:16 000:000:000	2366
......	......	...

위의 그림에서 볼 수 있듯이 본 예제에서는 원시 CSV 파일을 마크베이스의 로그 테이블로 한꺼번에 로딩을 한 이후, 이를 태그 테이블로 변환하는 방법에 대해 기술한다.

테스트 디렉토리 확인

두 번째 디렉토리인 edu_2_pc에는 좀 더 큰 파일들이 아래와 같이 있으며, 각각의 설명은 다음과 같다.

```
$ dir
C:\Machbase-5.5\TagTutorial\edu_2_plc

2019-03-06  오후 02:40            107 1_create_tag.sql # 태그 테이블 생성
2019-03-06  오후 02:40             31 2_load_meta.bat  # 태그 이름 로딩
2019-03-06  오후 02:40             32 2_load_meta.sh
2019-03-06  오후 02:40            162 2_tag_meta.csv   # 태그 이름 데이터
2019-03-06  오후 02:40            263 3_create_plc_tag_table.sql # 로그 테이블
2018-08-14  오후 05:15    372,389,876 4_plc_tag.csv      # 데이터
2019-03-06  오후 02:40             90 4_plc_tag_load.bat # Log  · Tag
2019-03-06  오후 02:40             93 4_plc_tag_load.sh
2019-03-06  오후 02:40          1,123 5_plc_to_tag.sql   # insert-select
```

태그 테이블 생성 및 태그 메타 로딩

태그 테이블 생성은 필요할 경우에는 1_create_tag.sql을 수행하면 된다. 태그 이름(태그 메타)를 등록하는데 이전과 다른 점은 insert into 구문이 아니라, **tagmetaimport**라는 도구를 이용해서 한꺼번에 로딩하는 점이다. 주로 태그 메타 정보는 엑셀과 같은 곳에서 관리되어 주로 CSV 형태로 존재하기 때문에 로딩하는 것을 편하게 하기 위해서이다. 본 예제에서는 간단하게 17개의 태그 메타 정보를 이미 CSV 파일에 넣어 두었으니, 다음과 같이 로딩하면 된다.

```
$ machsql -s 127.0.0.1 -u sys -p manager -f 1_create_tag.sql
=================================================================
     Machbase Client Query Utility
     Release Version 5.5.0.official
     Copyright 2014 MACHBASE Corporation or its subsidiaries.
     All Rights Reserved.
=================================================================
MACHBASE_CONNECT_MODE=INET, PORT=5656
Type 'help' to display a list of available commands.
Mach> create tagdata table tag (name varchar(32) primary key, time datetime basetime,
value double summarized);
Executed successfully.
Elapsed time: 3.032

$type 2_tag_meta.csv
```

```
MTAG_V00
MTAG_V01
MTAG_C00
MTAG_C01
MTAG_C02
MTAG_C03
MTAG_C04
MTAG_C05
MTAG_C06
MTAG_C07
MTAG_C08
MTAG_C09
MTAG_C10
MTAG_C11
MTAG_C12
MTAG_C13
MTAG_C14
MTAG_C15


$ tagmetaimport -d 2_tag_meta.csv
Import time         :  0 hour  0 min  0.340 sec
Load success count  : 18
Load fail count     : 0
```

위와 같이 성공적으로 태그 메타 정보(이름) 18개가 로딩되었다.

PLC 데이터 로딩을 위한 테이블 생성

아래와 같이 3_create_plc_tag_table.sql을 수행하면 다음과 같은 로그 테이블이 생성
된다.

```
$ machsql -s 127.0.0.1 -u sys -p manager -f 3_create_plc_tag_table.sql
=================================================================
     Machbase Client Query Utility
     Release Version 5.5.0.official
     Copyright 2014 MACHBASE Corporation or its subsidiaries.
     All Rights Reserved.
=================================================================
MACHBASE_CONNECT_MODE=INET, PORT=5656
```

```
Type 'help' to display a list of available commands.
Mach> create table plc_tag_table(
tm datetime,
V0 DOUBLE ,
V1 DOUBLE ,
C0 DOUBLE ,
C1 DOUBLE ,
C2 DOUBLE ,
C3 DOUBLE ,
C4 DOUBLE ,
C5 DOUBLE,
C6 DOUBLE ,
C7 DOUBLE ,
C8 DOUBLE ,
C9 DOUBLE ,
C10 DOUBLE ,
C11 DOUBLE ,
C12 DOUBLE ,
C13 DOUBLE ,
C14 DOUBLE ,
C15 DOUBLE
);
Created successfully.
Elapsed time: 0.087
```

주의할 점은 이 테이블은 로그 테이블 타입이라는 것이다(파일명 때문에 헷갈리지 않도록 하자).
마크베이스에서는 별도의 테이블 지정자를 명시하지 않으면, 로그 테이블로 생성된다.

PLC 데이터 로딩

위에서 생성한 로그 테이블 plc_tag_table에 **4_plc_tag.csv**의 데이터 200만 라인이 PLC
입력 형태로 입력된다. 이 4_plc_tag.csv 파일은 첫 컬럼은 시간이며, 이후 순서대로 V0, V1,
…C15까지 컬럼이 나뉘어져 있다. 데이터의 패턴은 1초에 0~99mili second까지 약 100개의
데이터가 입력되고, 100 mili second에서 999까지는 입력이 없다가, 다음 1초 동안 동일한
패턴으로 입력된다. 제공되는 **4_plc_tag_load.bat** 파일을 수행하여, 200만 건의 원시 PLC
데이터를 로딩할 수 있다.

```
$ 4_plc_tag_load.bat

$ machloader  -t plc_tag_table -i -d 4_plc_tag.csv -F "tm YYYY-MM-DD HH24:MI:SS
mmm:uuu:nnn"
-----------------------------------------------------------------
     Machbase Data Import/Export Utility.
     Release Version 5.5.0.official
     Copyright 2014, MACHBASE Corporation or its subsidiaries.
     All Rights Reserved.
-----------------------------------------------------------------
NLS            : US7ASCII       EXECUTE MODE   : IMPORT
TARGET TABLE   : plc_tag_table    DATA FILE      : 4_plc_tag.csv
IMPORT MODE    : APPEND        FIELD TERM     : ,
ROW TERM       : \n             ENCLOSURE      : "
ESCAPE         : \              ARRIVAL_TIME   : FALSE
ENCODING       : NONE          HEADER         : FALSE
CREATE TABLE   : FALSE


  Progress bar                         Imported records      Error records
  ============================         2000000               0


Import time          :  0 hour  0 min 26.544 sec
Load success count   : 2000000
Load fail count      : 0
```

이제 태그 테이블을 활용할 모든 준비가 완료되었다.

태그 메타 이름 생성 규칙

이제 태그 테이블에 데이터를 넣어서 실제로 Tag Analyzer를 통해서 데이터를 확인할 수 있도록 한다. 이를 위해서 plc_tag_table의 정보를 모두 태그 테이블에 넣어야 하는데, 이를 위해서 insert-select 구문을 이용해서 한꺼번에 넣는다. 그리고 각 컬럼의 값이 모든 태그 테이블의 이름과 맵핑이 되어야 하기 때문에 다음과 같이 매타 태그의 이름 정보를 미리 결정하였다.

로그 테이블의 컬럼명	태그 테이블의 Name 컬럼에 입력되는 이름
V0	MTAG_V00
V1	MTAG_V01
C0	MTAG_C00
C1	MTAG_C01
...	
C15	MTAG_C15

태그 테이블 데이터 로딩

이제 마지막으로 실제 데이터를 태그 테이블로 로딩할 차례이다. 미리 준비된 파일 5_plc_to_tag.sql을 수행하면 하나씩 순차적으로 태그 테이블에 넣는다. 5_plc_to_tag.sql 파일은 내용은 아래와 같다. 하나의 컬럼의 값을 태그로 변환하여, 데이터를 입력하는 것을 볼 수 있다.

```
insert into tag select 'MTAG_V00', tm, v0 from plc_tag_table;
insert into tag select 'MTAG_V01', tm, v1 from plc_tag_table;
insert into tag select 'MTAG_C00', tm, c0 from plc_tag_table;
insert into tag select 'MTAG_C01', tm, c1 from plc_tag_table;
insert into tag select 'MTAG_C02', tm, c2 from plc_tag_table;
insert into tag select 'MTAG_C03', tm, c3 from plc_tag_table;
insert into tag select 'MTAG_C04', tm, c4 from plc_tag_table;
insert into tag select 'MTAG_C05', tm, c5 from plc_tag_table;
insert into tag select 'MTAG_C06', tm, c6 from plc_tag_table;
insert into tag select 'MTAG_C07', tm, c7 from plc_tag_table;
insert into tag select 'MTAG_C08', tm, c8 from plc_tag_table;
insert into tag select 'MTAG_C09', tm, c9 from plc_tag_table;
insert into tag select 'MTAG_C10', tm, c10 from plc_tag_table;
insert into tag select 'MTAG_C11', tm, c11 from plc_tag_table;
insert into tag select 'MTAG_C12', tm, c12 from plc_tag_table;
insert into tag select 'MTAG_C13', tm, c13 from plc_tag_table;
insert into tag select 'MTAG_C14', tm, c14 from plc_tag_table;
insert into tag select 'MTAG_C15', tm, c15 from plc_tag_table;
```

수행결과는 다음과 같다.

```
$ machsql -s 127.0.0.1 -u sys -p manager -f 5_plc_to_tag.sql
================================================================
     Machbase Client Query Utility
     Release Version 5.5.0.official
     Copyright 2014 MACHBASE Corporation or its subsidiaries.
     All Rights Reserved.
================================================================
MACHBASE_CONNECT_MODE=INET, PORT=5656
Type 'help' to display a list of available commands.
Mach> insert into tag select 'MTAG_V00', tm, v0 from plc_tag_table;
2000000 row(s) inserted.
Elapsed time: 4.898
Mach> insert into tag select 'MTAG_V01', tm, v1 from plc_tag_table;
2000000 row(s) inserted.
Elapsed time: 5.577
Mach> insert into tag select 'MTAG_C00', tm, c0 from plc_tag_table;
2000000 row(s) inserted.
Elapsed time: 6.327
Mach> insert into tag select 'MTAG_C01', tm, c1 from plc_tag_table;
2000000 row(s) inserted.
Elapsed time: 7.445
Mach> insert into tag select 'MTAG_C02', tm, c2 from plc_tag_table;
2000000 row(s) inserted.
Elapsed time: 6.898
Mach> insert into tag select 'MTAG_C03', tm, c3 from plc_tag_table;
2000000 row(s) inserted.
Elapsed time: 7.078
Mach> insert into tag select 'MTAG_C04', tm, c4 from plc_tag_table;
2000000 row(s) inserted.
Elapsed time: 6.799
Mach> insert into tag select 'MTAG_C05', tm, c5 from plc_tag_table;
2000000 row(s) inserted.
Elapsed time: 7.210
Mach> insert into tag select 'MTAG_C06', tm, c6 from plc_tag_table;
2000000 row(s) inserted.
Elapsed time: 9.232
Mach> insert into tag select 'MTAG_C07', tm, c7 from plc_tag_table;
2000000 row(s) inserted.
Elapsed time: 6.398
Mach> insert into tag select 'MTAG_C08', tm, c8 from plc_tag_table;
2000000 row(s) inserted.
Elapsed time: 6.432
Mach> insert into tag select 'MTAG_C09', tm, c9 from plc_tag_table;
```

```
2000000 row(s) inserted.
Elapsed time: 6.734
Mach> insert into tag select 'MTAG_C10', tm, c10 from plc_tag_table;
2000000 row(s) inserted.
Elapsed time: 7.692
Mach> insert into tag select 'MTAG_C11', tm, c11 from plc_tag_table;
2000000 row(s) inserted.
Elapsed time: 8.628
Mach> insert into tag select 'MTAG_C12', tm, c12 from plc_tag_table;
2000000 row(s) inserted.
Elapsed time: 8.229
Mach> insert into tag select 'MTAG_C13', tm, c13 from plc_tag_table;
2000000 row(s) inserted.
Elapsed time: 9.517
Mach> insert into tag select 'MTAG_C14', tm, c14 from plc_tag_table;
2000000 row(s) inserted.
Elapsed time: 7.231
Mach> insert into tag select 'MTAG_C15', tm, c15 from plc_tag_table;
2000000 row(s) inserted.
Elapsed time: 7.830
```

총 3,600만 건의 데이터가 로딩된 것을 확인할 수 있다.

Tag Analyzer를 통한 데이터 시각화

이제 Tag Analyzer를 통해서 로딩된 데이터를 간단하게 살펴보자. 아래 그림은 로딩된 이후 즉시 10개의 센서에 대해 1분 통계 차트를 그려본 것이다.

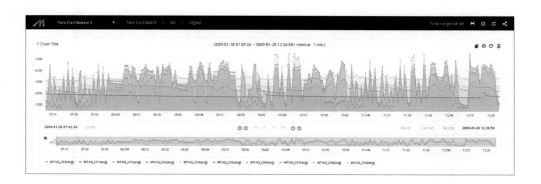

마무리

이 절에서는 PLC 형태의 CSV 원시 파일을 마크베이스의 태그 테이블로 한꺼번에 (배치) 로딩하고, 이를 시각화하는 것을 설명하였다. 기존에 가지고 있던 CSV 파일들은 이런 방식을 활용하여 쉽게 로딩 및 시각화할 수 있으며, 많은 활용이 있기를 바란다.

실시간 PLC 데이터 변환 예제

개요

앞 절에서 PLC 데이터를 배치 형태로 넣은 것을 이 절에서는 실시간으로 PLC 데이터를 태그 테이블로 변환하는 방법에 대해 설명한다. 이를 위해 마크베이스 5부터 제공한 STREAM 이라는 실시간 데이터 변환 기능을 활용하도록 한다. 아래 그림은 본 절에서 수행할 예제를 그림으로 나타낸 것이다.

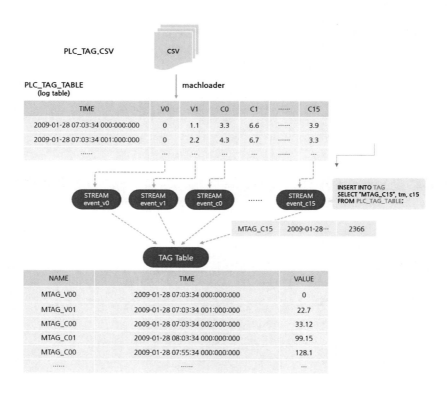

앞의 그림이 배치와 거의 유사하지만, 로그 테이블에서 태그 테이블로 데이터가 변환되는 INSERT-SELECT 구분을 STREAM에서 실시간으로 실행시키는 것이 다른 핵심이다. 그러나 이러한 STREAM의 개수가 많아지면, 그만큼 시스템의 부하가 커지기 때문에 시스템 성능과 적절하게 조화를 이룰 수 있도록 한다.

테스트 디렉토리 확인

두번째 튜토리얼과 거의 유사하지만, stream 관련 파일, 4_plc_stream_tag.sql이 하나 추가된 것을 볼 수 있다.

```
$ dir
 C 드라이브의 볼륨: Windows
 볼륨 일련 번호: F588-65A4

 C:\Machbase-5.5\TagTutorial\edu_3_plc_stream 디렉터리

2019-03-06  오후 02:40    <DIR>          .
2019-03-06  오후 02:40    <DIR>          ..
2019-03-06  오후 02:40               107 1_create_tag.sql
2019-03-06  오후 02:40                31 2_load_meta.bat
2019-03-06  오후 02:40                32 2_load_meta.sh
2019-03-06  오후 02:40               162 2_tag_meta.csv
2019-03-06  오후 02:40               263 3_create_plc_tag_table.sql
2019-03-06  오후 02:40             2,313 4_plc_stream_tag.sql
2019-03-06  오후 02:40        89,082,205 5_plc_tag.zip
2019-03-06  오후 02:40                90 5_plc_tag_load.bat
2019-03-06  오후 02:40                93 5_plc_tag_load.sh
               9개 파일          89,085,296 바이트
               2개 디렉터리   43,790,446,592 바이트 남음
```

태그 테이블 생성 and 태그 메타 로딩 and PLC 테이블 생성

앞의 배치 예제와 완전히 동일하다. 자세한 설명은 생략하도록 하겠다. 예제 파일 1_create_tag.sql, 2_load_meta.bat, 3_create_plc_tag_table.sql를 순서대로 수행한다.

스트림 동작의 이해

이제 PLC 데이터가 입력되는 중에 태그 테이블로 센서 데이터를 입력하는 스트림을 동작시켜 보자. 아래의 파일 4_plc_stream_tag.sql을 수행하면, 18개의 스트림 객체가 마크베이스에서 동작한다.

이 스트림이 하는 일은 로그 테이블 plc_tag_table 테이블에 데이터가 입력되는 순간 각 스트림이 동작하면서 자신의 데이터를 태그 테이블에 실시간으로 데이터를 입력하는 것이다. 아래는 실제 스트림을 등록하고, 이를 실행하는 파일 **4_plc_stream_tag.sql**의 내용이다.

```
# 스트림 객체를 생성한다. 아직 동작중은 아님.
EXEC STREAM_CREATE(event_v0, 'insert into tag select ''MTAG_V00'', tm, v0 from plc_tag_
table;');
EXEC STREAM_CREATE(event_v1, 'insert into tag select ''MTAG_V00'', tm, v1 from plc_tag_
table;');
EXEC STREAM_CREATE(event_c0, 'insert into tag select ''MTAG_C00'', tm, c0 from plc_tag_
table;');
EXEC STREAM_CREATE(event_c1, 'insert into tag select ''MTAG_C01'', tm, c1 from plc_tag_
table;');
EXEC STREAM_CREATE(event_c2, 'insert into tag select ''MTAG_C02'', tm, c2 from plc_tag_
table;');
EXEC STREAM_CREATE(event_c3, 'insert into tag select ''MTAG_C03'', tm, c3 from plc_tag_
table;');
EXEC STREAM_CREATE(event_c4, 'insert into tag select ''MTAG_C04'', tm, c4 from plc_tag_
table;');
EXEC STREAM_CREATE(event_c5, 'insert into tag select ''MTAG_C05'', tm, c5 from plc_tag_
table;');
EXEC STREAM_CREATE(event_c6, 'insert into tag select ''MTAG_C06'', tm, c6 from plc_tag_
table;');
EXEC STREAM_CREATE(event_c7, 'insert into tag select ''MTAG_C07'', tm, c7 from plc_tag_
table;');
EXEC STREAM_CREATE(event_c8, 'insert into tag select ''MTAG_C08'', tm, c8 from plc_tag_
table;');
EXEC STREAM_CREATE(event_c9, 'insert into tag select ''MTAG_C09'', tm, c9 from plc_tag_
table;');
EXEC STREAM_CREATE(event_c10, 'insert into tag select ''MTAG_C10'', tm, c10 from plc_tag_
table;');
EXEC STREAM_CREATE(event_c11, 'insert into tag select ''MTAG_C11'', tm, c11 from plc_tag_
table;');
EXEC STREAM_CREATE(event_c12, 'insert into tag select ''MTAG_C12'', tm, c12 from plc_tag_
table;');
```

```
EXEC STREAM_CREATE(event_c13, 'insert into tag select ''MTAG_C13'', tm, c13 from plc_tag_
table;');
EXEC STREAM_CREATE(event_c14, 'insert into tag select ''MTAG_C14'', tm, c14 from plc_tag_
table;');
EXEC STREAM_CREATE(event_c15, 'insert into tag select ''MTAG_C15'', tm, c15 from plc_tag_
table;');

# 스트림 객체를 구동시킨다. 이것이 구동되면, plc_tag_table 테이블에 데이터가 입력되는 순간 태그 테이블로
데이터를 입력한다.
EXEC STREAM_START(event_v0);
EXEC STREAM_START(event_v1);
EXEC STREAM_START(event_c0);
EXEC STREAM_START(event_c1);
EXEC STREAM_START(event_c2);
EXEC STREAM_START(event_c3);
EXEC STREAM_START(event_c4);
EXEC STREAM_START(event_c5);
EXEC STREAM_START(event_c6);
EXEC STREAM_START(event_c7);
EXEC STREAM_START(event_c8);
EXEC STREAM_START(event_c9);
EXEC STREAM_START(event_c10);
EXEC STREAM_START(event_c11);
EXEC STREAM_START(event_c12);
EXEC STREAM_START(event_c13);
EXEC STREAM_START(event_c14);
EXEC STREAM_START(event_c15);
```

스트림 생성 및 수행

아래는 실제 해당 스트림을 등록, 실행하는 파일을 수행한 것이다. 이를 수행하면, 마크베이스 엔진 내부에 18개의 독자적인 스트림 엔진이 동작한다.

```
$ machsql -s 127.0.0.1 -u sys -p manager -f 4_plc_stream_tag.sql
=================================================================
    Machbase Client Query Utility
    Release Version 5.5.0.official
    Copyright 2014 MACHBASE Corporation or its subsidiaries.
    All Rights Reserved.
=================================================================
```

```
MACHBASE_CONNECT_MODE=INET, PORT=5656
Type 'help' to display a list of available commands.
Mach> EXEC STREAM_CREATE(event_v0, 'insert into tag select ''MTAG_V00'', tm, v0 from plc_
tag_table;');
 Executed successfully.
Elapsed time: 0.011
Mach> EXEC STREAM_CREATE(event_v1, 'insert into tag select ''MTAG_V00'', tm, v1 from plc_
tag_table;');
 Executed successfully.
Elapsed time: 0.006
Mach> EXEC STREAM_CREATE(event_c0, 'insert into tag select ''MTAG_C00'', tm, c0 from plc_
tag_table;');
 Executed successfully.
Elapsed time: 0.010
Mach> EXEC STREAM_CREATE(event_c1, 'insert into tag select ''MTAG_C01'', tm, c1 from plc_
tag_table;');
 Executed successfully.
Elapsed time: 0.006
 ..... 생략 ....
Mach> EXEC STREAM_CREATE(event_c15, 'insert into tag select ''MTAG_C15'', tm, c15 from
plc_tag_table;');
 Executed successfully.
Elapsed time: 0.006
Mach> EXEC STREAM_START(event_v0);
 Executed successfully.
Elapsed time: 0.012
Mach> EXEC STREAM_START(event_v1);
 Executed successfully.
 ..... 생략 ....

Mach> EXEC STREAM_START(event_c15);
 Executed successfully.
Elapsed time: 0.012
```

스트림 상태 확인

마크베이스는 내부에서 동작하는 스트림의 상태를 확인할 수 있도록 가상 테이블 v$streams를 지원한다. 아래와 같은 질의를 수행함으로써 현재 수행 중인 스트림의 개수와 질의, 상태, 에러 메시지 등을 확인할 수 있다.

```
Mach> desc v$streams;
desc v$streams;
[ COLUMN ]
----------------------------------------------------------------
NAME                      TYPE              LENGTH
----------------------------------------------------------------
NAME                      varchar           100
LAST_EX_TIME              datetime          31
TABLE_NAME                varchar           100
END_RID                   long              20
STATE                     varchar           10
QUERY_TXT                 varchar           2048
ERROR_MSG                 varchar           2048

Mach>select name, state from v$streams;
name              state
----------------------------------------------------------------
EVENT_V0      RUNNING
EVENT_V1      RUNNING
EVENT_C0      RUNNING
EVENT_C1      RUNNING
EVENT_C2      RUNNING
EVENT_C3      RUNNING
EVENT_C4      RUNNING
EVENT_C5      RUNNING
EVENT_C6      RUNNING
EVENT_C7      RUNNING
EVENT_C8      RUNNING
EVENT_C9      RUNNING
EVENT_C10     RUNNING
EVENT_C11     RUNNING
EVENT_C12     RUNNING
EVENT_C13     RUNNING
EVENT_C14     RUNNING
EVENT_C15     RUNNING
[18] row(s) selected.
Elapsed time: 0.013
Mach>
```

위와 같이 스트림이 모두 동작 중임을 알 수 있다.

PLC 데이터 로딩

이제 실제 데이터를 로딩할 차례이다. 여기에서는 앞에서도 마찬가지로 machloader를 통해서 입력하고, TAG로 입력되는 것을 확인해 본다. 준비된 스크립트 5_plc_tag_load.bat를 수행하면, 이제 데이터를 로딩한다. 로딩 과정에서 다른 창으로 TAG의 데이터를 확인하면 실시간으로 입력이 되는 것을 아래와 같이 확인할 수 있다.

스트림 동작 및 태그 테이블 레코드 개수 증가 확인

로딩 중에 아래와 같은 질의를 수행하면, 스트림이 동작하고 있는 것을 확인할 수 있다. 그리고 end_rid는 각 스트림이 읽고 있는 소스 테이블 (plc_tag_table)의 위치를 나타내고 있다. 만일 이 값이 해당 소스 테이블이 가진 레코드 개수(2,000,000건)와 동일하면 더는 읽을 것이 없다는 뜻이기도 하다.

```
Mach> select name, state, end_rid  from v$streams;
name          state         end_rid
--------------------------------------------------------------------------------
EVENT_V0      RUNNING       909912
EVENT_V1      RUNNING       1584671
EVENT_C0      RUNNING       1312416
EVENT_C1      RUNNING       1268520
EVENT_C2      RUNNING       1636800
EVENT_C3      RUNNING       1197840
EVENT_C4      RUNNING       622728
EVENT_C5      RUNNING       972780
EVENT_C6      RUNNING       1021512
EVENT_C7      RUNNING       1287474
EVENT_C8      RUNNING       826956
EVENT_C9      RUNNING       1639032
EVENT_C10     RUNNING       725954
EVENT_C11     RUNNING       1511436
EVENT_C12     RUNNING       531079
EVENT_C13     RUNNING       1004400
EVENT_C14     RUNNING       741768
EVENT_C15     RUNNING       746604
[18] row(s) selected.
Elapsed time: 0.004
```

또한, machsql에서 태그 테이블을 확인하면, 레코드가 증가하는 것을 확인함으로써 실제 스트림이 입력되는 데이터를 성공적으로 태그 테이블에 넣고 있다는 것을 알 수 있다.

```
# 전체 레코드가 증가하는 것을 확인할 수 있다.
Mach> select count(*) from TAG;
count(*)
-----------------------
16775979
[1] row(s) selected.
Elapsed time: 0.000
Mach>
Mach> select count(*) from TAG;
count(*)
-----------------------
17609187
[1] row(s) selected.
Elapsed time: 0.000
Mach> select count(*) from TAG;
count(*)
-----------------------
18238357
[1] row(s) selected.
Elapsed time: 0.000
Mach> select count(*) from TAG;
count(*)
-----------------------
18718622
[1] row(s) selected.
Elapsed time: 0.000
```

입력 완료 시 스트림 상태 확인

만일 스트림이 더 처리할 데이터가 없을 경우에는 아래와 같이 rnd_rid이 더는 증가하지 않는 것을 확인할 수 있다. 다음은 모든 실시간 변환이 완료된 것을 나타낸다.

```
Mach> select name, state, end_rid  from v$streams;
name            state        end_rid
-----------------------------------------------------------------------------------
EVENT_V0        RUNNING      2000000
EVENT_V1        RUNNING      2000000
EVENT_C0        RUNNING      2000000
EVENT_C1        RUNNING      2000000
EVENT_C2        RUNNING      2000000
EVENT_C3        RUNNING      2000000
EVENT_C4        RUNNING      2000000
EVENT_C5        RUNNING      2000000
EVENT_C6        RUNNING      2000000
EVENT_C7        RUNNING      2000000
EVENT_C8        RUNNING      2000000
EVENT_C9        RUNNING      2000000
EVENT_C10       RUNNING      2000000
EVENT_C11       RUNNING      2000000
EVENT_C12       RUNNING      2000000
EVENT_C13       RUNNING      2000000
EVENT_C14       RUNNING      2000000
EVENT_C15       RUNNING      2000000
[18] row(s) selected.
```

태그 테이블 확인

이제 정말 태그 테이블에 데이터가 모두 들어갔는지 확인해 보면, 아래와 같다.

```
 Mach> select count(*) from TAG;
count(*)
-----------------------
36000000
[1] row(s) selected.
Elapsed time: 0.001
Mach> select min(time), max(time) from TAG;
min(time)                        max(time)
----------------------------------------------------------------
2009-01-28 07:03:34 000:000:000 2009-01-28 12:36:58 020:000:000
[1] row(s) selected.
Elapsed time: 0.005
Mach>
```

시계열 데이터베이스를 활용한 IoT 데이터 처리의 모든 것

태그 테이블에 성공적으로 총 3천6백만 건의 센서 데이터가 성공적으로 들어가 있음을 확인할 수 있다. 또한, 시간도 2009년 1월 28일 오전 7시 3분 34초에서 당일 12시 36분 58초 20까지의 범위라는 것을 알 수 있다.

실시간 변환 데이터 입력 및 스트림 처리 여부 확인

그럼 이번에는 실제로 insert into 구문으로 PLC 테이블 마지막에 하나의 레코드를 더 넣어서 실제로 TAG 반영되고, 그래프에도 나오는지 확인해 보도록 하자. 아래와 같이 하나의 레코드를 더 입력하였고, 표시가 잘 나게 하기 위해 큰 값 50000을 모든 센서에 넣었다.

```
Mach> insert into plc_tag_table values(TO_DATE('2009-01-28 12:37:00 000:000:000'), 50000,
50000, 50000, 50000, 50000, 50000, 50000, 50000, 50000, 50000, 50000, 50000,
50000, 50000, 50000, 50000, 50000);
1 row(s) inserted.
Elapsed time: 0.000
```

그리고 실제로 스트림이 1건을 처리했는지 아래와 같이 질의를 수행해 보자.

```
Mach> select name, state, end_rid  from v$streams;
name                     state           end_rid
-----------------------------------------------------------
EVENT_V0                 RUNNING         2000001
EVENT_V1                 RUNNING         2000001
EVENT_C0                 RUNNING         2000001
EVENT_C1                 RUNNING         2000001
EVENT_C2                 RUNNING         2000001
EVENT_C3                 RUNNING         2000001
EVENT_C4                 RUNNING         2000001
EVENT_C5                 RUNNING         2000001
EVENT_C6                 RUNNING         2000001
EVENT_C7                 RUNNING         2000001
EVENT_C8                 RUNNING         2000001
EVENT_C9                 RUNNING         2000001
EVENT_C10                RUNNING         2000001
EVENT_C11                RUNNING         2000001
EVENT_C12                RUNNING         2000001
EVENT_C13                RUNNING         2000001
```

```
EVENT_C14                 RUNNING        2000001
EVENT_C15                 RUNNING        2000001
[18] row(s) selected.
Elapsed time: 0.001
Mach>
```

각 스트림의 end_rid가 1건 늘어 2000001건이 되어, 실제로 `machsql`로 입력된 데이터가 실시간으로 처리된 것을 숫자로 확인할 수 있다.

Tag Analyzer 그래프 확인

Tag Analyzer에서 입력된 데이터를 볼 수 있는지 확인해 보자. 아래 차트는 데이터 입력 이전의 10개의 센서 평균이다.

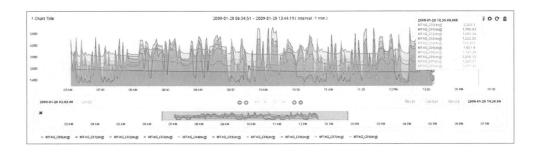

아래는 1건 입력 이후 차트인데, 실제로 그래프가 올라간 것을 확인할 수 있다.

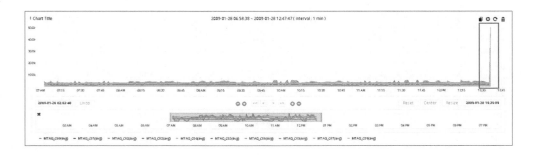

즉, 이는 로그 테이블에 입력된 1건의 데이터가 스트림을 통해 실시간으로 태그 테이블에 반영된 것을 나타내는 것이다.

마무리

이 절에서는 마크베이스의 스트림 기능을 활용하여, 로그 테이블에 입력된 데이터를 태그 테이블로 실시간으로 옮기는 것을 해 보았다. 더 빠른 처리를 위해 스트림을 사용하지 않고, 입력 프로그램이 센서로부터 데이터를 읽어, 태그 테이블로 바로 입력하는 방법도 생각해 볼 수 있다. 그러나 본인이 처한 다양한 환경에 맞는 최선의 데이터 입력 방법과 처리 형태를 얼마든지 변형하고 이를 활용할 수 있을 것이다.

마치면서

이 장에서는 실제 태그 테이블에 대한 로딩과 이에 대한 시각화에 대한 예제를 설명하였다.

비록 이 장에서 자바와 같은 개발 언어를 활용한 실시간 데이터 처리는 없지만, 기본적인 개념을 이해한다면 다양한 언어와의 연동도 쉽게 할 수 있을 것으로 생각된다. 만일 관련된 테스트가 궁금한 독자는 뒷장에서 별도로 소개되는 각종 언어와의 연동을 미리 살펴보도록 하자. 다음 장에서는 센서 데이터 처리를 풍부하게 만들어주는 롤업 기능에 대해서 알아보도록 하겠다.

## 제 13 장

마크베이스 롤업 테이블의 활용

롤업의 개념 및 특성

롤업 테이블(Rollup Table)은 "**태그 테이블에 입력된 센서 데이터의 정보를 간략하게 재구성하여 빠르게 통계 데이터를 얻을 수 있도록 해 주는 내장된 자동화된 테이블**"이다. 이 테이블은 사용자가 임의로 생성하거나, 데이터를 입력 혹은 삭제를 할 수 없는 변경 불가능한 속성을 가지고 있다. 사용자는 이 테이블에 대해서 언제나 읽기 연산인 SELECT 문만 수행 가능하다. 이 롤업 테이블은 태그 테이블에 종속된 테이블로서 태그 테이블이 생성되지 않았다면, 롤업 테이블 역시 존재할 수 없다.

롤업의 필요성

롤업 테이블은 태그 테이블에 저장된 수십억 건의 데이터에 대해서 특정 태그의 특정 시간 범위에 대한 빠른 통계 정보를 얻기 위해서 고안되었다. 아무리 빠른 하드웨어와 메모리 및 저장 장치가 있다고 하더라도 수천만 건의 데이터에 대한 통계 연산을 필요할 때마다 수행한다는 것은 시스템에 큰 부하를 주게 된다. 특히, 온라인으로 데이터를 입력 받는 중이라고 한다면, 대규모의 연산은 해당 시스템의 동작에 큰 영향을 주기 때문에 조심해야 한다. 하지만 미리 통계 데이터를 만들어 놓을 수 있다면, 입력이 되고 있는 상황에서도 꽤 넓은 범위에 대한 통계 연산이 가능할 것이다. 이러한 이유로 몇몇 소프트웨어 시스템은 이러한 롤업 개념을 제공하고 있으며, 특히 RRDtool(Round Robin Database)는 그 대표적인 오픈소스 솔루션이다. 마크베이스는 이런 구조를 롤업 테이블로 구현하였으며, 사용자는 매우 빠르게 특정 시간 범위의 센서에 대한 통계를 순식간에 얻을 수 있게 되었다.

롤업의 구조

태그 테이블을 생성한 다음 TagTutorial의 첫 번째 예제인 edu_1_basic의 데이터를 입력하면, 다음과 같은 MWA의 화면에 관련된 내용을 확인할 수 있다.

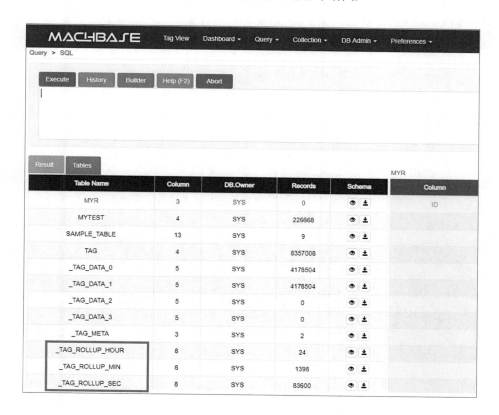

위의 붉은색 박스에서 볼 수 있듯이 마크베이스에서는 태그 테이블에 입력된 데이터에 대해 자동으로 초, 분, 시간 범위에 대한 통계를 생성하는 테이블을 유지하는 것을 볼 수 있다.

마크베이스는 이 테이블을 기반으로 각 시간 범위에 대한 대표적인 5가지 통계 정보를 관리하는데, 이는 최대값, 최소값, 평균, 레코드 개수, 합계이다.

롤업의 동작 유무 조절하기(ROLLUP_ENABLE)

앞에서도 언급한 바와 같이 태그 테이블이 생성되었을 경우에는 무조건 롤업 테이블이 생성되고, 통계를 구축한다고 언급하였다. 그러나 단말 임베딩 장비와 같은 곳에서는 리소스 확보를 위해 롤업을 동작시키지 않고 싶을 때가 있다. 이런 경우에는 마크베이스의 프로퍼티 ROLLUP_ENABLE 값을 바꿈으로써 가능하다. 디폴트 값은 1로 되어 있으며, 이 값이 0이면 동작하지 않도록 되어 있다. 마크베이스의 프로퍼티 파일은 마크베이스 홈 디렉토리의 conf/machbase.conf이며, 여기에 다음과 같이 값을 넣으면 된다.

```
......  생략 ......
############################################################################
# MIN value: 1
# MAX value: 1024
# Def Value: 4
#
# [TAG TABLE]
# Set the default number of partitions in TAG table.
# More partitions increase the performance of INSERT/SELECT, instead it may use more
memory.
############################################################################
TAG_PARTITION_DEFAULT_COUNT = 4

ROLLUP_ENABLE=0   # 이와 같이 값을 설정한다.
```

간단한 롤업 질의

사용자가 원하는 시간 범위에 맞는 통계 값을 구하기 위해 위에서 마크베이스에서는 태그 테이블에 대한 질의시 힌트를 사용하여 원하는 값을 얻을 수 있도록 하였다. 우선 2009년 1월 28일 오후 5시에서 1분간 발생한 센서 데이터 개수를 한번 살펴보면, 다음과 같다.

```
Mach>SELECT count(*) FROM TAG WHERE NAME = 'MTAG_C01' AND TIME >= TO_DATE('2009-01-28
17:00:00') AND TIME < TO_DATE('2009-01-28 17:01:00') ;
count(*)
-----------------------
6000
[1] row(s) selected.
Elapsed time: 0.008
```

위와 같이 1분 동안 6,000개의 데이터가 존재하는 것을 확인할 수 있다. 이 샘플 데이터는 센서당 초당 100개의 데이터가 입력된다. 아래와 같이 수행해 보면

```
Mach>SELECT /*+ ROLLUP(TAG, sec, avg) */ count(*) FROM TAG WHERE NAME = 'MTAG_C01' AND
TIME >= TO_DATE('2009-01-28 17:00:00') AND TIME < TO_DATE('2009-01-28 17:01:00') ;
count(*)
-----------------------
60
[1] row(s) selected.
Elapsed time: 0.007
```

해당 시간 범위에 60개가 출력되는 것을 볼 수 있는데, 이것은 1분 동안의 1초 평균값을 출력하는 예제이다. 즉, 60초 동안 1초에 발생한 각 센서의 평균값을 구해서 총 60개를 얻는 것이다.

롤업 테이블 사용을 위한 기본 문법

ROLLUP()이라는 힌트에 사용되는 함수는 총 3개의 인자를 받으며, 반드시 SQL 내에서 힌트를 지정하는 /*+ ROLLUP(테이블명,통계단위,통계함수) */라는 형태를 취해야 한다.

ROLLUP() 함수 구조

이 함수는 ROLLUP(테이블명, 통계단위, 통계 함수)의 구조를 갖는다. 테이블명은 차후 확장용으로 현재는 TAG라는 테이블 명을 만을 지정할 수 있다. 통계단위는 초, 분, 시를 지정하는 것인데, sec, min, hour 셋 중의 하나를 지정할 수 있다. 통계함수는 총 다섯 개의 함수명을 지정할 수 있으며, min, max, avg, sum, count를 지정한다. 그래서 총 15종류의 조합이 가능하다는 것을 알 수 있다. 아래는 몇몇 예를 보인 것이다.

ROLLUP 사용 예	설명
ROLLUP(TAG, sec, avg)	1초 동안 발생한 해당 센서의 평균값을 구한다.
ROLLUP(TAG, sec, max)	1초 동안 발생한 센서의 값 중 최대값을 구한다.
ROLLUP(TAG, min, count)	1분 동안 발생한 모든 센서의 개수를 구한다.
ROLLUP(TAG, min, min)	1분 동안 발생한 모든 센서의 값 중에서 최소값을 구한다.
ROLLUP(TAG, hour, sum)	1시간 동안 발생한 모든 센서 값의 총합을 구한다.
ROLLUP(TAG, hour, avg)	1시간 동안 발생한 모든 센서의 평균값을 구한다.

아래는 실제 들어간 데이터에 대한 수행 질의와 결과값을 나타낸 것이다. 주의할 점은 시간 값에 따른 순서를 지키기 위해 반드시 ORDER BY를 사용한다는 것이다.

사용 예: ROLLUP(TAG, sec, avg)

```
Mach>SELECT  /*+ ROLLUP(TAG, sec, avg) */ TIME, VALUE FROM TAG WHERE NAME = 'MTAG_C01'
AND TIME >= TO_DATE('2009-01-28 17:00:00') AND TIME < TO_DATE('2009-01-28 17:01:00') order
by time limit 10;
TIME                            VALUE
-----------------------------------------------------------
2009-01-28 17:00:00 000:000:000 1614.49
```

```
2009-01-28 17:00:01 000:000:000 1613.88
2009-01-28 17:00:02 000:000:000 1614.16
2009-01-28 17:00:03 000:000:000 1613.05
2009-01-28 17:00:04 000:000:000 1614.73
2009-01-28 17:00:05 000:000:000 1613.57
2009-01-28 17:00:06 000:000:000 1613.43
2009-01-28 17:00:07 000:000:000 1614.51
2009-01-28 17:00:08 000:000:000 1612.68
2009-01-28 17:00:09 000:000:000 1615.2
[10] row(s) selected.
Elapsed time: 0.011
```

1초 동안 발생한 해당 센서의 평균값을 구한다.

사용 예: ROLLUP(TAG, sec, max)

```
Mach>SELECT   /*+ ROLLUP(TAG, sec, max) */ TIME, VALUE FROM TAG WHERE NAME = 'MTAG_C01'
AND TIME >= TO_DATE('2009-01-28 17:00:00') AND TIME < TO_DATE('2009-01-28 17:01:00') order
by time limit 10;
TIME                              VALUE
------------------------------------------------------------------
2009-01-28 17:00:00 000:000:000 1641.21
2009-01-28 17:00:01 000:000:000 1634.38
2009-01-28 17:00:02 000:000:000 1631.52
2009-01-28 17:00:03 000:000:000 1628.88
2009-01-28 17:00:04 000:000:000 1638.79
2009-01-28 17:00:05 000:000:000 1632.4
2009-01-28 17:00:06 000:000:000 1634.16
2009-01-28 17:00:07 000:000:000 1629.76
2009-01-28 17:00:08 000:000:000 1632.84
2009-01-28 17:00:09 000:000:000 1632.62
[10] row(s) selected.
Elapsed time: 0.011
```

1초 동안 발생한 센서의 값 중 최대값을 구한다.

사용 예: ROLLUP(TAG, min, count)

```
Mach>SELECT  /*+ ROLLUP(TAG, min, count) */ TIME, VALUE FROM TAG WHERE NAME = 'MTAG_C01'
AND TIME >= TO_DATE('2009-01-28 17:00:00') AND TIME < TO_DATE('2009-01-28 17:01:00') order
by time limit 10;
TIME                             VALUE
------------------------------------------------------------
2009-01-28 17:00:00 000:000:000 6000
[1] row(s) selected.
Elapsed time: 0.009
```

1분 동안 발생한 모든 센서의 개수를 구한다.

사용 예: ROLLUP(TAG, min, min)

```
Mach>SELECT  /*+ ROLLUP(TAG, min, min) */ TIME, VALUE FROM TAG WHERE NAME = 'MTAG_C01'
AND TIME >= TO_DATE('2009-01-28 17:00:00') AND TIME < TO_DATE('2009-01-28 17:01:00') order
by time limit 10;
TIME                             VALUE
------------------------------------------------------------
2009-01-28 17:00:00 000:000:000 1590.92
[1] row(s) selected.
Elapsed time: 0.009
```

1분 동안 발생한 모든 센서의 값 중에서 최소값을 구한다.

사용 예: ROLLUP(TAG, hour, avg)

```
Mach>SELECT  /*+ ROLLUP(TAG, hour, avg) */ TIME, VALUE FROM TAG WHERE NAME = 'MTAG_C01'
AND TIME >= TO_DATE('2009-01-28 17:00:00') AND TIME < TO_DATE('2009-01-28 18:00:00') order
by time limit 10;
TIME                             VALUE
------------------------------------------------------------
2009-01-28 17:00:00 000:000:000 1608.56
[1] row(s) selected.
Elapsed time: 0.007
```

1시간 동안 발생한 모든 센서의 평균값을 구한다.

사용 예: ROLLUP(TAG, hour, sum)

```
Mach>SELECT  /*+ ROLLUP(TAG, hour, sum) */ TIME, VALUE FROM TAG WHERE NAME = 'MTAG_C01'
AND TIME >= TO_DATE('2009-01-28 17:00:00') AND TIME < TO_DATE('2009-01-28 18:00:00') order
by time limit 10;
TIME                                    VALUE
------------------------------------------------------------------
2009-01-28 17:00:00 000:000:000 5.79033e+08
[1] row(s) selected.
Elapsed time: 0.007
Mach>
```

1시간 동안 발생한 모든 센서 값의 총합을 구한다.

다양한 시간 단위를 위한 고급 동적 통계 질의

위에서 예를 든 질의는 모든 시간 단위가 1초, 1분, 1시간으로 한정되었다. 그러나 다양한 차트나 그래프를 그리기 위해서는 다양한 시간 범위를 기준으로 한 통계가 제공되어야 한다. 즉, "한 시간 동안 발생한 센서 데이터에서 30초 평균을 구하라."라든지 "하루 동안 발생한 데이터 중에서 15분 평균을 구하라." 등의 다양한 시간이 요구될 수 있다. 이 질의는 각각 120건의 결과와 96건의 통계 결과를 만들어내야 한다. 이를 위해서 마크베이스에서는 DATE_TRUNC라는 특별한 함수를 제공하여 다양한 시간 범위를 지정할 수 있도록 하고 있다. 특히, 이러한 동적인 통계 질의는 마크베이스의 Tag Analyzer에서도 사용하고 있으며, 웹 환경에서 편하게 사용할 수 있도록 RESTful API로 제공하고 있기도 하다. 이 API는 뒷장에서 설명하기로 하고, 이 절에서는 SQL 질의를 통해서 어떻게 구현할 수 있는지 살펴본다.

DATE_TRUNC() 함수 구조

이 함수는 **DATE_TRUNC(시간 단위, 시간컬럼명, 시간 범위)**와 같은 3가지 인자를 받는다. 그리고 이 함수는 반드시 GROUP BY 절과 함께 써야 하는데 시간 컬럼의 데이터를 받아서 주어진 시간 단위 기준으로 시간 범위로 잘라서 결과를 되돌려주는 함수이다. 시간 단위와 시간 단위별 허용되는 시간 범위는 다음과 같다.

시간 단위	시간 범위
second	86400
minute	1440
hour	24
day	1
month	1
year	1

예를 들어, DATE_TRUNC('second', time, 120)으로 입력하면, 반환되는 값은 2분 간격으로 표시될 것이며 이는 DATE_TRUNC('minute', time, 2)와 동일하다.

동적 통계 질의 구조

동적으로 원하는 시간 단위로 값을 얻는 질의는 ROLLUP과 DATE_TRUNC() 함수를 조합한 전형적인 형태를 띠고 있으며, 그 구조는 다음과 같다.

```
SELECT DATE_TRUNC(시간단위, TIME, 시간범위) as date,
       통계함수(VALUE) as value
    FROM (
        SELECT /*+ ROLLUP(TAG, 시간단위, 통계함수) */ TIME, VALUE
            FROM TAG
            WHERE NAME = '센서이름' AND
                TIME BETWEEN TO_DATE('시간1') AND TO_DATE('시간2')
        )
    GROUP BY date
    ORDER BY 1
    LIMIT 5;
```

즉, 사용자는 위의 붉은색 부분을 원하는 숫자로 대체를 하면, 매우 빠른 성능으로 해당 결과를 얻을 수 있다. 아래는 이 질의를 이용한 실제 사용 예이다.

2분 단위로 최대 센서값을 구하라

```
Mach>SELECT DATE_TRUNC('minute', TIME, 2) as date, max(VALUE) as value FROM (SELECT /*+
ROLLUP(TAG, min, max) */ TIME, VALUE FROM TAG WHERE NAME = 'MTAG_C00' AND TIME BETWEEN
TO_DATE('2009-01-28 07:00:00 000:000:000') AND TO_DATE('2009-01-
8 18:40:04 999:999:999')) GROUP BY date ORDER BY 1 LIMIT 5;
date                          value
-----------------------------------------------------------
2009-01-28 07:02:00 000:000:000 2582.43
2009-01-28 07:04:00 000:000:000 2544.41
2009-01-28 07:06:00 000:000:000 2337.6
2009-01-28 07:08:00 000:000:000 2681.11
2009-01-28 07:10:00 000:000:000 2253.69
[5] row(s) selected.
Elapsed time: 0.012
Mach>
```

위의 질의는 해당 시간 범위에서 MTAG_C00의 센서가 발생한 것 중에서 2분간 발생한 센서 중 최대값을 한 건씩 출력하는 예제이다. Inline view를 활용하여, ROLLUP() 힌트와 DATE_TRUNC() 함수를 조합하여 매우 빠르게 결과를 얻는 것을 볼 수 있다. 결과 출력의 편의를 위해 5건만 출력하도록 하였다.

5초 단위로 최대 센서값을 구하라

```
Mach>SELECT DATE_TRUNC('second', TIME, 5) as date, max(VALUE) as value FROM (SELECT /*+
ROLLUP(TAG, sec, max) */ TIME, VALUE FROM TAG WHERE NAME = 'MTAG_C00' AND TIME BETWEEN
TO_DATE('2009-01-28 07:00:00 000:000:000') AND TO_DATE('2009-01-28 18:40:04 999:999:999'))
GROUP BY date ORDER BY 1 LIMIT 5;
date                          value
-----------------------------------------------------------
2009-01-28 07:03:30 000:000:000 -25.65
2009-01-28 07:03:35 000:000:000 1571.71
2009-01-28 07:03:40 000:000:000 2403.35
2009-01-28 07:03:45 000:000:000 2566.73
```

```
2009-01-28 07:03:50 000:000:000 2582.43
[5] row(s) selected.
Elapsed time: 0.134
```

위 결과에서 볼 수 있듯이 5초마다 최대값을 한 건씩 가져오는 것을 볼 수 있다.

2시간 단위로 평균 센서 값을 구하라

```
Mach>SELECT DATE_TRUNC('hour', TIME, 2) as date, avg(VALUE) as value FROM (SELECT /*+
ROLLUP(TAG, hour, avg) */ TIME, VALUE FROM TAG WHERE NAME = 'MTAG_C00' AND TIME BETWEEN TO_
DATE('2009-01-28 07:00:00 000:000:000') AND TO_DATE('2009-01-28 18:40:04 999:999:999'))
GROUP BY date ORDER BY 1 LIMIT 5;
date                         value
------------------------------------------------------------
2009-01-28 06:00:00 000:000:000 2250.37
2009-01-28 08:00:00 000:000:000 2468.96
2009-01-28 10:00:00 000:000:000 2482.11
2009-01-28 12:00:00 000:000:000 2593.66
2009-01-28 14:00:00 000:000:000 2467.88
[5] row(s) selected.
Elapsed time: 0.010
```

이 질의는 두 시간 단위로 센서의 평균값을 구하는 것이다. 실제 이 시간 범위에 포함된 레코드의 개수가 초당 100건임을 고려하면, 0.01초라는 결과가 매우 빠르다는 것을 확인할 수 있다.

마치면서

이 장에서는 마크베이스에서 제공하는 롤업 기능을 살펴보았다. 이는 검색 시간 범위에 무관하게 매우 빠르게 동적인 차트를 만들 수 있는 기반을 제공하고 있으며, 막대한 규모의 센서 데이터 처리에 최적화된 기능이다. 향후, 언급했던 다섯 개의 함수뿐만 아니라 더 많은 종류의 함수가 추가될 예정이다.

<table>
<tr><td>제 14 장</td><td>마크베이스 RESTful API의 활용</td></tr>
</table>

RESTful API 개요

Representational State Transfer(REST)는 소프트웨어 구조 스타일의 일종으로, 확장 가능한 웹 서비스에서 제공하는 인터페이스의 가이드라인과 모범적인 규범들로 구성되어 있다.

HTTP protocol에 정의된 4개의 Method가 Resource에 대한 CRUD를 정의한다.

HTTP Method	의미
POST	Create
GET	Select
PUT	Update
DELETE	Delete

마크베이스는 표준 RESTful API 방식이 아니라, POST와 GET method만을 이용하여 CRUD를 처리하는 방식으로 RESTful API라고 할 수 있다. 즉, 데이터 입력에는 POST method를 사용하고 나머지는 SQL query를 GET Method parameter로 전달하여 모든 작업을 할 수 있도록 구성되어 있다. 마크베이스는 크게 두 종류의 RESTful API를 제공한다. 첫 번째는 일반적인 질의를 수행할 수 있도록 하는 **SQL API**이고, 두 번째는 태그 데이터를 특별히 다룰 수 있도록 다양한 기능을 가진 **IoT API**이다.

이 API를 호출하기 위해서는 반드시 미리 MWA를 구동시켜야 하는데, 이는 다음의 그림과 같이 마크베이스 DB 서버에서 직접적인 HTTP 프로토콜을 제공하지 않고, MWA에서 제공하기 때문이다. 아래의 그림처럼 마크베이스 앞단에 위치한 MWA가 모든 사용자 웹 요청을 담당하도록 되어 있다.

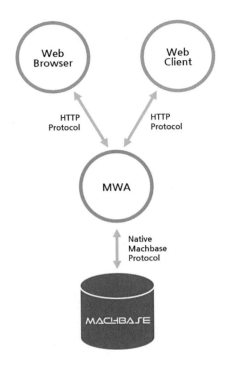

SQL API

이 절에서는 사용자가 웹 프로토콜을 통해 일반 SQL을 수행할 수 있는 인터페이스에 대해 알아본다.

인터페이스 URL

http://호스트주소:포트/machbase

위의 웹 주소에 웹 프로토콜을 수행하면 된다. 이 인터페이스는 일반적인 SQL 수행을 위한 GET 방식과 데이터를 서버로 대량으로 입력을 하기 위한 POST 방식으로 나뉘며 각각의 인자는 다음과 같다.

호출 방식	파라메터 종류 및 설명
GET	q: 수행할 SQL을 지정한다. s: MWA에 정의된 서버 아이디 혹은 이름 (지정하지 않아도 디폴트로 수행함)
POST	name: 데이터 입력할 테이블명 values: 입력할 data를 2차원 배열로 입력 date_format: 사용할 날짜 포맷 s: 위와 동일

사용 예

아래는 이 인터페이스를 curl 도구를 사용해서 테스트한 것을 보였지만, 다양한 도구에서 동일한 형태로 수행할 수 있을 것이다.

기본 SQL 수행하기

아래는 m$sys_tables에서 질의를 수행하여, 마크베이스에 존재하는 테이블 정보를 얻어오는 화면이다.

```
C:\Users\machbase>curl -G "http://127.0.0.1:5001/machbase" --data-urlencode "q=select * from
m$sys_tables"
{"NAME":"_TAG_DATA_3","TYPE":"5","DATABASE_ID":"-1","ID":"4","USER_ID":"1","COLCOUNT":"5"},
{"NAME":"MYTEST","TYPE":"0","DATABASE_ID":"-1","ID":"13","USER_ID":"1","COLCOUNT":"4"},{"NAM
E":"MYR","TYPE":"0","DATABASE_ID":"-1","ID":"18","USER_ID":"1","COLCOUNT":"3"},{"NAME":"_TAG_
ROLLUP_SEC","TYPE":"5","DATABASE_ID":"-1","ID":"5","USER_ID":"1","COLCOUNT":"8"},{"NAME":"_
TAG_DATA_1","TYPE":"5","DATABASE_ID":"-1","ID":"2","USER_ID":"1","COLCOUNT":"5"},{"NAME":"_
TAG_ROLLUP_HOUR","TYPE":"5","DATABASE_ID":"-1","ID":"7","USER_ID":"1","COLCOUNT":"8"},{"N
AME":"_TAG_META","TYPE":"4","DATABASE_ID":"-1","ID":"8","USER_ID":"1","COLCOUNT":"3"},{"NA
ME":"TAG","TYPE":"6","DATABASE_ID":"-1","ID":"11","USER_ID":"1","COLCOUNT":"4"},{"NAME":"_
TAG_ROLLUP_MIN","TYPE":"5","DATABASE_ID":"-1","ID":"6","USER_ID":"1","COLCOUNT":"8"},{"NAM
E":"ABCD","TYPE":"0","DATABASE_ID":"-1","ID":"19","USER_ID":"1","COLCOUNT":"3"},{"NAME":"_
TAG_DATA_0","TYPE":"5","DATABASE_ID":"-1","ID":"1","USER_ID":"1","COLCOUNT":"5"},{"NAME":
"SAMPLE_TABLE","TYPE":"0","DATABASE_ID":"-1","ID":"17","USER_ID":"1","COLCOUNT":"13"},{"
NAME":"_TAG_DATA_2","TYPE":"5","DATABASE_ID":"-1","ID":"3","USER_ID":"1","COLCOUNT":"5"}
C:\Users\machbase>
```

이 q 파라메터 뒤에는 마크베이스에서 지원하는 모든 SQL을 쓸 수 있으므로, 웹에서 원하는 질의를 다양하게 수행할 수 있을 것이다. 즉, 테이블의 생성과 삭제 혹은 데이터를 입력과 삭제, 변경 등이 가능하다.

테이블 생성하기

테스트를 위해 test_table이라는 테이블을 생성하고, 결과를 확인해 보자.

```
$ curl -G "http://127.0.0.1:5001/machbase" --data-urlencode "q=create table test_table(c1
short, c2 integer, c3 varchar(20))"
{"EXECUTE RESULT":"Execute Success"}
C:\Machbase-5.5
$ curl -G "http://127.0.0.1:5001/machbase" --data-urlencode "q=select * from m$sys_tables
where name = 'TEST_TABLE'"
{"NAME":"TEST_TABLE","TYPE":"0","DATABASE_ID":"-1","ID":"23","USER_ID":"1","COLCOUNT":"5"}
C:\Machbase-5.5
```

대량 데이터 입력

앞에서 기술한 POST 호출 방식을 활용하면 아래와 같이 대량의 데이터를 웹을 통해 입력할 수 있다. HTTP POST method를 이용하여 json type의 입력값을 파라미터로 보내면 된다. 아래는 3개의 컬럼을 가진 test_table에 데이터를 입력하는 예제이다. curl 명령어를 이용하여 POST method로 data를 입력한다. data 입력 json은 4개의 key를 사용할 수 있으며, 'name'과 'values' key는 반드시 입력해야 한다.

```
curl -X POST -H ""Content-Type:application/json"" "http://127.0.0.1:5001/machbase" -d
"{\"name\":\"test_table\", \"values\":[[1,2,\"aaa\"],[3,4,\"bbb\"]]}"
{"EXECUTE RESULT":"Append success"}
```

date type을 입력하는 경우에는 date format을 지정해주어야 한다. date format은 마크베이스에서 사용하는 pattern을 사용해야 한다. 따로 지정하지 않았을 경우에는 YYYY-MM-DD HH24:MI:SS mmm:uuu:nnn와 같이 마크베이스 기본 포맷으로 설정되며 date format이 맞지 않을 경우에는 결과값이 제대로 반환되지 않는다. date and time pattern을 지정할 때 대소문자에 주의하여야 한다.

```
$ curl -X GET "http://127.0.0.1:5001/machbase" --data-urlencode "q=create table test_
date(c1 datetime)"
{"EXECUTE RESULT":"Execute Success"}

$ curl -X POST -H ""Content-Type:application/json"" "http://127.0.0.1:5001/machbase" -d
"{""name"":""test_date"",  "date_format"":""YYYY-MM-DD HH24:MI:SS"",
""values"":[[""2015-02-01 12:13:14""], [""2015-02-11 07:08:09""]]}"
{"EXECUTE RESULT":"Append success"}
```

위와 같이 입력된 것을 확인할 수 있다.

IoT API

마크베이스에서 제공하는 IoT API는 **특별히 태그 및 롤업 데이터에 대한 웹을 통한 편하고, 빠른 접근이 가능하게 만든 특별한 인터페이스**이다. 이 인터페이스는 마크베이스의 Tag Analyzer의 구현 기반으로서 충분히 테스트 되었으며, 사용자가 마크베이스의 태그 테이블 기반의 독자적인 차트 및 대쉬 보드를 개발하는 경우에 매우 유용하게 사용될 수 있다.

기본 인터페이스

마크베이스의 IoT API의 기본 URL은 다음과 같이 생겼다.

```
{MWA URL}/machiot-rest-api/        --> 최신버전 api
{MWA URL}/machiot-rest-api/v1/     --> Version 1
```

다음과 같이 기본적으로 호출하면, 동작 여부를 판단할 수 있다.

```
$ curl -G "http://127.0.0.1:5001/machiot-rest-api/
{
  "status": "Working",
  "version": "1.0"
}
```

Raw Data를 얻기 위한 인터페이스

기본 URL은 다음과 같다.

```
{MWA URL}/machiot-rest-api/datapoints/raw/{TagName}/{Start}/{End}/{Direction}/{Count}/
{Offset}/
```

이 URL을 구성하는 각각의 파라메터는 다음과 같이 활용된다.

파라메터 명	설명
TagName	태그이름을 나타낸다. 만일 복수의 태그를 지정할 경우에는 , (콤마)를 통해 여러 개를 지정할 수 있다.
Start	시작 시간을 지정한다. 포맷은 YYYY-MM-DD HH24:MI:SS 또는 YYYY-MM-DD 또는 YYYY-MM-DD HH24:MI:SS,mmm 이다.
End	완료 시간을 지정한다. 포맷은 Start와 동일하다.
Direction	데이터 출력의 방향을 나타낸다. 0(not use= 기본값), 1(descend), 2(ascend)
Count	출력할 데이터의 개수를 나타낸다. 0이면 전부를 리턴 한다.
Offset	건너뛸 초기 데이터 개수를 나타낸다. 초기값은 0으로 되어 있다.

롤업 데이터를 얻기 위한 인터페이스

기본 URL은 다음과 같다.

```
{MWA URL}/machiot-rest-api/datapoints/calculated/{TagName}/{Start}/{End}/{CalculationMode}/
{Count}/{IntervalType}/{IntervalValue}/
```

이 URL을 구성하는 각각의 파라메터는 다음과 같이 활용된다.

파라메터 명	설명
TagName	태그이름을 나타낸다. 만일 복수의 태그를 지정할 경우에는 , (콤마)를 통해 여러 개를 지정할 수 있다.
Start	시작 시간을 지정한다. 포맷은 YYYY-MM-DD HH24:MI:SS 또는 YYYY-MM-DD이다.
End	완료 시간을 지정한다. 포맷은 Start와 동일하다.
CalculationMode	얻을 통계 함수 종류를 지정한다. min, max, total(sum), count(cnt), average(avg)
Count	출력할 데이터의 개수를 나타낸다. 0이면 전부를 리턴한다.
IntervalType	얻게 될 데이터의 시간 범위를 설정한다. (초, 분, 시간, 일) sec(second), min(minute), hour, day
IntervalValue	얻게 될 시간의 단위를 설정한다. 기본값은 1이며, 원하는 단위의 숫자를 지정한다.

CURL을 활용한 Raw 데이터 사용 예제

디렉토리 확인

해당 디렉토리인 **edu_6_restAPI_curl**에는 아래와 같은 수행 스크립트가 존재한다(윈도우는 확장자 .bat를 활용한다). 이 튜토리얼은 리눅스에서 동작하는 것을 기본으로 한다.

```
$ dir
2019-03-06  오후 02:40  <DIR>              .
2019-03-06  오후 02:40  <DIR>              ..
2019-03-06  오후 02:40           107 1_create_tag.sql
2019-03-06  오후 02:40           188 2_insert_meta.sql
2019-03-15  오후 02:48           127 get_multi.bat
2019-03-15  오후 02:47           127 get_multi.sh
2019-03-15  오후 02:48           138 get_multi_msec.bat
2019-03-15  오후 02:47           138 get_multi_msec.sh
2019-03-15  오후 02:48           117 get_single.bat
2019-03-15  오후 02:47           117 get_single.sh
2019-03-15  오후 02:48           555 post_nano.bat
2019-03-15  오후 02:47           531 post_nano.sh
2019-03-15  오후 02:46           483 post_sec.bat
2019-03-15  오후 02:46           459 post_sec.sh
2019-03-06  오후 02:40           176 select.sql
2019-03-15  오후 02:49            62 tag_lists.bat
2019-03-15  오후 02:47            62 tag_lists.sh
2019-03-15  오후 02:49           352 time_range.bat
2019-03-15  오후 02:49           352 time_range.sh
```

태그 테이블 생성

이전 튜토리얼과 같이 파일 1_create_tag.sql(이 파일은 최초 DBMS를 생성했을 경우에 사용)하고, 두 번째 파일 2_insert_meta.sql을 통해서 태그 메타 정보를 입력한다. 이 튜토리얼에서는 4개의 태그를 통해서 실습을 진행한다.

2_insert_meta.sql

```
insert into tag metadata values ('TAG_ELEC1');
insert into tag metadata values ('TAG_ELEC2');
insert into tag metadata values ('TAG_TEMP1');
insert into tag metadata values ('TAG_TEMP2');
```

두 개는 전력 사용량, 나머지 두 개는 온도를 나타내는 센서라고 가정한다.

초단위 데이터 입력

튜토리얼에는 post_sec.bat가 제공되며, 초단위로 데이터를 입력하는 예이다.

```
curl -X POST -H ""Content-Type:application/json"" -d "{""values"":[[""TAG_ELEC1"",""2018-
01-10 01:11:11"",100]], ""date_format"":""YYYY-MM-DD HH24:MI:SS""}" "http://127.0.0.1:5001/
machiot-rest-api/"
curl -X POST -H ""Content-Type:application/json"" -d "{""values"":[[""TAG_ELEC2"",""2018-
01-10 02:22:22"",200],[""TAG_TEMP1"",""2018-01-10 01:11:11"",11],[""TAG_TEMP2"",""2018-01-10
02:22:22"",22]], ""date_format"":""YYYY-MM-DD HH24:MI:SS""}" "http://127.0.0.1:5001/machiot-
rest-api/"
```

위의 첫 번째 라인은 하나의 Tag인 TAG_ELEC1에 대해 100을 해당 시간에 대해 1건 입력
하는 예제이다. 그리고 두 번째 라인은 다수의 태그, 즉 TAG_ELEC2, TAG_TEMP1, TAG_
TEMP2에 대해 3건의 데이터를 한꺼번에 입력한다. MWA가 설치된 주소(127.0.0.1)와 포트
(5001)를 적절하게 수정하고, 아래와 같이 수행하면 4개의 태그에 대해 현재의 값을 데이터가
들어간다.

```
$ curl -X POST -H ""Content-Type:application/json"" -d "{""values"":[[""TAG_ELEC1"",""2018-
01-10 01:11:11"",100]], ""date_format"":""YYYY-MM-DD HH24:MI:SS""}" "http://127.0.0.1:5001/
machiot-rest-api/"
{"ErrorCode": 0, "ErrorMessage": "", "Data": "{\"EXECUTE RESULT\":\"Append success\"}"}
$ curl -X POST -H ""Content-Type:application/json"" -d "{""values"":[[""TAG_ELEC2"",""2018-
01-10 02:22:22"",200],[""TAG_TEMP1"",""2018-01-10 01:11:11"",11],[""TAG_TEMP2"",""2018-01-10
02:22:22"",22]], ""date_format"":""YYYY-MM-DD HH24:MI:SS""}" "http://127.0.0.1:5001/machiot-
rest-api/"
{"ErrorCode": 0, "ErrorMessage": "", "Data": "{\"EXECUTE RESULT\":\"Append success\"}"}
```

위와 같이 Append Success라는 메시지가 나오면, 성공적으로 입력된 것이다. 아래와 같
이 콘솔에서 제공된 select.sql을 통해 데이터를 확인하면

```
$ machsql -f select.sql
Mach> select * from tag where name = 'TAG_ELEC1';
NAME                                TIME                                VALUE
-------------------------------------------------------------------------------------------------
```

```
TAG_ELEC1                              2018-01-10 01:11:11 000:000:000 100
[1] row(s) selected.
Elapsed time: 0.001
Mach> select * from tag where name = 'TAG_ELEC2';
NAME                            TIME                         VALUE
------------------------------------------------------------------------------------
TAG_ELEC2                              2018-01-10 02:22:22 000:000:000 200
[1] row(s) selected.
Elapsed time: 0.001
Mach> select * from tag where name = 'TAG_TEMP1';
NAME                            TIME                         VALUE
------------------------------------------------------------------------------------
TAG_TEMP1                              2018-01-10 01:11:11 000:000:000 11
[1] row(s) selected.
Elapsed time: 0.001
Mach> select * from tag where name = 'TAG_TEMP2';
NAME                            TIME                         VALUE
------------------------------------------------------------------------------------
TAG_TEMP2                              2018-01-10 02:22:22 000:000:000 22
[1] row(s) selected.
Elapsed time: 0.000
```

위와 같이 각 태그에 대해 각각 1건씩, 총 네 건이 입력된 것을 볼 수 있다.

나노 세컨드 단위 데이터 입력

이제 좀 더 세밀한 시간인 나노 세컨드 단위의 값을 입력해 보자. 제공된 스크립트인 post_nano.sh를 보면 다음과 같다.

```
$ type post_nano.bat
curl -X POST -H ""Content-Type:application/json""   -d "{""values"":[[""TAG_ELEC1"","",""2018-
01-10 01:11:11 111:222:333"",100]],""date_format"":""YYYY-MM-DD HH24:MI:SS mmm:uuu:nnn""}"
"http://127.0.0.1:5001/machiot-rest-api/"
curl -X POST -H ""Content-Type:application/json""   -d "{""values"":[[""TAG_ELEC2"","",""2018-
01-10 02:22:22 444:555:666"",200],[""TAG_TEMP1"","",""2018-01-10 01:11:11
888:777:666"",11],[""TAG_TEMP2"","",""2018-01-10 02:22:22 666:555:444"",22]],""date_
format"":""YYYY-MM-DD HH24:MI:SS mmm:uuu:nnn""}" "http://127.0.0.1:5001/machiot-rest-api/"
```

post_sec.sh와 다른 점은 입력되는 시간 포맷에 mmm:uuu:nnn이 추가되었고, 입력되는 데이터에도 111:222:333과 같은 스트링이 부가적으로 붙어 있는 것을 알 수 있다. 즉, mmm은 밀리세컨드, uuu는 마이크로세컨드, nnn은 나노세컨드를 입력할 수 있는 포맷이다. 이 스크립트를 수행하면 다음과 같다.

```
$ post_nano.bat
$ curl -X POST -H ""Content-Type:application/json""  -d "{""values"":[[""TAG_ELEC1"",""2018-
01-10 01:11:11 111:222:333"",100]],""date_format"":""YYYY-MM-DD HH24:MI:SS mmm:uuu:nnn""}"
"http://127.0.0.1:5001/machiot-rest-api/"
{"ErrorCode": 0, "ErrorMessage": "", "Data": "{\"EXECUTE RESULT\":\"Append success\"}"}
$ curl -X POST -H ""Content-Type:application/json""  -d "{""values"":[[""TAG_ELEC2"",""2018-
01-10 02:22:22 444:555:666"",200],[""TAG_TEMP1"",""2018-01-10 01:11:11
888:777:666"",11],[""TAG_TEMP2"",""2018-01-10 02:22:22 666:555:444"",22]],""date_
format"":""YYYY-MM-DD HH24:MI:SS mmm:uuu:nnn""}" "http://127.0.0.1:5001/machiot-rest-api/"
{"ErrorCode": 0, "ErrorMessage": "", "Data": "{\"EXECUTE RESULT\":\"Append success\"}"}
```

결과가 제대로 들어갔는지 select.sql을 통해서 확인해 보자.

```
Mach> select * from tag where name = 'TAG_ELEC1';
NAME                          TIME                          VALUE
--------------------------------------------------------------------------------
TAG_ELEC1                     2018-01-10 01:11:11 000:000:000 100
TAG_ELEC1                     2018-01-10 01:11:11 111:222:333 100
[2] row(s) selected.
Elapsed time: 0.003
Mach> select * from tag where name = 'TAG_ELEC2';
NAME                          TIME                          VALUE
--------------------------------------------------------------------------------
TAG_ELEC2                     2018-01-10 02:22:22 000:000:000 200
TAG_ELEC2                     2018-01-10 02:22:22 444:555:666 200
[2] row(s) selected.
Elapsed time: 0.003
Mach> select * from tag where name = 'TAG_TEMP1';
NAME                          TIME                          VALUE
--------------------------------------------------------------------------------
TAG_TEMP1                     2018-01-10 01:11:11 000:000:000 11
TAG_TEMP1                     2018-01-10 01:11:11 888:777:666 11
[2] row(s) selected.
```

```
Elapsed time: 0.003
Mach> select * from tag where name = 'TAG_TEMP2';
NAME                          TIME                        VALUE
-------------------------------------------------------------------------------
TAG_TEMP2                     2018-01-10 02:22:22 000:000:000 22
TAG_TEMP2                     2018-01-10 02:22:22 666:555:444 22
[2] row(s) selected.
Elapsed time: 0.003
```

위에 결과를 보면, 나노 단위의 값이 입력된 것을 확인할 수 있다. 이번에는 Restful API를 통해서 태그 데이터를 추출해 보도록 하자.

단일 태그 데이터 가져오기

주어진 예제에서 가장 간단한 get_single.sh를 보면, 아래와 같이 TAG_ELEC1에 대해서 데이터를 가져오는 예이다(주의할 점은 시간 지정 시 대문자 T가 들어가는 것을 잊지 말아야 한다는 것이다). 수행하면, 다음과 같이 데이터를 가져온다.

```
$ get_single.bat
$ curl -G "http://127.0.0.1:5001/machiot-rest-api/v1/datapoints/raw/TAG_ELEC1/2018-01-
01T00:00:00/2018-01-31T00:00:00" {"ErrorCode": 0, "ErrorMessage": "", "Data": [{"DataType":
"DOUBLE", "ErrorCode": 0, "TagName": "TAG_ELEC1", "CalculationMode": "raw", "Samples":
[{"TimeStamp": "2018-01-10 01:11:11 000:000:000", "Value": 100.0, "Quality": 1},
{"TimeStamp": "2018-01-10 01:11:11 111:222:333", "Value": 100.0, "Quality": 1}]}]}
```

위와 같이 2건의 TAG_ELEC1에 대한 데이터가 나온 것을 알 수 있다.

다중 태그 데이터 가져오기

주어진 예제 get_multi.sh는 아래와 같이 다수의 태그에 대해서 데이터를 가져오는 예이다. 태그명을 ,(컴마)로 구분해서 지정하면, 한꺼번에 가져올 수 있다. 수행하면, 다음과 같이 데이터를 가져온다.

```
$ get_multi.bat

C:\Machbase-5.5\TagTutorial\edu_6_restAPI_curl
$ curl -G "http://127.0.0.1:5001/machiot-rest-api/v1/datapoints/raw/TAG_TEMP1,TAG_
TEMP2/2018-01-01T00:00:00/2018-01-31T00:00:00"
{"ErrorCode": 0, "ErrorMessage": "", "Data": [{"DataType": "DOUBLE", "ErrorCode": 0,
"TagName": "TAG_TEMP1,TAG_TEMP2", "CalculationMode": "raw", "Samples": [{"TimeStamp":
"2018-01-10 01:11:11 000:000:000", "Value": 11.0, "Quality": 1}, {"TimeStamp": "2018-01-
10 01:11:11 888:777:666", "Value": 11.0, "Quality": 1}, {"TimeStamp": "2018-01-10 02:22:22
000:000:000", "Value": 22.0, "Quality": 1}, {"TimeStamp": "2018-01-10 02:22:22 666:555:444",
"Value": 22.0, "Quality": 1}]}]}
C:\Machbase-5.5\TagTutorial\edu_6_restAPI_curl
```

위와 같이 2건의 TAG_ELEC1에 대한 데이터가 나온 것을 알 수 있다.

밀리세컨드 범위의 다중 태그 데이터 가져오기

주어진 예제 get_multi_msec.sh는 아래와 같이 다수의 태그에 대해서 지정되는 시간 범위를 Mili Second로 지정하는 것이다. 현재 마크베이스 Rest API에서는 마이크로와 나노에 대해서는 시간 범위를 지정하는 것을 제공하지 않으므로, 유의하기 바란다.

```
curl -G "http://127.0.0.1:5001/machiot-rest-api/v1/datapoints/raw/TAG_TEMP1,TAG_TEMP2/2018-
01-10T01:11:11,888/2018-01-10T02:22:22,100"
```

붉은 표시가 된 부분을 자세히 보면, 초 뒤에 ,(comma)와 숫자가 포함된 것을 알 수 있다. 즉, 1시 11분 11초 888밀리 세컨드보다 크고, 2시 22분 22초 100밀리 세컨드보다 작은 태그 데이터를 가져오는 명령어이다. 수행하면, 다음과 같이 데이터를 가져온다.

```
curl -G "http://127.0.0.1:5001/machiot-rest-api/v1/datapoints/raw/TAG_TEMP1,TAG_TEMP2/2018-
01-10T01:11:11,888/2018-01-10T02:22:22,100"
{"ErrorCode": 0, "ErrorMessage": "", "Data": [{"DataType": "DOUBLE", "ErrorCode": 0,
"TagName": "TAG_TEMP1,TAG_TEMP2", "CalculationMode": "raw", "Samples": [{"TimeStamp":

"2018-01-10 01:11:11 888:777:666", "Value": 11.0, "Quality": 1}, {"TimeStamp": "2018-01-10
02:22:22 000:000:000", "Value": 22.0, "Quality": 1}]}]}
```

위와 같이 조건 범위에 있는 데이터를 가져오는 것을 확인할 수 있다.

현재 존재하는 모든 태그의 리스트 얻기

다음과 같이 이 URL은 마크베이스에 존재하는 모든 태그 리스트를 가져온다.

```
curl  -G  "http://192.168.0.148:5001/machiot-rest-api/tags/list"
```

수행하면, 다음과 같이 데이터를 가져온다(**읽기 쉽게 줄 바꿈을 넣어서 표시함**).

```
$ curl  -G  "http://127.0.0.1:5001/machiot-rest-api/tags/list"
{"ErrorCode": 0, "ErrorMessage": "", "Data": [{"NAME": "TAG_ELEC1"}, {"NAME": "TAG_
ELEC2"}, {"NAME": "TAG_TEMP1"}, {"NAME": "TAG_TEMP2"}]}C:\Machbase-5.5\TagTutorial\edu_6_
restAPI_curl
$
```

위와 같이 모든 리스트를 얻을 수 있다.

임의 태그의 시간 범위 얻기

아래는 마크베이스에서 제공하는 DB 전체에 대한 시간의 최소, 최대 범위를 얻거나, 혹은 임의의 태그에 대한 시간 범위를 얻을 때 활용되는 API에 대한 설명이다. 실제로 차트를 그리는 경우 미리 정보를 얻어서 해당 데이터 출력에 대한 개략적이 크기를 유추하는 데 도움이 된다.

```
{MWA URL}/machiot-rest-api/tags/range/
{MWA URL}/machiot-rest-api/tags/range/{TagName}


TagName      : Tag Name (현재 복수의 Tag Name은 지원하지 않음)
TagName이 없는 경우는 전체 Data를 대상으로 시간범위를 구함
```

주어진 예제인 time_range.sh는 다음과 같다.

```
curl  -G  "http://192.168.0.148:5001/machiot-rest-api/tags/range/"  # 전체 시간 범위 구함
curl  -G  "http://192.168.0.148:5001/machiot-rest-api/tags/range/TAG_ELEC1"  # 각 태그의 시간
범위 구함
curl  -G  "http://192.168.0.148:5001/machiot-rest-api/tags/range/TAG_ELEC2"
curl  -G  "http://192.168.0.148:5001/machiot-rest-api/tags/range/TAG_TEMP1"
curl  -G  "http://192.168.0.148:5001/machiot-rest-api/tags/range/TAG_TEMP2"
```

수행하면, 다음과 같이 데이터를 가져온다(**읽기 쉽게 줄 바꿈을 넣어서 표시함**).

```
$ time_range.bat
$ curl  -G  "http://127.0.0.1:5001/machiot-rest-api/tags/range/"
{"ErrorCode": 0, "ErrorMessage": "", "Data": [{"MAX": "2018-01-10 02:22:22 666:555:444",
"MIN": "2018-01-10 01:11:11 000:000:000"}]}
C:\Machbase-5.5\TagTutorial\edu_6_restAPI_curl
$ curl  -G  "http://127.0.0.1:5001/machiot-rest-api/tags/range/TAG_ELEC1"
{"ErrorCode": 0, "ErrorMessage": "", "Data": [{"MAX": "2018-01-10 01:11:11 111:222:333",
"MIN": "2018-01-10 01:11:11 000:000:000"}]}
C:\Machbase-5.5\TagTutorial\edu_6_restAPI_curl
$ curl  -G  "http://127.0.0.1:5001/machiot-rest-api/tags/range/TAG_ELEC2"
{"ErrorCode": 0, "ErrorMessage": "", "Data": [{"MAX": "2018-01-10 02:22:22 444:555:666",
"MIN": "2018-01-10 02:22:22 000:000:000"}]}
C:\Machbase-5.5\TagTutorial\edu_6_restAPI_curl
$ curl  -G  "http://127.0.0.1:5001/machiot-rest-api/tags/range/TAG_TEMP1"
{"ErrorCode": 0, "ErrorMessage": "", "Data": [{"MAX": "2018-01-10 01:11:11 888:777:666",
"MIN": "2018-01-10 01:11:11 000:000:000"}]}
C:\Machbase-5.5\TagTutorial\edu_6_restAPI_curl
$ curl  -G  "http://127.0.0.1:5001/machiot-rest-api/tags/range/TAG_TEMP2"
{"ErrorCode": 0, "ErrorMessage": "", "Data": [{"MAX": "2018-01-10 02:22:22 666:555:444",
"MIN": "2018-01-10 02:22:22 000:000:000"}]}
```

위와 같이 관련된 태그가 저장된 시간 범위를 쉽게 얻을 수 있다.

CURL을 활용한 롤업 데이터 사용 예제

기본 데이터 로딩

본 절에서는 롤업 데이터를 접근해야 하기 때문에 기존에 준비된 TagTutorial의 edu_1_basic의 데이터가 모두 입력된 상태라고 가정한다. 예제 edu_1_basic에 대한 자세한 활용에 대한 앞의 Tag Analyzer 장을 참고한다.

30초 평균값 얻기

사용법은 매우 간단한데, 주어진 URL을 다음과 같이 실행한다.

```
$ curl  http://127.0.0.1:5001/machiot-rest-api/datapoints/calculated/MTAG_C01/2009-01-28%20
14:29:27/2009-01-28%2014:35:29/avg/467/sec/30
{"ErrorCode": 0, "ErrorMessage": "", "Data": [{"DataType": "DOUBLE", "ErrorCode": 0,
"TagName": "MTAG_C01", "CalculationMode": "avg", "Samples": [{"TimeStamp": "2009-
01-28 14:29:00 000:000:000", "Value": 1680.11, "Quality": 0}, {"TimeStamp": "2009-
01-28 14:29:30 000:000:000", "Value": 1680.04, "Quality": 0}, {"TimeStamp": "2009-
01-28 14:30:00 000:000:000", "Value": 1680.97, "Quality": 0}, {"TimeStamp": "2009-
01-28 14:30:30 000:000:000", "Value": 1681.6, "Quality": 0}, {"TimeStamp": "2009-
01-28 14:31:00 000:000:000", "Value": 1681.53, "Quality": 0}, {"TimeStamp": "2009-
01-28 14:31:30 000:000:000", "Value": 1681.12, "Quality": 0}, {"TimeStamp": "2009-
01-28 14:32:00 000:000:000", "Value": 1680.25, "Quality": 0}, {"TimeStamp": "2009-
01-28 14:32:30 000:000:000", "Value": 1678.78, "Quality": 0}, {"TimeStamp": "2009-
01-28 14:33:00 000:000:000", "Value": 1678.52, "Quality": 0}, {"TimeStamp": "2009-
01-28 14:33:30 000:000:000", "Value": 1678.11, "Quality": 0}, {"TimeStamp": "2009-
01-28 14:34:00 000:000:000", "Value": 1677.53, "Quality": 0}, {"TimeStamp": "2009-
01-28 14:34:30 000:000:000", "Value": 1676.57, "Quality": 0}, {"TimeStamp":
"2009-01-28 14:35:00 000:000:000", "Value": 1675.11, "Quality": 0}]}]}
C:\Machbase-5.5\TagTutorial\edu_6_restAPI_curl
```

5분 평균값 얻기

이 역시 간단하게 수행된다.

```
$ curl http://127.0.0.1:5001/machiot-rest-api/datapoints/calculated/MTAG_C01/2009-01-28%20
13:46:51/2009-01-28%2013:53:57/avg/467/min/5
{"ErrorCode": 0, "ErrorMessage": "", "Data": [{"DataType": "DOUBLE", "ErrorCode": 0,
"TagName": "MTAG_C01", "CalculationMode": "avg", "Samples": [{"TimeStamp": "2009-01-28
13:45:00 000:000:000", "Value": 1707.67, "Quality": 0}, {"TimeStamp": "2009-01-28 13:50:00
000:000:000", "Value": 1704.45, "Quality": 0}]}]}
```

1분 최대값 얻기

```
$ curl http://127.0.0.1:5001/machiot-rest-api/datapoints/calculated/MTAG_C01/2009-01-28%20
13:46:51/2009-01-28%2013:53:57/max/467/min/1
{"ErrorCode": 0, "ErrorMessage": "", "Data": [{"DataType": "DOUBLE", "ErrorCode": 0,
"TagName": "MTAG_C01", "CalculationMode": "max", "Samples": [{"TimeStamp": "2009-01-28
13:47:00 000:000:000", "Value": 1749.18, "Quality": 0}, {"TimeStamp": "2009-01-
28 13:48:00 000:000:000", "Value": 1737.96, "Quality": 0}, {"TimeStamp": "2009-01-28
13:49:00 000:000:000", "Value": 1736.61, "Quality": 0}, {"TimeStamp": "2009-01-28
13:50:00 000:000:000", "Value": 1732.13, "Quality": 0}, {"TimeStamp": "2009-01-28
13:51:00 000:000:000", "Value": 1739.08, "Quality": 0}, {"TimeStamp": "2009-01-28
13:52:00 000:000:000", "Value": 1734.37, "Quality": 0}, {"TimeStamp": "2009-01-28
13:53:00 000:000:000", "Value": 1733.48, "Quality": 0}]}]}
```

마치면서

이 장에서는 마크베이스의 RESTful API를 통해서 할 수 있는 다양한 태그 데이터의 활용을 살펴보았다. 이 API를 통해 쉽게 태그 데이터뿐만 아니라 롤업 데이터도 함께 얻을 수 있기 때문에 사용자 환경에 맞는 차트나 대시보드 작성 시 적극 활용하면 좋을 것이다.

## 제 15 장

마크베이스와 그라파나 연동

주의할 것으로 2019년 3월 현재 마크베이스의 로그 테이블만 그라파나(Grafana)와 연동이 된다. 그런 이유로 아래의 모든 예는 로그 테이블이 기준이 된다. 2019년 6월경에는 태그 테이블과 롤업 테이블을 지원할 예정이다.

시작

그라파나는 대시보드를 정말 쉽게 구성해 주는 인기가 많은 오픈 소스이다. 현재까지(2019년 3월) 버전 6가 출시되었으며, 지속적으로 업그레이드 중에 있다. Machbase에서도 그라파나용 datasource plugin을 제공하므로 이를 이용하면 그라파나에서 Machbase의 데이터를 다양하게 표현할 수 있는데, 현재까지는 6는 지원하지 않지만, 2019년 상반기에는 마크베이스도 버전 6를 지원할 예정이다. 이 장에서는 Machbase와 그라파나 버전 5 이하를 연동하는 방법에 대해 알아본다. 그라파나에 대한 더 자세한 사용법은 그라파나 홈페이지나 여타 다른 웹문서를 참조하자.

마크베이스 설치

마크베이스는 이미 5.5. 버전이 설치되어 있다는 것을 정하고, MWA를 아래와 같이 구동시켜 초록색 불이 들어온 것을 확인한다.

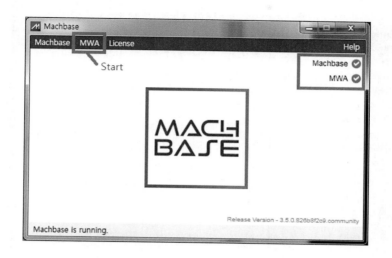

그라파나 설치

다운로드

이 URL(https://grafana.com/grafana/download)에 접속해서 해당 파일을 다운로드한다.

압축 풀기

압축 파일은 zip 형태로 되어 있으므로, 원하는 위치에 압축을 풀면 된다. 여기에서는 디렉토리 c:₩Machbase-5.5₩grafana-5.4.3에 설치한 것을 기준으로 설명하도록 하겠다.

플러그인 설치

마크베이스는 그라파나를 위한 플러그인을 {Machbase 설치경로}₩machbase_

home₩3rd-party₩grafana 경로에 가지고 있다. 이 디렉토리에 이미 존재하는 machbase. zip을 아래의 {그라파나 설치경로}₩data₩plugins 경로에 압축 해제한다. 해당 폴더명은 반드시 machbase이어야 한다. 설치된 그림은 다음과 같다.

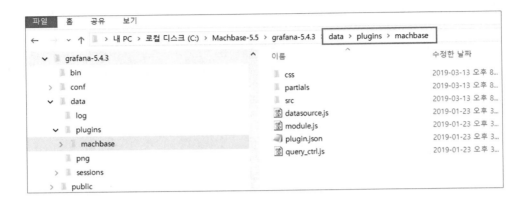

그라파나 구동

윈도우의 명령어창(cmd.exe)상에서 설치된 경로 밑의 bin 폴더에 있는 grafana-server.exe 를 실행하면 그라파나가 구동된다.

웹 접속 테스트

이제 웹 브라우저로 로컬에 3000번 포트로 그라파나에 접속한다(그라파나의 Default port는 3000이며, Default id / password는 admin / admin이다). 접속 URL은 http://127.0.0.1:3000이다. 아래와 같이 마크베이스가 설치된 것을 확인할 수 있다.

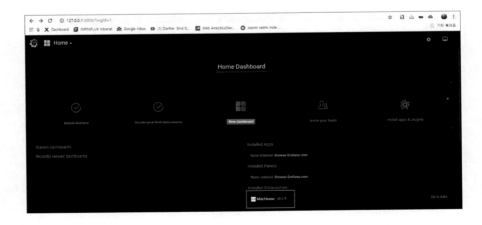

사용방법

Datasource 생성

그라파나는 여러 개의 DB에서 자료를 가져와서 사용할 수 있으므로 사용할 Data Source 를 생성해야 한다. 이를 위해 좌측 상단의 그라파나 아이콘을 클릭해서 Configuration 메뉴 에서 Data Sources를 선택한다.

1) Data Source type을 선택하는 화면에서 Machbase를 선택한다.

2) Data Source를 설정하는 화면이 나오면 아래와 같이 설정한다.

- Name: Data Source는 서버 별로 생성해서 사용하므로 구분하기 쉽게 입력한다.
- Default: 기본 Data Source로 사용하려는 경우 설정한다.
- URL: 실제 서버 접속에 사용될 URL이다. {MWA 접속 URL}/machbase를 입력한 다. e.g. MWA접속 URL이 http://192.168.0.32:5001이라면 http://192.168.0.32:5001/ machbase

아래에 있는 [Save & Test] 버튼을 누르면 저장을 하고 서버의 동작 여부를 확인한다.

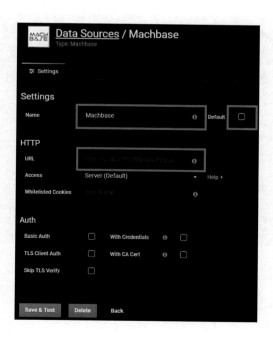

3) 저장이 되었으면 다른 메뉴로 이동하면 된다. 다시 Configuration 메뉴의 Data Sources로 이동하면 아래와 같이 마크베이스 데이터소스가 추가된 것을 볼 수 있다.

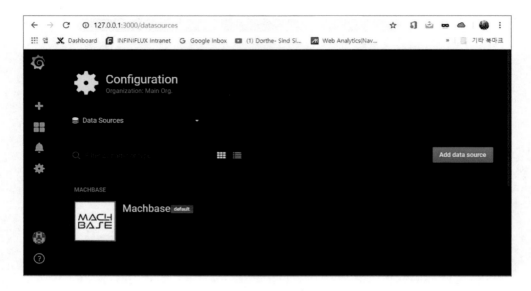

Dashboard Graph 그리기

1) 좌측 상단의 + 아이콘을 선택해서, Create Dashboard를 선택한다.

2) Graph 버튼을 눌러서 Graph Panel을 생성한다(다른 Panel들도 Machbase와 연결하는 방법은 동일하다). 하단의 [ADD ROW] 버튼을 누르면 Row가 하나 추가되는 것을 확인할 수 있다(그라파나 5부터는 상단에 위치한 ![버튼] 버튼으로 Panel을 추가하고 위치를 이동하는 형태로 변경되었다).

3) Panel의 Title 부근을 클릭하면 메뉴가 나타나며, 'Edit'를 눌러 눌러준다(다른 메뉴는 크게 어렵지 않으니 직접 시도해 보자).

4) 수정할 그래프가 윗부분에 표시되고 아랫부분에서 설정을 변경할 수 있도록 되어 있으며, Metric 탭을 선택해서 Graph에서 사용될 Metric을 설정한다. 먼저 Machbase를 사용할 것이므로 'Panel Data Source' 항목을 아까 생성한 Data Source로 변경해 준다.

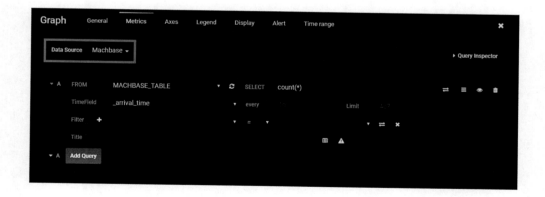

5) Graph에서 사용할 Query를 구성하기 위해 필요한 항목을 아래와 같이 각각 입력하면 된다.

항목	설명
FROM	사용할 Table을 선택한다. 그림의 (1)을 누르면 테이블 목록을 다시 읽어온다. Machbase 로그 기록이 저장된 MACHBASE_TABLE을 선택한다.
SELECT	실제로 그래프를 그릴 때 사용될 값을 어떻게 계산할지를 결정한다. (2)를 눌러서 Column과 내장 함수를 선택할 수 있으며, Numeric Column 전용의 계산용 함수를 사용할 수 있다. 복잡한 함수나 계산식을 사용한다면 직접 입력해야 하지만 간단히 사용할 경우 선택하는 것이 편리하다. 레코드 건수를 그래프로 그릴 것이므로 count(*)를 사용합니다. Column 값 자체를 사용할 수도 있는데 이때는 선택모드에서 숫자 Column을 선택하고 Aggregator를 '(NONE)'으로 지정하면 된다. 당연히 시간은 지정한 Column의 값이 그대로 사용된다.
Time Field	X축 값으로 사용될 Column이다. 기본값은 _arrival_time인데 Log Table에 입력된 시간을 나타낸다. 선택된 Table에 Datetime Column이 있다면 그것을 선택하여 사용할 수도 있다.
every	x축의 눈금 간격으로 그라파나에서 Time range와 화면의 크기를 고려하여 자동으로 산정한다. 공란으로 두면 그라파나가 산정한 값을 사용하는데, 기본값대로 공란으로 두는 것이 좋다. 하지만 시간 간격을 고정해야 할 필요가 있는 경우 이 값을 설정하면 된다.
Title	legend에 표시되는 Title이다. 입력하지 않은 경우 Table명:Column명으로 legend에 표시된다.
Filter	Query 문의 WHERE 절입니다. Column을 선택하고 조건을 입력한다. 비교 값은 선택하면 되는데 (3)을 누르면 직접 입력할 수도 있다. (5)를 눌러 조건을 추가하고, 삭제는 (4)를 누른다. 모든 조건은 and로 연결된다는 것을 명심하자.

WHERE 절이 복잡해서 Filter로 표현되지 않는 경우 직접 입력할 수 있도록 되어 있다.

(a) 버튼을 누르고 'Toggle Edit Mode'를 선택하면 입력/선택 모드가 변경되는데, 'WHERE'를 제외하고 조건을 직접 입력하면 된다. (b)는 show/hide를 변경한다. hide 상태가 되면 Graph를 보여주지 않는다. (c)는 삭제를 수행한다.

6) 하나의 Panel에 다른 Graph를 추가하려는 경우 [Add Query] 버튼을 누르면 추가할 수 있다.

7) General 탭을 선택해서 Panel의 Title을 입력하면 간단한 Graph Panel 설정이 끝난다. Ctrl-S를 누르거나 상단의 디스크 모양 아이콘을 눌러서 Dashboard를 저장할 수 있다.

8) 다시 접속해서 'Dashboard > Home'을 클릭하면 저장한 Dashboard를 다시 볼 수 있다.

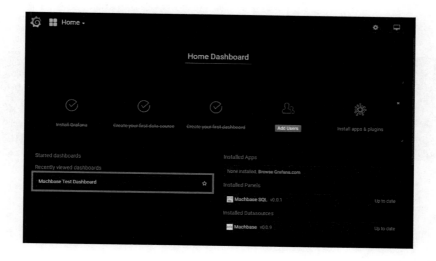

기타 기능들

1) Dashboard의 Time range와 refresh 주기는 Dashboard 상단의 ⑴ 부분을 눌러서 변경할 수 있다.

Time range는 그림의 ⑵ 부분 now(현재)를 기준으로 -값으로 입력한다. now-1h는 현재 시간보다 1시간 전을 의미한다. 시간 단위는 s(초), m(분), h(시), d(일), M(월), y(년)이며, 시간 범위를 절대값으로 설정하려면 ⑶을 누르면 된다.

Refresh 주기는 그림의 ⑷ 부분. Dashboard를 다시 그리는 주기인데, 준비된 주기 중에서 선택하면 된다. 선택할 수 있는 값의 리스트는 상단의 톱니바퀴 모양 아이콘을 누르고 Settings 메뉴의 Time picker 탭에서 Auto-refresh 항목에 설정하면 된다(그라파나 5에서는 General의 Time Options). 입력 후 [Apply] 버튼을 누르면 적용되는데, 만일 잘못된 값이 입력되면 [Apply] 버튼이 비활성화되는 것을 확인할 수 있다.

2) 특정 Panel만 별도의 Time range로 고정시키려면 [Time range] 탭을 선택하여 설정할 수 있다는 것을 명심하자.

마치면서

Machbase와 그라파나를 연동해서 Graph를 그리는 방법에 대해서 간략하게 설명했다. Machbase와 연동하는 방법에 대한 설명 위주였기 때문에 그라파나에 대한 설명은 약간 부족할 수 있지만, 기본적인 사항들은 거의 다 설명되었다고 생각하면 된다. 그라파나를 통한 마크베이스 데이터의 다양한 시각화를 즐길 수 있기를 바란다.

제16장 마크베이스와 R 연동을 통한 빅데이터 분석

최근 들어 오픈소스 분석 도구인 R의 사용자가 많이 늘어났다. 무료인 데다가 많은 사용자가 다양한 방법으로 R 커뮤니티에 공헌을 하고 있고, 응용 분야도 넓기 때문에 저변이 점점 더 확장된다고 보인다. 이 장에서는 마크베이스와 R의 연동을 통한 빅데이터 분석에 대한 가능성을 제시한다. 이를 위해 로그 테이블을 통한 대규모 데이터의 분석과 태그 테이블의 센서 데이터에 대한 분석 사례를 각각 설명하도록 하겠다.

마크베이스와 R 연동 환경 및 준비

ODBC 수행 환경

윈도우 기반에서 R과 마크베이스를 연동하기 위해서는 ODBC의 설치가 필수적이다. 그러나 마크베이스를 설치하면 자동으로 ODBC가 설치되기 때문에 다른 설치 과정은 필요 없다. 혹시나, 32비트 ODBC가 필요한 경우에는 별도로 제공되는 마크베이스 32비트 SDK를 설치하자(machbaseSDK-fog-5.5.0.official-WINDOWS-X86-32-release.msi). 아래는 윈도우에서 설치된 ODBC 를 확인하기 위한 관리자를 수행한 화면이다.

오른쪽 사진과 같이 MACHBASE_DSN이 등록되어 있으면 모든 준비가 다 된 것이다. 윈도우 버전의 R의 설치, https://cran.r-project.org/bin/windows/base/를 방문해서 해서 설치한다. 그리고 좀 더 편한 환경을 사용하기 위해서는 R studio를 https://www.rstudio.com/에서 방문하여 설치하도록 한다.

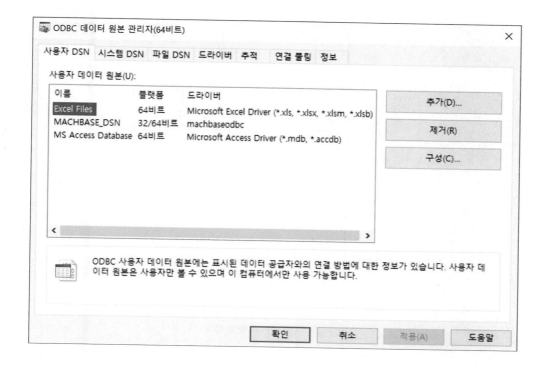

RODBC 라이브러리에 대해

R에서는 일반 데이터베이스와의 쉬운 연동을 위해서 RODBC라는 훌륭한 라이브러리를 제공하고 있다. RODBC는 기본적으로 모든 DBMS에 대한 접근을 추상화시킨 API를 가지고 있는데, 다음과 같은 링크에서 기본적인 정보를 얻을 수 있다.

- 공식 홈페이지: https://cran.r-project.org/web/packages/RODBC/index.html
- 매뉴얼 PDF: https://cran.r-project.org/web/packages/RODBC/RODBC.pdf

그러나 해당 매뉴얼을 모두 읽고, 세세하게 따지기에는 분량이 적지 않기 때문에 아래의 간단한 도표를 보고 넘어가도 무방하다. 나중에 샘플을 통해서 몇 가지 API만 사용해도 충분하기 때문이기 때문에 부담을 가지지 말자. 아래 표는 마크베이스에서 RODBC API 리스트를 나타낸 것이며, 간단할 설명과 지원 유무를 표시한 것이다.

RODBC API	설 명	마크베이스 지원 (O, X)
odbcConnect()	연결 수행	O
odbcClose()	연결 해지	O
odbcCloseAll()	모든 연결 해지	O
sqlClear()	테이블 데이터 비우기 (모두 지움)	O
sqlDrop()	테이블 Drop	O
sqlQuery()	질의 수행 및 레코드 가져오기	O
sqlFetch()	레코드 가져오기	O
sqlFetchMore()	남은 레코드 가져오기	O
sqlColumns()	컬럼 정보 얻기	O
sqlTables()	모든 테이블 정보	O
sqlTypeInfo	데이터 타입 얻기	O
sqlCopy	한 테이블의 데이터를 다른 테이블로 복사	O
sqlSave	frame의 데이터를 테이블로 저장	O
odbcDriverConnect	연결 수행	O
odbcGetErrMsg	에러 메시지 가져오기	O
odbcClearError	에러 스택을 초기화함.	O
sqlGetResults	남은 레코드 가져오기	O
odbcFetchRows	특정 개수 만큼 데이터 가져오기	O
odbcQuery	질의 수행 및 데이터 가져오기	O
odbcTables	특정 테이블 정보 추출	O
odbcSetAutoCommit	autocommit 수행 플래그	O
odbcGetInfo	ODBC 드라이버 정보(dll 등)	O
getSqlTypeInfo	데이터베이스별 지원되는 ODBC 타입	O
sqlPrimaryKeys	주기 확인	O
odbcReConnect	연결을 재시도	O
sqlCopyTable	테이블 복사	O
odbcDataSources	ODBC 데이터 소스 확인	X
odbcEndTran	트랜잭션 완료	X

odbcUpdate	데이터 갱신	X
setSqlTypeInfo	타입 설정	X
sqlUpdate	데이터 갱신	X

마크베이스와 R 연동 기초

여기에서는 간단하게 연동해서 동작하는지 확인을 해보도록 하겠다. 우선 마크베이스가 동작하고, ODBC가 설정된 환경을 가정한 상태에서 아래와 같이 RODBC를 설치하자.

RODBC 설치하기

아래와 같이 R을 수행하고 RODBC 사용 명령어를 입력해 보자.

library("RODBC")

```
> library("RODBC");
Error in library("RODBC") : there is no package called 'RODBC'
```

위와 같이 에러가 발생하면, RODBC가 설치되지 않은 것이다. 그래서 다음과 같이 R을 위한 설치 과정을 수행한다(아래는 개인 디렉토리에 설정하였다).

install.packages("RODBC")

```
> install.packages("RODBC")
'C:/Users/machbase/Documents/R/win-library/3.5'의 위치에 패키지(들)을 설치합니다.
(왜냐하면 'lib'가 지정되지 않았기 때문입니다)
--- 현재 세션에서 사용할 CRAN 미러를 선택해 주세요 ---
URL 'https://cran.seoul.go.kr/bin/windows/contrib/3.5/RODBC_1.3-15.zip'을 시도합니다
Content type 'application/zip' length 879459 bytes (858 KB)
downloaded 858 KB
```

```
패키지 'RODBC'를 성공적으로 압축해제하였고 MD5 sums 이 확인되었습니다

다운로드된 바이너리 패키지들은 다음의 위치에 있습니다
        C:\Users\machbase\AppData\Local\Temp\RtmpA9XjwQ\downloaded_packages
>
>
```

위와 같이 성공적으로 설치되었다. 혹시나 설치가 실패한 경우에는 뭔가 문제가 발생한 것이므로 관련 자료를 찾아서 해결해야 한다. 다시 RODBC를 사용해 보자.

```
> library("RODBC");
>
```

위와 같이 나오면 접속이 성공한 것이다.

RODBC 접속

그럼 본격적으로 마크베이스에 접속해 보도록 하자. odbcConnect() 함수를 사용하는데, 중요한 것은 두 번째와 세 번째 인자는 반드시 아래의 예제대로 넣어야 한다는 것이다. DBMS에 특성에 따라 많은 플래그와 변수들이 존재하므로 그대로 따라야 한다.

마크베이스 ODBC 접속 성공

```
> channel <- odbcConnect("machbase", believeNRows=FALSE, case="toupper")
>
```

아무런 메시지가 없으면 성공이다. 만일 접속 시에 에러가 나면 여러 가지 형태로 에러를 나타낸다. 혹시나 마크베이스 서버를 구동하지 않았다면 다음과 같은 에러가 나니 참조하자.

마크베이스가 구동되지 않았을 때 에러 메시지

```
> channel <- odbcConnect("machbase", believeNRows=FALSE, case="toupper")
경고메시지(들):
1: In RODBC::odbcDriverConnect("DSN=machbase", believeNRows = FALSE,  :
  [RODBC] ERROR: state IM002, code 0, message [Microsoft][ODBC 드라이버 관리자] 데이터 원본 이
름이 없고 기본 드라이버를 지정하지 않았습니다.
2: In RODBC::odbcDriverConnect("DSN=machbase", believeNRows = FALSE,  :
  ODBC connection failed
>
```

테이블 생성

myr이라는 테이블을 생성해보자.

```
> res <- sqlQuery(channel, "create table myr (id integer)");
>
> sqlTables(channel)
  TABLE_CAT TABLE_SCHEM TABLE_NAME TABLE_TYPE REMARKS
1    IFLUX        SYS        MYR      TABLE     <NA>
```

테이블이 생성되었는지 sqlTables() 함수를 통해 확인해 보면, MYR이라는 테이블이 생성된 것을 볼 수 있다. 컬럼 정보도 확인해보자. sqlColumns()를 수행하면

```
> sqlColumns(channel, "myr")
  TABLE_CAT TABLE_SCHEM TABLE_NAME COLUMN_NAME DATA_TYPE TYPE_NAME COLUMN_SIZE
1   <NA>         SYS        MYR         ID         4      INTEGER       11
  BUFFER_LENGTH DECIMAL_DIGITS NUM_PREC_RADIX NULLABLE REMARKS COLUMN_DEF
1       0              0             10          1      <NA>      <NA>
  SQL_DATA_TYPE SQL_DATETIME_SUB CHAR_OCTET_LENGTH ORDINAL_POSITION IS_NULLABLE
1       4              0                 0                 1             YES
```

ID라는 컬럼이 생성된 것을 알 수 있다.

데이터 입력

이제 간단하게 데이터를 넣어보자. sqlQuery를 통해 insert를 몇 개 수행하면 된다.

```
> res <= sqlQuery(channel, "insert into myr values(1)");
logical(0)
> res <= sqlQuery(channel, "insert into myr values(1)");
logical(0)
> res <= sqlQuery(channel, "insert into myr values(2)");
logical(0)
> res <= sqlQuery(channel, "insert into myr values(2)");
logical(0)
> res <= sqlQuery(channel, "insert into myr values(2)");
logical(0)
> res <= sqlQuery(channel, "insert into myr values(3)");
logical(0)
> res <= sqlQuery(channel, "insert into myr values(4)");
logical(0)
```

데이터 출력

sqlQuery를 통해서 SELECT를 수행하면 아래와 같다.

```
> rs <- sqlQuery(channel, "select * from myr")
> rs
  ID
1 2
2 2
3 1
4 4
5 3
6 2
7 1
>
```

rs 변수에 데이터가 아름답게 입력된 것을 볼 수 있다.

통계 질의 수행

아래 질의는 ID의 종류와 개수를 연산하는 GROUP BY 연산이다.

```
> rs2 <- sqlQuery(channel, "select id, count(id) from myr group by id ");
> rs2
  id count(id)
1  2         3
2  4         1
3  3         1
4  1         2
>
```

위를 보면, 각각의 아이디에 대한 개수가 rs2에 통계 값으로 저장되었다. 화면에 plot으로 찍으면 다음과 같이 간단하지만 우아하게 그림을 출력할 수 있다.

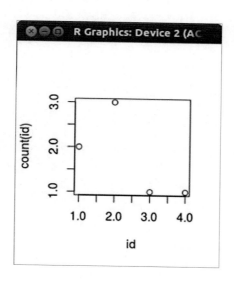

가로축은 ID 종류이고, 세로축은 각 ID의 개수인 것을 볼 수 있다.

연결 종료

```
> odbcClose(channel)
>
```

위와 같이 odbcbClose()를 통해 성공적으로 ODBC 연결 종료되었다.

전체 소스코드

```
library("RODBC")
channel <- odbcConnect("machbase", believeNRows=FALSE, case="toupper")
res <- sqlQuery(channel, "drop table myr");
res <- sqlQuery(channel, "create table myr (id integer)");
sqlTables(channel)
sqlColumns(channel, "myr")
sqlQuery(channel, "insert into myr values(1)");
sqlQuery(channel, "insert into myr values(1)");
sqlQuery(channel, "insert into myr values(2)");
sqlQuery(channel, "insert into myr values(2)");
sqlQuery(channel, "insert into myr values(2)");
sqlQuery(channel, "insert into myr values(3)");
sqlQuery(channel, "insert into myr values(4)");
rs <- sqlQuery(channel, "select * from myr")
rs2 <- sqlQuery(channel, "select id, count(id) from myr group by id ");
plot(rs2)
odbcClose(channel)
```

전체적인 소스코드는 위와 같다.

마무리

여기에서는 간단하게 마크베이스와 R과의 연동을 RODBC를 통해서 해 보았다. 다음 절에서는 천만 건 이상의 실제 데이터를 가지고, 분석하는 예제를 다루어 보도록 한다.

빅데이터를 위한 R 분석의 문제점

빅데이터 분석과 R의 한계

많이 알려진 R의 장점에도 불구하고, 빅데이터 분석에는 어렵다고 알려졌는데, 그 이유는 R의 메모리 기반의 분석 구조 때문이다. R 프로그램은 일반적으로 해당 단일 시스템이 가진 메모리의 최대치만을 활용할 수 있기 때문에 데이터양이 수백만 건이 넘어가는 경우에는 메모리 부족으로 처리가 불가능한 상황이 종종 발생한다. 그래서 많은 사람이 이러한 메모리 부족 문제를 해결하기 위해 데이터에 대한 선처리(preprocessing) 작업을 미리 하게 된다. 그러나 컴퓨터나 프로그래밍에 미숙한 분석가들이 프로그래밍 언어를 배우기도 힘들 뿐만 아니라, 파이썬과 같은 인터프리터 언어가 가진 성능의 한계로 인해서 쉽지 않은 상황이다.

R 분석과 마크베이스를 통한 한계 극복

마크베이스의 가장 큰 장점이라고 한다면 데이터 로딩과 재처리의 성능이 매우 탁월하다는 것이다. 실시간 데이터 처리에 강점이 있을 뿐만 아니라, 배치형 분석에 있어서도 사용자의 시간과 비용을 낮출 수 있다. 이 글을 읽으면서 다음과 같은 몇 가지 관점을 가지고 좋을 듯하다.

- 대량의 빅데이터를 얼마나 빠르게 로딩할 수 있을까?
- 데이터 선 처리(변환)을 얼마나 빠르게 할 수 있는가?
- R의 메모리 한계를 넘어설 수 있는 정도의 분석이 가능한가?

어쨌든 프로그래밍 언어를 쓰지 않고, 단순히 SQL만으로 위의 목표를 달성할 수 있다면 그것 또한 멋진 일이 아닌가 생각된다.

천만 건 습도 데이터 분석 실전 예제

이 절에서는 천만 건의 습도 데이터를 기반으로 **어느 특정 지역에서 1년간 측정된 습도 (humidity)의 분포를 확인하고, 가장 습도가 높은 날과 시간을 찾는 분석 작업**을 수행해 보도록 하겠다. 그러나 이 분석에는 기존의 R 혹은 엑셀로 분석하기 위해서는 정말 쉽지 않은 몇 가지 난제가 존재한다.

- 데이터양의 크기 문제: 빅데이터
  - 1초에 한 번씩 습도 데이터를 수집한다고 가정하면, 1년간 수집된 전체 데이터의 개수가 3천1백만 건을 넘어간다. 물론, 센서 데이터의 크기가 값이라서 작을 수 있지만, 만일 센서의 종류가 여러 개라면 그 데이터 크기 또한 기하급수적으로 늘어날 것이다. 그런데 1년이 아니라, 10년 치를 분석해야 한다면?
- 데이터 품질 보장을 위한 변환 문제
  - 천만 건이 넘어가게 되면, 텍스트 파일의 크기도 수백 메가에서 기가급으로 변한다. 그런데 받은 데이터가 온전하다는 보장이 없다. 경험상으로도 숫자가 올 곳에 문자가 오기도 하고, 데이터가 빠지기도 하고, 센서의 값이 범위를 아예 넘어가기도 한다. 이를 위해서는 프로그래밍을 통해서 정리를 하는데, 매번 파이썬과 같은 언어로 프로그래밍을 하는 것이 과연 바른 접근인가?
- 데이터 로딩 문제
  - 다행히 데이터를 변환해서 데이터 건수가 줄면 다행이지만, 여전히 수천만 건의 데이터가 남아 있다면 어떻게 R에 로딩해야 할 것인지? 엑셀의 경우는 기본적으로 백만 건 이상의 데이터를 한 시트에 로딩할 수 없다. R의 경우에도 앞에서 언급했듯이 메모리상에 모두 로딩해야 하고, 더 큰 문제는 로딩하면서 사용되는 메모리양이 원시 데이터의 크기보다 더 커진다는 것이다.

데이터 및 스크립트 다운로드

해당 데이터 및 관련 소스는 다음과 같은 GitHub에서 받을 수 있고, 이후의 내용은 그 소스를 참조해서 진행하겠다.

위 사이트에서 zip 파일로 다운로드하고, 압축을 풀면 다음과 같은 파일이 존재한다.

github 데이터 파일 리스트

```
$ dir
C 드라이브의 볼륨: Windows
볼륨 일련 번호: F588-65A4


C:\Machbase-5.5\Machbase_R_Analytics

2019-03-14  오후 04:21    <DIR>              .
2019-03-14  오후 04:21    <DIR>              ..
2019-03-14  오후 04:16             10,300 calendarHeatmap.R
2019-03-14  오후 04:16                250 cleansing.sql
2019-03-14  오후 04:16                209 create_table.sql
2019-03-14  오후 04:16              1,682 humidity.R
2019-03-14  오후 04:16         26,000,000 humidity.split.zip1
2019-03-14  오후 04:16         22,187,891 humidity.split.zip2
2019-03-14  오후 04:16                 71 merge.bat
2019-03-14  오후 04:16                 85 merge.sh
2019-03-14  오후 04:16                984 README.md
2019-03-14  오후 04:16                182 run.bat
2019-03-14  오후 04:16                188 run.sh
               11개 파일         48,201,842 바이트
                2개 디렉터리   42,769,162,240 바이트 남음

$
```

원시 데이터 복원 및 준비 완료

그러나 위와 파일을 보면, CSV 파일은 없고, 확장자가 zip1, zip2이라고 된 파일이 두 개 존재한다. 이 파일을 합쳐서 원시 데이터 CSV 파일을 복원하자. merge.bat를 수행하면 되는데, 다음과 같다.

```
$ merge.bat

C:\Machbase-5.5\Machbase_R_Analytics
$ copy /b humidity.split.zip1 + humidity.split.zip2 humidity.csv.zip
humidity.split.zip1
humidity.split.zip2
        1개 파일이 복사되었습니다.
C:\Machbase-5.5\Machbase_R_Analytics
```

Humidity.csv.zip로 만들어진 압축 파일을 풀면 모든 준비가 된 것이다.

원시 데이터 파일 훑어 보기

원시 데이터 파일 humidity.csv의 크기는 약 262M이고, 라인 수는 10,101,739이며, 약 천만 라인이 넘는다. 아래는 실제 파일의 앞부분 30라인 정도를 표시한 것이다(이 데이터에는 실제로 여러 가지 노이즈를 포함시켰다). CSV 포맷으로서 컬럼은 좌측으로부터 연도, 월, 일, 시, 분, 초, 센서값(습도 0~100)으로 되어 있다.

```
 1 2016,01,01,00,00,01,40.74
 2 2016,01,01,00,00,07,41.12
 3 2016,01,01,00,00,15,41.26
 4 2016,01,01,00,00,15,12340          1
 5 2016,01,01,00,00,19,40.61
 6 2016,01,01,00,00,19,41.15
 7 2016,01,01,00,00,19,thisisnotnumber   2
 8 2016,01,01,00...        3
 9 2016,01,01,00,00,22,9999999       4
10 2016,01,01,00,00,22,41.63
11 2016,01,01,00,00,27,-1927        5
12 2016,01,01,00,00,35,41.29
13 2016,01,01,00,00,43,41.21
14 2016,01,01,00,00,47,41.78
15 2016,01,01,00,00,50,41.30
16 2016,01,01,00,00,50,41.84
17 2016,01,01,00,,          6
18 2016,01,01,00,00,51,41.58
19 2016,01,01,00,00,51,41.96
20 2016,01,01,00,00,56,43.07
21 2016,01,01,00,00,59,41.67
22 2016,01,01,00,01,03,41.19
23 2016,01,01,00,01,05,40.39
24 2016,01,01,00,01,05,40.93
25 2016,01,01,00,01,07,40.85
26 2016,01,01,00,01,09,41.09
27 2016,01,01,00,01,09,41.72
28 2016,01,01,00,01,09,-9999        7
29 2016,01,01,00,01,18,41.33
30 2016,01,01,00,01,24,40.52
31 2016,01,01,00,01,29,41.53
```

데이터 노이즈 종류

왼쪽의 CSV 파일은 그대로 사용할 수 없는데, 그 이유는 원시 데이터에 다양한 형태의 노이즈가 포함되어 있기 때문이다. 이러한 노이즈는 원시 파일 생성 시에 다양한 이유로 추가된 것이며, 반드시 분석 과정에서 제거되거나, 연산의 대상에서 빠져야 한다. 이 작업이 사실 분석의 80% 이상의 시간과 비용을 잡아먹는 주원인이다.

- 데이터 타입 오류
  - 위의 2번과 같은 형태인데, 실제 숫자형이 기록되어야 하는 센서 값 부분에 문자열이 기록되어 있다. 이러한 경우 해당 데이터가 제거되어야 함은 물론이다.
- 데이터 범위 오류
  - 위의 1, 4, 5, 7의 경우인데, 습도는 0에서 100 사이의 값이 들어가야 하나, 음수 혹은 100보다 큰 값이 기록되어 있다. 데이터 타입은 올바르지만, 논리적인 오류로서 제거되어야 하는 오류 데이터이다.
- 데이터 누락
  - 3번과 같은 경우인데, 해당 필드의 값이 아예 기록되지 않은 경우이다. 이 경우 해당 값을 특정 값으로 채우든지 아니면, 분석 대상에서 제거되어야 한다.
- CSV 포맷 오류
  - 6번과 같은 경우인데, CSV 포맷을 지키지 않는 경우이다. 이 경우에는 최초의 파일 생성 시에 오류가 추가되거나, 합성 과정에서의 버그로 인한 것들일 것이다. 물론, 분석 대상에서 제거되어야 한다.

천만 개의 레코드이므로 MS 엑셀로 로딩이 안 될 뿐만 아니라, R로 로딩하기에도 만만치 않고, 얼마나 시간이 걸릴지 고민스럽다. 또한, 중간중간에 노이즈 값이 포함되어 있어서 간단하게 제거하기도 쉬워 보이지 않는다. 물론 현재 이 파일의 크기가 262M이므로 R로 로딩해서 어찌어찌할 수 있을 것이라고 생각할 수 있지만, 이 파일의 크기가 20G라면 어찌할 것인가?

원시 데이터 파일 클랜징 하기(노이즈 제거 및 정리)

이렇게 노이즈가 많은 데이터를 어떻게든 조작을 하기 위해서는 마크베이스를 활용해서 다음과 같은 단계를 거쳐서 작업을 해 보자.

1) 텍스트 기반의 더미 테이블 데이터 로딩

- 이 의미는 가능한 한 노이즈가 있는 원본 데이터를 그대로 마크베이스 내부에 로딩하는 것이다. 물론, 숫자형과 문자형이 뒤섞여 있고, 데이터가 틀릴 수 있지만, 모든 데이터를 텍스트로 가정하면 로딩 가능한 모든 데이터는 일단 로딩이 된다. 이렇게 로딩이 되었다는 의미는 SQL을 통해서 어떤 식으로든 우리가 변환을 할 수 있는 강력한 환경을 보유했다는 의미이기도 하다. **이 과정에서 CSV 포맷이 아닌 정말 비정상적인 레코드가 걸러지게 된다(6번 타입 에러).**

2) 데이터 타입 기반의 데이터 재구성

- 1번을 통해 원시 데이터의 형태나 특성을 파악했으면, 원래의 데이터 타입에 맞도록 변환을 하는 과정이다. 1번에서는 무조건 텍스트 타입이었지만, 이 과정에서는 숫자형 혹은 날짜형으로 타입을 지정하고, 연산이 가능하도록 변환하는 것이다. **이 과정에서는 원래 자신의 데이터 타입이 아닌 것들**(예를 들면 숫자형 필드에 문자형이 온 것들) **이 걸러지게 된다**(2번 타입 에러).

3) 논리적 데이터 재구성

- 2번을 통해 데이터 타입이 제대로 입력이 되었다면, 이제 논리적으로 해당 데이터의 범위가 올바른지 판단할 때다. 이번 예제에서 볼 수 있듯이 습도는 0과 100 사이에 있는데 이 값을 벗어난 것은 오류이므로 불필요하다. 결과적으로 이 과정에서 1, 4, 5, 7 타입의 에러가 걸러지게 되는 것이다.

4) 마무리 및 R 연동

- 여기에서는 거의 완전한 데이터가 별도의 테이블로 존재하는 단계로 이제부터는 강력한 SQL을 통해 데이터를 여러 가지로 분류, 변환, 추출, CSV 생성 등이 가능한 단계이다. 이 단계에서 R과 연동을 통해 분석하면 된다.

더미 테이블 생성

앞에서 언급한 바와 같이 원시 데이터를 마크베이스로 모두 로딩해 보자. 다행히 마크베이스에서는 자동적으로 CSV를 파악해서 테이블 생성 및 로딩까지 해 주는 도구인 csvimport를 제공하고 있다.

csvimport에서 -d는 원시 CSV 파일, -t는 대상 테이블인데 -C 옵션을 주면, 알아서 컬럼까지 추가해서 모두 텍스트 형태로 로딩해 준다. -b 옵션은 로딩 시에 발생한 에러를 로깅해서 사용자에게 알려주는 것이다. 수행 결과는 아래와 같다.

```
$ csvimport -d humidity.csv -t humidity_dummy -C -b bad.log
--------------------------------------------------------
     Machbase Data Import/Export Utility.
     Release Version 5.5.0.official
     Copyright 2014, MACHBASE Corporation or its subsidiaries.
     All Rights Reserved.
--------------------------------------------------------
NLS             : US7ASCII          EXECUTE MODE   : IMPORT
TARGET TABLE    : humidity_dummy    DATA FILE      : humidity.csv
BAD FILE        : bad.log           IMPORT MODE    : APPEND
FIELD TERM      : ,                 ROW TERM       : \n
ENCLOSURE       : "                 ESCAPE         : \
ARRIVAL_TIME    : FALSE             ENCODING       : NONE
HEADER          : FALSE             CREATE TABLE   : TRUE

     Progress bar                   Imported records      Error records
     ==========================     10101738              1

Import time          :  0 hour  0 min 37.422 sec
Load success count   : 10101738
Load fail count      : 1
```

위 결과를 보면, 총 10,101,738건 중에서 1건이 에러가 났고, 나머지는 모두 약 8초 만에 로딩이 되었다. 그럼 어떤 라인이 에러가 났는지 보자.

```
$ type bad.log
Errors occurred in row 17.
1 token : '2016'
2 token : '01'
3 token : '01'
4 token : '00'
5 token : ''
6 token : ''
Error: Data and schema have different field count.(6 != 7)
2016,01,01,00,,
```

17라인은 위에서 노이즈 중에 CSV 포맷에 맞지 않는 노이즈였고, 이 단계에서 성공적으로 제거된 것을 확인할 수 있다. 그럼, 테이블을 확인해 보면,

```
machbase@myhost:~/SensorAnalyticsR$ machsql
Mach> select count(*) from humidity_dummy;
count(*)
-----------------------
10101738
[1] row(s) selected.
Elapsed time: 0.001
Mach> desc humidity_dummy;
[ COLUMN ]
---------------------------------------------------------------
NAME                     TYPE               LENGTH
---------------------------------------------------------------
C0                       varchar            32767
C1                       varchar            32767
C2                       varchar            32767
C3                       varchar            32767
C4                       varchar            32767
C5                       varchar            32767
C6                       varchar            32767
Mach> select * from humidity_dummy limit 1;
2016
12
31
23
59
59
```

```
52.34
[1] row(s) selected.
Elapsed time: 0.001
Mach>
```

실제 로딩 건수가 10101738이고, 스키마는 컬럼이 C0부터 C6까지 자동으로 VARCHAR (32K)로 생성된 것을 알 수 있다. 또한, 데이터도 잘 들어간 것을 확인할 수 있다.

NULL 데이터 확인

입력된 데이터 중에 NULL이 있는지 확인해 본다. 컬럼 중에 NULL이 있다는 것은 CSV 포 맷은 맞지만, 해당 데이터가 빠졌다는 의미이므로 이 데이터는 나중에 제거되어야 하기 때문 이다. 아래와 같은 SQL로 확인하면

```
Mach>select * from humidity_dummy where c0 is null or c1 is null or c2 is null or c3 is
null or c4 is null or c5 is null or c6 is null;
--------
2016
01
01
00
NULL
NULL
NULL
[1] row(s) selected.
Elapsed time: 34.673
Mach>
```

34초 정도 만에 천만 건 중에서 2016년 1월 1일 0시에 이후의 데이터가 없는 CSV가 입력 된 것을 알 수 있다.

데이터 타입 오류 확인

즉, 숫자형 컬럼에 문자가 들어있는 것들 말이다. 모든 컬럼이 사실상 숫자형 타입이므로 이 중에서 문자형이 있는지 검색하는 질의는 다음과 같다.

```
SELECT 해당컬럼 from HUMIDITITY_DUMMY WHERE 해당컬럼 is not NULL and TO_NUMBER_SAFE(해당컬럼)
is NULL;
```

어떤 의미인가 하면, 입력된 해당 컬럼의 텍스트 중에서 NULL이 아닌 것 중에서 숫자가
아닌 값을 찾는 것이다. 핵심은 TO_NUMBER_SAFE() 함수인데, 입력된 컬럼이 숫자일 경우
에는 숫자를 리턴하고, 숫자로 변경될 수 없는 값이 입력되면 NULL이 리턴된다. 따라서, 아
래의 질의를 수행하면, 해당 에러 컬럼을 찾을 수 있다.

```
Mach>select * from humidity_dummy where c6 is not null and to_number_safe(c6) is NULL;
-----------------------------------------------------------------------------
2016
01
01
00
00
19
thisisnotnumber
[1] row(s) selected.
Elapsed time: 8.990
```

찾았다. 2016년 1월 1일 0시 0분 19초 입력된 값이 숫자가 아니라는 것을 발견했다.

데이터 범위 오류 발견
이것 역시 위와 유사하게 수행을 하되, 변환된 값의 범위가 넘어가는 것을 찾으면, 다음과
같다.

```
Mach>select c6 from humidity_dummy where c6 is not null and to_number_safe(c6) > 99 or
to_number_safe(c6) < 0;
c6
-----------------------------------------------------------------------------
1938473
-33
491831.20
-192
1023
```

```
 -9999
 -1927
 9999999
 12340
[9] row(s) selected.
Elapsed time: 16.257
```

전체 천만 건 중에서 9건이 데이터 범위를 벗어나는 논리적 오류가 발생했다는 것을 알 수 있다.

올바른 데이터 개수 확인

위와 같이 에러를 확인했으므로, 정확한 데이터 범위를 가지고, NULL 아닌 데이터 개수를 세어보자.

```
Mach> select count(*) from humidity_dummy where c6 is not NULL and c6 is not null
      and to_number_safe(c6) < 100 and to_number_safe(c6) >= 0;
count(*)
-----------------------
10101727
[1] row(s) selected.
Elapsed time: 7.979
Mach>
```

표로 그리면 전체 데이터 건수는 다음과 같고, 정확하다.

데이터 타입	갯수	비고
CSV 레코드 개수	10,101,739건	wc -l
csvimport 시 에러	1건	bad.log 확인
값이 없이 입력된 것	1건	SQL로 확인
텍스트 오류로 입력된 것	1건	SQL로 확인
데이터 범위에러	9건	SQL로 확인
올바른 대상 데이터 레코드 개수	10,101,739 - 11 = **10101727**	

자, 이제 우리에게 필요한 데이터는 10,101,727건이 되겠다.

정규 데이터 타입 테이블 생성

이제 모든 데이터에 대한 확인이 끝났으므로, 텍스트형 데이터를 숫자형으로 바꾸어서 입력하면 두 번째 클랜징이 될 것이다. 그래서 해당 테이블 스키마를 다음과 같이 만들자. 소스코드에 create_table.sql을 활용하고 내용은 다음과 같다.

```
create_table.sql
DROP TABLE HUMIDITY;
CREATE TABLE humidity
(
    s_year      SHORT,
    s_month     SHORT,
    s_day       SHORT,
    s_hour      SHORT,
    s_minute    SHORT,
    s_second    SHORT,
    s_value     FLOAT
);
```

아래와 같이 데이터가 로딩될 테이블을 생성하자.

```
$ machsql -f create_table.sql -s 127.0.0.1 -u sys -p manager
=================================================================
     Machbase Client Query Utility
     Release Version 5.5.0.official
     Copyright 2014 MACHBASE Corporation or its subsidiaries.
     All Rights Reserved.
=================================================================
MACHBASE_CONNECT_MODE=INET, PORT=5656
Type 'help' to display a list of available commands.
Mach> DROP TABLE HUMIDITY;
[ERR-02025: Table HUMIDITY does not exist.]
Mach> CREATE TABLE humidity
(
    s_year      SHORT,
    s_month     SHORT,
```

```
    s_day      SHORT,
    s_hour     SHORT,
    s_minute   SHORT,
    s_second   SHORT,
    s_value    FLOAT
);
Created successfully.
Elapsed time: 0.125
```

테이블이 생성되었다.

데이터 변환

다음은 더미 테이블로부터 데이터를 가져오는 과정이다. 앞에서 검증된 데이터를 아래와 같이 입력하자. 변환은 마크베이스에서 제공하는 INSERT INTO .. SELECT 구문을 활용하면 아주 쉽게 변환된다.

```
Mach> insert into humidity select to_number(c0), to_number(c1), to_number(c2),
                            to_number(c3), to_number(c4), to_number(c5),
                            to_number(c6)
                       from humidity_dummy
                      where c6 is not NULL and c6 is not null and
                            to_number_safe(c6) < 100 and
                            to_number_safe(c6) >= 0;
10101727 row(s) inserted.
Elapsed time: 66.473
Mach>
```

모든 데이터 클랜징과 변환이 끝났다. 이제 할 일은 온전한 데이터가 들어가 있는 humidity 테이블의 데이터를 R과 연동을 통해 분석하는 것만 남았다.

클랜징 데이터와 R 분석

이제 R을 수행하고, 하나씩 데이터를 분석해 보도록 하자. 이해의 도움을 위해 몇 개의 그림을 그릴 수 있도록 하기 위해 부가 R 모듈을 로딩하자.

```
R version 3.4.1 (2017-06-30) -- "Single Candle"
...........
> library('RODBC')
> library('lattice')
> library('grid')
> library('chron')
> source("./calendarHeatmap.R");
```

위에서 calendarHeadmap.R은 1년의 캘린더의 데이터를 히트맵으로 보여주는 R 소스코드이다. 그중에 적절한 것을 소스코드에 넣었기 때문에 위와 같이 수행해서 직접 로딩하도록 한다. 이제 모든 준비가 끝났다.

ODBC 접속 및 캘린더 히트맵 보기

아래와 같이 마크베이스로 접속하자.

```
> conn <- odbcConnect('machbase', believeNRows=FALSE, case="toupper");
> sqlTables(conn)
  TABLE_CAT TABLE_SCHEM    TABLE_NAME TABLE_TYPE REMARKS
1    IFLUX         SYS       HUMIDITY      TABLE    <NA>
2    IFLUX         SYS HUMIDITY_DUMMY      TABLE    <NA>
>
```

에러가 없다면 성공적으로 접속한 것이고, 테이블이 있는지 확인해 보자. 두 개의 테이블이 존재하는 것을 확인할 수 있다. 우리는 기특한 HUMIDITY 테이블을 사용할 것이다.

캘린더 히트맵 함수

히트맵 함수의 프로토타입은 다음과 같다.

```
calendarHeat(dates=dat$s_date, values=dat$s_max, color="g2r", varname="Humidity Max
Value")
```

첫 번째 인자 dates는 "연-월-일" 구조의 텍스트이고, 두 번째 인자 values는 실수형 숫자이며, color는 색깔, varname은 타이틀이다.

그러므로, 테이블 HUMIDITY에서 이러한 구조로 데이터를 뽑기만 하면, 이 함수를 잘 사용할 수 있을 것이다.

SQL 만들기

만들 질의는 하나이지만, 내부적으로는 크게 두 부분으로 나누어진다. 첫 번째 부분은 HUMIDITY 테이블의 데이터로부터 일자별 통계 정보를 생성하는 부분이고 다음과 같다.

```
SELECT S_YEAR,
       S_MONTH,
       S_DAY,
       MIN(S_VALUE) s_min,
       MAX(S_VALUE) s_max,
       AVG(S_VALUE) s_avg
       FROM humidity
       GROUP BY S_YEAR, S_MONTH, S_DAY
       ORDER BY S_YEAR, S_MONTH, S_DAY;
```

이 질의는 결과값이 연, 월, 일과 그날의 최소, 최고, 평균 습도를 1월 1일부터 12월 31일까지 순서대로 출력하는 함수다. GROUP BY는 연월일 순서대로 그룹을 만들라는 의미이고, ORDER BY는 연월일 순서대로 소팅을 하라는 의미이다. 즉, 총 일 년 최대 366일의 결과 레코드가 생성되는 것이다. 한번 수행해 보면, 다음과 같이 쭉 출력된다.

```
Mach> SELECT S_YEAR, S_MONTH, S_DAY, MIN(S_VALUE) s_min, MAX(S_VALUE) s_max, AVG(S_VALUE)
s_avg FROM humidity GROUP BY S_YEAR, S_MONTH, S_DAY ORDER BY S_YEAR, S_MONTH, S_DAY;
S_YEAR      S_MONTH       S_DAY        s_min                 s_max
s_avg
-----------------------------------
2016        1             1            39.6                  59.89
43.8559
2016        1             2            39.47                 61.99
44.224
2016        1             3            39.66                 61.76
44.0558
2016        1             4            39.61                 58.26
43.6778
```

2016	1	5	39.54	63.42
44.2637				
....				
2016	12	25	39.71	61.53
43.8556				
2016	12	26	39.71	56.72
43.971				
2016	12	27	39.77	59.62
43.9969				
2016	12	28	39.59	55.45
45.9118				
2016	12	29	42.94	55.58
49.0696				
2016	12	30	42.9	55.18
49.0812				
2016	12	31	42.88	55.47
49.0785				

```
[366] row(s) selected.
Elapsed time: 3.041
Mach>
```

두 번째 부분의 질의는 히트맵 입력에 맞도록 위의 결과값을 스트링으로 변환하는 것이다.

```
SELECT TO_CHAR(s_year)||'-'||
       LPAD(TO_CHAR(s_month),2,'0')||'-'||
       LPAD(TO_CHAR(s_day),2,'0') AS s_date,
       s_min,
       s_max,
       s_avg
       FROM (위의 SQL 질의 ...)
```

위에서 || 표시는 스트링을 서로 연결하는 표시이고, TO_CHAR()는 숫자를 스트링으로 변환하는 것이고, LPAD는 스트링 위치를 조정하는 함수이다. 이 결과물은 ["2016-03-01", 최소, 최고, 평균]이라는 레코드를 생성하는 간단한 질의이다. 이 둘을 합치면 다음과 같은 질의로 완성되며, 천만 건에 대해서 우아하게 히트맵의 입력될 형태로 변환해 준다. 당연하지

만, 이러한 SQL을 활용하면 얼마든지 다양한 형태의 데이터로 조작할 수 있음은 분명하다.

```
SELECT TO_CHAR(s_year)||'-'||
       LPAD(TO_CHAR(s_month),2,'0')||'-'||
       LPAD(TO_CHAR(s_day),2,'0') AS s_date,
       s_min,
       s_max,
       s_avg
       FROM (
            SELECT S_YEAR,
                   S_MONTH,
                   S_DAY,
                   MIN(S_VALUE) s_min,
                   MAX(S_VALUE) s_max,
                   AVG(S_VALUE) s_avg
                   FROM humidity
                   GROUP BY S_YEAR, S_MONTH, S_DAY
                   ORDER BY S_YEAR, S_MONTH, S_DAY
        )
```

R에서 SQL을 통해 히트맵 결과값 얻기

이제 모든 준비가 되었다. R에서 다음과 같은 명령어를 수행하면 히트맵에 넣을 수 있는 입력 데이터를 얻을 수 있다.

```
> dat <- sqlQuery(conn, "SELECT TO_CHAR(s_year)||'-'||LPAD(TO_CHAR(s_month),2,'0')||'-
'||LPAD(TO_CHAR(s_day),2,'0') AS s_date, s_min, s_max, s_avg FROM (SELECT S_YEAR, S_
MONTH, S_DAY, MIN(S_VALUE) s_min, MAX(S_VALUE) s_max, AVG(S_VALUE) s_avg FROM humidity
GROUP BY S_YEAR, S_MONTH, S_DAY ORDER BY S_YEAR, S_MONTH, S_DAY)")
> View(dat)
```

dat 내부에 어떻게 데이터가 들어가 있는지 보기 위해 View()함수를 호출했고, 다음과 같이 보인다.

	s_date	s_min	s_max	s_avg
1	2016-01-01	39.60	59.89	43.85591
2	2016-01-02	39.47	61.99	44.22400
3	2016-01-03	39.66	61.76	44.05578
4	2016-01-04	39.61	58.26	43.67783
5	2016-01-05	39.54	63.42	44.26370
6	2016-01-06	39.59	62.36	43.97063
7	2016-01-07	39.70	59.58	43.58200
8	2016-01-08	39.75	60.97	44.15638
9	2016-01-09	39.79	58.86	43.64652
10	2016-01-10	39.75	66.65	44.36318
11	2016-01-11	39.77	62.46	44.52881
12	2016-01-12	39.82	62.29	43.95478
13	2016-01-13	39.20	61.30	43.93102
14	2016-01-14	39.68	62.89	44.16416
15	2016-01-15	39.38	64.40	44.12895
16	2016-01-16	39.74	58.91	44.03159
17	2016-01-17	39.71	63.08	44.40747
18	2016-01-18	39.33	61.52	44.30358
19	2016-01-19	39.75	67.20	44.08360
20	2016-01-20	39.75	58.69	43.88424
21	2016-01-21	39.63	64.34	44.34818
22	2016-01-22	39.82	63.51	44.83191
23	2016-01-23	39.56	64.01	43.71900
24	2016-01-24	39.59	63.63	44.03838
25	2016-01-25	39.84	71.17	44.34892

이제 히트맵을 볼 수 있는 만반의 준비가 되었다.

캘린더 히트맵 보기

이제 히트맵을 수행해 보자.

하루 중 최고 습도를 보인 날에 대한 히트맵

```
> calendarHeat(dates=dat$s_date, values=dat$s_max, color="g2r", varname="Humidity Max
Value")
```

아래는 위의 결과화면이다.

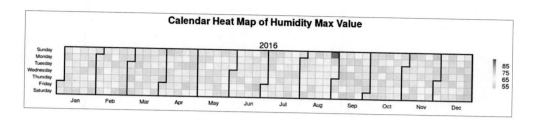

보니까 8월 28일이 가장 높은 습도를 보인 날이었다. 아마도 소나기나 홍수 혹은 장마가 있었던 듯하다.

하루 중 최저 습도를 보인 날에 대한 히트맵

```
> calendarHeat(dates=dat$s_date, values=dat$s_min, color="g2r", varname="Humidity Min
Value")
```

아래는 위의 결과화면이다.

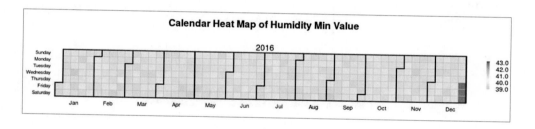

12월 마지막 날에 최저 습도 치가 가장 높았다. 겨울에 전반적으로 습도가 높고 최저 습도는 전체적으로 큰 차이가 없는 듯한 지역이다.

하루 평균 습도에 대한 히트맵

```
> calendarHeat(dates=dat$s_date, values=dat$s_avg, color="g2r", varname="Humidity
Average")
```

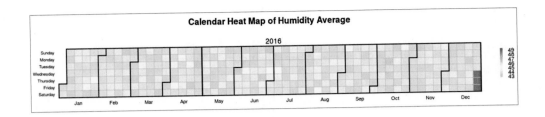

Calendar Heat Map of Humidity Average

12월 말에 평균 습도가 가장 높은 날이 있다. 남반구의 어느 도시가 아닐까 하는 생각을 해 본다.

8월 28일 시간별 습도 분포 보기

이번에는 특정 날에 대한 시간별 습도 분포를 보도록 하자. 최고를 기록한 8월 28일 결과는 다음과 같다. HUMIDITY 테이블에서 8월 28일의 데이터 중에서 시간, 분, 초, 습도 값을 모두 얻어와서 hourmax에 저장한다.

```
> hourmax <- sqlQuery(conn, "SELECT S_HOUR, S_MINUTE, S_SECOND, S_VALUE FROM humidity
WHERE S_MONTH = 8 and S_DAY = 28")
> View(hourmax)
```

hourmax의 값은

	S_HOUR	S_MINUTE	S_SECOND	S_VALUE
1	23	59	56	43.97
2	23	59	51	43.96
3	23	59	51	43.42
4	23	59	50	43.81
5	23	59	50	44.08
6	23	59	46	43.11
7	23	59	43	42.97
8	23	59	39	44.52
9	23	59	39	44.43
10	23	59	39	43.89
11	23	59	36	43.32
12	23	59	32	43.11
13	23	59	28	42.53

이고, 시계열로 plot을 하면 다음과 같이 예쁘게 나온다.

```
> plot(hourmax$S_HOUR, hourmax$S_VALUE, col="blue", main="2016-08-28 humidity per hour",
xlab="hour", ylab="value")
```

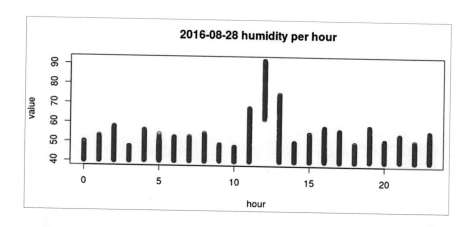

2016년 8월 28일 12시에서 13시에 최고 습도를 기록한 것으로 나온다. 그럼, 그날 12시에서 13시까지의 세부 데이터를 보자.

```
> minmax <- sqlQuery(conn, "SELECT S_MINUTE, S_SECOND, S_VALUE FROM humidity WHERE S_
MONTH = 8 and S_DAY = 28 and S_HOUR = 12")
> View(minmax)
```

실제 데이터는 우측과 같다.

이 데이터를 가지고 시계열 데이터를 보자.

```
> plot(minmax$S_MINUTE, minmax$S_VALUE, col="#de5347",
main="2016-08-28 12 ~ 13 humidity per minute",
xlab="minute", ylab="value")
```

결론적으로 2016년 전체 데이터를 보면, 8월 28일 오후 12시 25분경에 그해 최고의 습도를 기록한 것으로 나온다. 아래는 마지막으로 2016년 1년 전체의 일별 전체 습도 평균을 시계열로 나타낸 것이다.

Data: minmax

	S_MINUTE	S_SECOND	S_VALUE
1	59	57	69.40
2	59	57	68.86
3	59	53	68.15
4	59	48	68.49
5	59	45	67.58
6	59	40	67.89
7	59	40	67.26
8	59	35	67.25
9	59	35	66.71
10	59	30	68.28
11	59	25	68.17
12	59	21	69.39
13	59	18	68.72
14	59	10	70.09
15	59	8	70.14
16	59	8	69.60
17	59	7	68.09
18	59	1	70.74
19	59	1	70.11

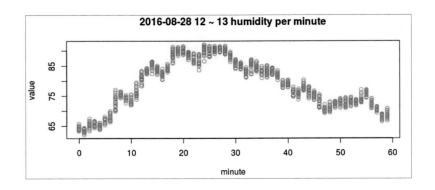

```
> plot(dat$s_date, dat$s_avg, col="#de5347", main="2016", xlab="day", ylab="humidity")
```

출력된 그림은 아래와 같다.

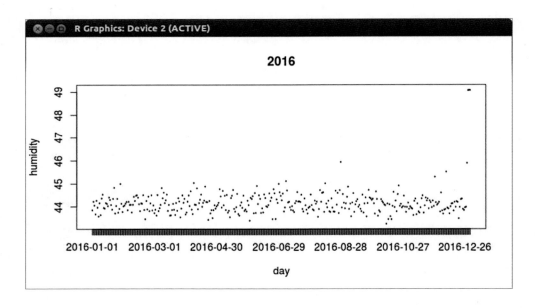

센서 데이터 비정상 값 범위 분석

이 절에서는 태그 테이블과R의 연동을 해 볼 텐데, TagTutorial의 edu_1_basic의 데이터가 로딩된 상태를 가정한다. 이 분석의 목표는 로딩된 데이터에서 "**센서 C00의 데이터 중에서 그 값이 3200이 넘는 것들**(비정상이라고 가정)**에 대해 모두 찾아 그 범위에 대해 화면에 그래프로 출력하는 것**"으로 해 보자. 관련된 소스코드는 TagTutorial의 edu_1_basic 디렉토리의 TagAbnormalRange.R 을 참조하면 될 것이다. 아래는 해당 디렉토리의 내용이다.

```
$ dir
 C:\Machbase-5.5\TagTutorial\edu_1_basic 디렉터리

2019-03-20  오후 12:52    <DIR>              .
2019-03-20  오후 12:52    <DIR>              ..
2019-03-06  오후 02:40              107 1_create_tag.sql
2019-03-06  오후 02:40               92 2_insert_meta.sql
2019-03-06  오후 02:40              233 3_load.bat
2019-03-06  오후 02:40              184 3_load.sh
2018-08-16  오후 03:06      208,509,589 3_MTAG_C00.csv
2019-03-06  오후 02:40       16,785,656 3_MTAG_C00.zip
2018-08-16  오후 03:06      208,510,104 3_MTAG_C01.csv
2019-03-06  오후 02:40       16,731,344 3_MTAG_C01.zip
2019-03-20  오후 01:05              187 error_C00.log
2019-03-20  오후 01:04              187 error_C01.log
2019-03-20  오후 03:21            1,083 TagAbnormalRange.R
              11개 파일      450,538,766 바이트
               2개 디렉터리  44,466,155,520 바이트 남음

C:\Machbase-5.5\TagTutorial\edu_1_basic
```

데이터 준비

MTAG_C00과 MTAG_C01의 센서 데이터가 총 8천만 건 로딩된 상태이다. 이 데이터는 2009년 1월 28일 오전 7시 3분 34초에서부터 그날 오후 6시 40분 4초까지의 데이터를 담고 있다. 또한, 해당 데이터는 1초에 약 100건 식의 데이터를 뿜어내는 적지 않은 데이터양이다.

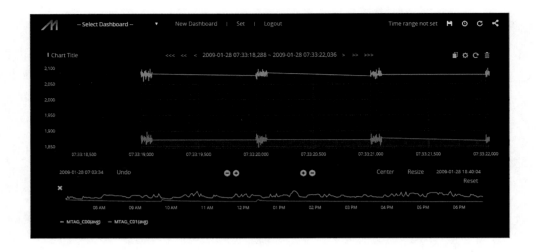

위는 실제 두 센서의 실제 Raw 데이터를 Tag Analyzer에서 확인한 것인데 1초에 100건 씩 출력된 모습을 볼 수 있다.

RAW 데이터에 대한 TIME 컬럼 로딩 방법

이 센서 데이터를 시계열 데이터이기 때문에 R로 로딩할 때 시간 값을 정확하게 가져오는 것이 매우 중요하다. 그러나 RODBC의 경우에는 이러한 시간 처리에 여러 가지 문제점이 보고되고 있고, DBMS마다 일관성 있는 동작을 하고 있지 않기 때문에 아래와 같은 문제가 발생한다.

```
> library("RODBC")
> channel <- odbcConnect("MACHBASE_DSN", believeNRows=FALSE, case="toupper");
> res <- sqlQuery(channel, "select time, value from tag where name = 'MTAG_C00' limit
10");
> res
        time  value
1  2009-01-28 -41.98
2  2009-01-28 -46.50
3  2009-01-28 -36.16
4  2009-01-28 -50.36
5  2009-01-28 -37.30
6  2009-01-28 -48.43
7  2009-01-28 -46.17
8  2009-01-28 -42.78
```

```
9    2009-01-28  -40.85
10   2009-01-28  -55.68
```

즉, 위와 같이 시간 부분에 시, 분, 초가 나타나지 않기 때문에 적절하게 처리하기 힘든 형태이다. 따라서, time을 가져올 때는 TO_CHAR() 함수를 사용해서 모든 값을 스트링으로 변환해서 수행하면 문제가 사라진다.

```
> res <- sqlQuery(channel, "select TO_CHAR(time, 'YYYY-MM-DD HH24:MI:SS,mmm'), value from
tag where name = 'MTAG_C00' limit 10000");
> res
    to_char(time, 'YYYY-MM-DD HH:MI:SS,mmm')    value
1                  2009-01-28 07:03:34,000    -41.98
2                  2009-01-28 07:03:34,001    -46.50
3                  2009-01-28 07:03:34,002    -36.16
4                  2009-01-28 07:03:34,003    -50.36
... 생략..
> plot(res)
```

위와 같이 수행하면, 시간 값이 정확하게 출력되어 나오는 것을 확인할 수 있다. 그리고 아래와 같이 plot() 함수로 화면에 데이터를 출력할 수 있다.

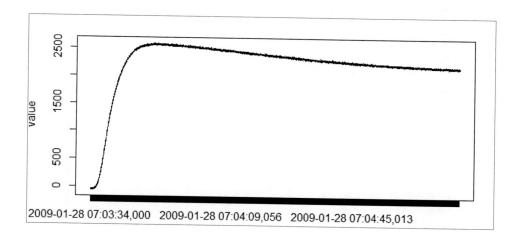

RAW 데이터를 통한 C00 센서의 비정상 값 찾기

C00의 값 중에서 전체 데이터 중에서 그 값이 3200을 넘는 센서 데이터를 모두 찾아보자.

```
> res <- sqlQuery(channel, "select to_char(time, 'YYYY-MM-DD HH24:MI:SS,mmm'), value from
tag where name = 'MTAG_C00' and value > 3200");
> plot(res)
> Error: cannot allocate vector of size 23.5 Gb

> res <- sqlQuery(channel, "select to_char(time, 'YYYY-MM-DD HH24:MI:SS,mmm'), value from
tag where name = 'MTAG_C00' and value > 3200 limit 10000");
> plot(res)
```

총 레코드 개수가 59,581개이고, plot() 수행에 메모리 부족 에러가 발생하기 때문에 개수를 10000으로 줄여서 출력하면, 다음과 같이 나온다.

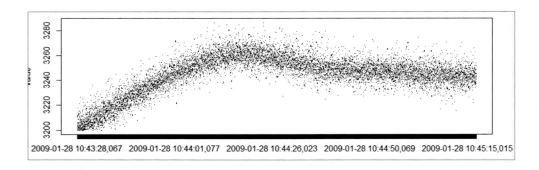

10시 45분 이후 데이터가 잘린 것을 알 수 있고, 실제로 데이터가 너무 많기 때문에 다른 방식으로 비정상 데이터를 파악해 보자.

분당 롤업을 통해 비정상 데이터 범위 파악하기

이를 위해, 아래와 같이 1분당 평균을 얻고, plot()으로 그래프를 그린다. 즉, 1분 평균이 3200을 넘는 것을 모두 얻어서 화면에 출력하면 개략적인 데이터 분포와 에러의 형태를 인지할 수 있으니 말이다.

```
> res <- sqlQuery(channel, "SELECT TO_CHAR(DATE_TRUNC('minute', TIME, 1), 'YYYY-MM-DD
HH24:MI:SS') as date, avg(VALUE) as value FROM (SELECT /*+ ROLLUP(TAG, min, avg) */ TIME,
VALUE FROM TAG WHERE NAME = 'MTAG_C00') GROUP BY date ORDER BY 1 ");
> plot(res)
>
```

전체에서 1분 평균 그래프를 그려보면 아래와 같다.

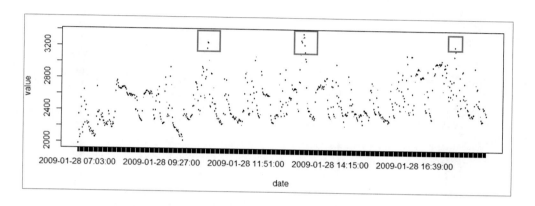

위의 그래프를 보면, 개략적으로 1분 평균에서 3200이 넘는 것이 몇 안 되는 것을 확인할
수 있는데, 이것을 실제로 R로 불러오면, 다음과 같이 레코드가 구해진다.

```
> res <- sqlQuery(channel, "select time, value from (SELECT /*+ ROLLUP(TAG, min, avg) */
TO_CHAR(TIME, 'YYYY-MM-DD HH24:MI:SS') as time , VALUE FROM TAG WHERE NAME = 'MTAG_C00'
ORDER BY 1) where value > 3200");
> plot(res)
time     value
1 2009-01-28 10:44:00 3252.831
2 2009-01-28 10:45:00 3242.542
3 2009-01-28 13:24:00 3280.193
4 2009-01-28 13:25:00 3264.638
5 2009-01-28 13:26:00 3318.543
6 2009-01-28 13:27:00 3362.483
7 2009-01-28 13:28:00 3322.862
8 2009-01-28 13:29:00 3226.500
9 2009-01-28 17:46:00 3217.083
>
```

즉, 위와 같이 1분 평균을 구했을 때 9개 지점에서 3200을 넘은 것을 파악할 수 있었다! 이제 각 구간에서 3200을 넘는 범위에 대해서 개략적으로 큰 그림을 그릴 수 있게 되었다.

초당 롤업을 사용하기 비정상 데이터 범위 찾기

이제 1분 평균을 통해서 3200을 넘는 데이터의 개략적인 범위를 알았기 때문에 1초 평균을 통해서 실제 해당 구간의 데이터를 찾아서 그려보자(1번과 2번 레코드 범위). 아래와 같이 초당 평균값을 해당 데이터 범위에 수행해 본다.

```
res <- sqlQuery(channel, "SELECT  /*+ ROLLUP(TAG, sec, avg) */ to_char(TIME, 'HH24:MI:SS'),
VALUE FROM TAG WHERE NAME = 'MTAG_C00' AND TIME >= TO_DATE('2009-01-28 10:43:00') AND
TIME < TO_DATE('2009-01-28 10:47:00') order by time")
> plot(res)
```

위 결과를 그리면 다음과 같다.

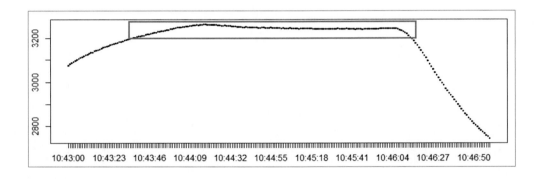

차트에서 볼 수 있듯이 대략 10시 43분 46초 이후에 실제로 값이 3200을 넘기 시작했고, 46분 4초경부터 3200 이하로 떨어졌다는 것을 확인할 수 있다! 이와 유사하게 다른 데이터 범위(3번부터 9번까지)도 이렇게 찾아서 그려보면 확인할 수 있을 것이다.

더 많은 케이스를 위해

여기에서 보인 예제는 Tag Analyzer를 통해서도 더 쉽게 추적이 가능하지만, R이 가지고 있는 다양한 함수를 더 활용할 수 있도록 데이터를 로딩하는 방법을 배우는 과정이 더 큰 의미가 있을 것이다. 이제 태그 테이블의 Raw 데이터부터 통계 데이터까지 자유롭게 꺼내어서 변환할 수 있게 되었으며, 이를 통해서 더욱더 다양한 R 분석과 처리가 가능할 것으로 생각된다.

마치면서

이 장에서는 로그테이블에 천만 건짜리 분석용 CSV 데이터를 활용해서 다양하게 데이터를 조작, 입력, 분석해 보았고, 8천만 건이 들어간 태그 테이블의 이상치 데이터 범위를 손쉽게 찾아보는 예를 실행해보았다. 실제로 일반 PC에서 모든 스크립트를 자동으로 수행하면, 로그 테이블의 천만 건의 데이터를 로딩, 클랜징, 분석하는데 5분도 채 걸리지 않는 것을 확인할 수 있었다. 물론 센서 데이터도 마찬가지겠지만, 마크베이스와 R을 잘 활용하면 데이터 분석에 있어서 큰 도약이 될 것이다.

R과 마크베이스 시간 컬럼 사용시의 제약사항
RODBC를 사용해서 태그테이블의 TIME 컬럼이나 LOG 테이블의 datetime 타입의 컬럼을 로딩하면 "년-월-일" 밖에 추출되지 않는다.

다른 ODBC 응용 프로그램에서는 "년-월-일 시:분:초 밀리"까지 자동으로 출력되는 것을 생각해 본다면, 아직까지 RODBC의 시간 처리에 내부적인 문제가 있지 않나 생각된다.

만일 R에서 이렇게 시간을 처리해야 하는 경우에는 **TO_CHAR(TIME)** 혹은 **TO_CHAR(TIME, "YYYY-MM-DD HH24:MI:SS mmm:uuu:nnn")** 형태를 적절하게 선택한 CHAR 타입으로 변경해 데이터를 얻도록 하자.

개발하기 까다롭고, 디버깅도 쉽지 않은 컴파일 언어인 C 혹은 C++ 언어를 써서 응용 프로그램을 개발하는 가장 큰 이유는 성능 때문이다. 이 장에서는 이 언어를 통한 마크베이스 활용에 대해 자세히 기술하도록 한다.

개요

DBMS에서 C 및 C++ 언어를 위한 기본 개발 도구는 CLI 혹은 ODBC로 불리는 표준 인터페이스이다. 마크베이스는 기본적인 위의 두 라이브러리 뿐만 아니라, 고속으로 데이터를 입력하기 위해 제공되는 확장 API도 함께 제공한다.

CLI 및 ODBC 소개

CLI란 ISO/IEC9075-3:2003에 정의된 소프트웨어 개발 표준이다. CLI는 데이터베이스에 어떻게 SQL을 전달하고, 결과값을 어떻게 받고 분석해야 하는지에 대한 함수 및 명세를 정의하고 있다. 이 CLI는 1990년 초창기에 개발되었고, C와 COBOL 언어만을 위해 개발되었고, 현재까지 그 스펙이 유지되고 있다.

현재까지 가장 널리 알려진 표준 인터페이스는 ODBC(Open Database Connectivity)로서 클라이언트 프로그램이 데이터베이스의 종류와 무관하게 데이터베이스 접속할 수 있는 방법을 제시해 주고 있다. 현재 최신 ODBC API 버전은 3.52로서 ISO와 X/Open 표준에 정의되어 있다.

표준 CLI 함수

표준 함수의 사용법에 대해서는 다음과 같은 링크를 참조한다.

- 위키피디아(https://en.wikipedia.org/wiki/Call_Level_Interface)
- 오픈그룹 문서(https://publications.opengroup.org/c451)

관련된 함수는 다음과 같다.

SQLAllocConnect	SQLDisconnect	SQLGetDescField	SQLPrepare
SQLAllocEnv	SQLDriverConnect	SQLGetDescRec	SQLPrimaryKeys
SQLAllocHandle	SQLExecDirect	SQLGetDiagRec	SQLStatistics
SQLAllocStmt	SQLExecute	SQLGetEnvAttr	SQLRowCount
SQLBindCol	SQLFetch	SQLGetFunctions	SQLSetConnectAttr
SQLBindParameter+	SQLFreeConnect	SQLGetInfo	SQLSetDescField
SQLColAttribute	SQLFreeEnv	SQLGetStmtAttr	SQLSetDescRec
SQLColumns	SQLFreeHandle	SQLGetTypeInfo	SQLSetEnvAttr
SQLConnect	SQLFreeStmt	SQLNativeSQL	SQLSetStmtAttr
SQLCopyDesc	SQLGetConnectAttr	SQLNumParams	SQLStatistics
SQLDescribeCol	SQLGetData	SQLNumResultCols	SQLTables

접속을 위한 연결 스트링

CLI를 통해 접속을 하기 위해서는 연결 스트링을 만들어야 하며, 각각의 내용은 다음과 같다.

연결 스트링 항목명	항목 설명
DSN	데이터 소스명을 지정한다. ODBC에서는 리소스가 담긴 파일의 섹션명을 기술하고, CLI에서는 서버명 혹은 IP 주소를 지정한다.
DBNAME	Machbase의 DB명을 기술한다.
SERVER	Machbase가 위치하는 서버의 호스트 명 혹은 IP 주소를 가리킨다.
NLS_USE	서로 사용할 언어 종류를 설정한다(현재 사용되지 않으며, 차후 확장을 위해 유지한다).
UID	사용자 아이디
PWD	사용자 패스워드
PORT_NO	접속할 포트 번호
PORT_DIR	유닉스에서 Unix domain으로 접속할 경우 사용되는 파일 경로를 지정한다(서버에서 수정했을 경우에 지정하며, 디폴트로는 지정하지 않아도 동작한다).
CONNTYPE	클라이언트와 서버의 접속 방법을 지정한다. 1: TCP/IP INET으로 접속 2: Unix Domain으로 접속
COMPRESS	Append 프로토콜을 압축할 것인지 나타낸다. 이 값이 0일 경우에는 압축하지 않고 전송한다. 이 값이 0보다 큰 임의의 값일 경우에는 그 값보다 Append 레코드가 클 경우에만 압축한다. 예) COMPRESS=512 　레코드 사이즈가 512보다 클 경우에만 압축하여 동작한다. 원격 접속일 경우 압축하면 전송 성능이 향상된다.
SHOW_HIDDEN_COLS	숨겨진 컬럼(_arrival_time)을 select *로 수행 시 보여줄 것인지 결정한다. 0일 경우에는 보이지 않으며, 1일 경우에 해당 컬럼의 정보가 출력된다.
CONNECTION_TIMEOUT	최초 연결 시에 얼마나 대기할 것인지 설정한다. 디폴트로는 30초가 설정되어 있다. 만일 최초 연결 시 서버의 응답이 30초보다 더 느려지는 경우를 고려하면, 이 값을 더 크게 설정한다.

CLI 접속 예제는 다음과 같다.

```
sprintf(connStr,"DSN=127.0.0.1;COMPRESS=512;UID=SYS;PWD=MANAGER;CONNTYPE=1;PORT_NO=%d",
MACHBASE_PORT_NO);

if (SQL_ERROR == SQLDriverConnect( gCon, NULL, (SQLCHAR *)connStr, SQL_NTS, NULL, 0,
NULL, SQL_DRIVER_NOPROMPT )) {
    ...
}
```

확장 CLI 함수(APPEND) 개요

CLI 확장 함수는 Machbase 서버에 데이터를 초고속으로 입력하기 위해 제공되는 Append 프로토콜을 구현하기 위한 함수이다(표준에는 존재하지 않는다!). 이 함수를 사용하면 단일 세션에서도 스토리지 성능이 좋을 경우 초당 백만 건 이상의 데이터 입력이 가능하다. 크게 이 함수는 크게 4가지의 종류로 구성되어 있는데, 채널 열기, 채널에 대한 데이터 입력, 채널의 데이터 플러쉬, 채널 닫기이다.

Append 프로토콜의 이해

Machbase에서 제공하는 Append 프로토콜은 비동기 방식으로 동작한다. 비동기라 함은 클라이언트가 서버에게 요청한 특정 작업에 대한 응답이 서로 완전히 동기화되지 않고, 임의의 이벤트가 발생하는 순간에 발생하는 것을 의미한다. 즉, 클라이언트가 Append를 수행했다고 하더라도, 그 수행에 대한 결과를 바로 얻거나 확인할 수 없으며, 서버에서 준비가 되는 임의의 시점에 그것을 확인할 수 있다는 것이다. 이런 이유로 Append 프로토콜을 활용해서 응용 프로그램을 개발하는 개발자는 다음과 같은 내부 동작에 대한 이해를 가져야 한다. 이후의 설명은 클라이언트가 언제 어떻게 서버에서 발생하는 비동기 에러를 검출하고 사용자에게 되돌려주는지에 대한 것이다.

Append 데이터의 전송

SQLExecute() 혹은 SQLExecDirect()와 같은 일반적인 호출에서 Machbase는 즉시 그 결과를 클라이언트에게 되돌려주는 동기화 방식을 사용한다. 그러나 SQLAppendDataV2()는 사용자 데이터가 입력된 이후 즉시 요청을 보내지 않는다. 대신, 클라이언트 통신 버퍼가 모두 찰 때까지 대기하고 있다가 모두 차면 그 이후에 한꺼번에 데이터를 클라이언트로 전송하게 된다. 이렇게 설계된 이유는 Append를 사용하는 클라이언트의 입력 데이터가 초당 수만에서 수십만 레코드를 가정하였기 때문에 고속의 데이터 전송을 위한 버퍼링 방식을 활용한 것이다. 이런 이유로 만일 사용자가 임의로 해당 버퍼의 내용을 전송하고자 할 경우에는 SQLAppendFlush() 함수를 호출하여, 명시적으로 데이터를 입력할 수 있다.

Append 데이터의 에러 확인

앞에서 언급한 바와 같이 Append 프로토콜은 버퍼링 되어 비동기로 동작한다. 특히, 서버에서 에러가 발생하지 않았을 경우에는 아무런 응답을 받지 않고, 에러가 발생했을 경우에만 에러를 검출하는 방식을 취하기 때문에 에러가 언제 어떻게 검출되는지 이해하는 것이 매우 중요하다. 또한, 에러를 검출하는 비용이 상대적으로 매우 크기 때문에 레코드 입력 시마다 매번 검사하는 것이 매우 비효율적으로 판단되어, 현재 Machbase에서는 명시적으로 다음과 같은 경우에만 에러를 검출하도록 되어 있다. 에러가 검출될 경우에는 사용자가 설정한 에러 콜백 함수를 매번 호출하게 된다.

- 전송 버퍼가 모두 차고, 서버에게 명시적으로 데이터를 전송한 이후 검사
- SQLAppendFlush() 내부에서 서버에게 명시적으로 데이터를 전송한 이후 검사
- SQLAppendClose() 내부에서 종료 직전에 검사

즉, 기본적으로 위의 3가지 경우에만 에러를 검출하도록 되어 있어, I/O의 발생을 최소화하도록 설계되었다.

서버 에러 발생 시 Trace 로그 남기기

만일 에러가 발생한 Append 데이터에 대해서 별도로 Trace 로그를 남기고자 할 경우에는 서버에 준비된 프로퍼티 DUMP_APPEND_ERROR를 1로 설정한다. 이렇게 설정하면, mach.trc 파일에 해당 에러를 발생시킨 레코드에 대한 명세가 파일로 기록된다. 단, 에러의 횟수가 과도할 경우 시스템 리소스의 사용량이 급격히 늘어나, Machbase의 전체 성능을 떨

어뜨릴 수 있으므로 주의하여 사용해야 한다.

SQLAppendOpen

```
SQLRETURN SQLAppendOpen(SQLHSTMT   aStatementHandle,
                        SQLCHAR    *aTableName,
                        SQLINTEGER aErrorCheckCount );
```

이 함수는 대상 테이블에 대한 채널을 오픈한다. 이후 이 채널을 닫아 주지 않으면 지속적으로 열린 상태가 유지된다. 하나의 연결에 대해 최대 1,024개의 Statement 설정이 가능하다. 각 Statement마다 SQLAppendOpen을 사용하면 된다.

1) aStatementHandle: Append를 수행할 Statement의 핸들을 나타낸다.
2) aTableName: Append를 수행할 대상 테이블의 이름을 나타낸다.
3) aErrorCheckCount: 몇 건의 데이터가 입력될 때마다 서버의 에러를 검사할 것인지 결정한다. 이 값이 0일 경우에는 임의로 에러를 검사하지 않는다.

SQLAppendDataV2

```
SQLRETURN  SQLAppendDataV2(SQLHSTMT StatementHandle, SQL_APPEND_PARAM *aData);
```

이 함수는 Machbase 2.0부터 새로 도입된 Append 함수로서, 기존의 함수에서 불편했던 입력 방식을 편리하게 대폭 개선한 함수이다. 특히, 2.0에서 도입된 TEXT와 BINARY 타입의 경우는 SQLAppendDataV2() 함수에서만 입력이 가능하다.

- 각 타입에 맞는 NULL 입력 가능
- VARCHAR 입력 시 스트링 길이 입력 가능
- IPv4, IPv6 입력 시 바이너리 및 스트링 형태의 데이터 입력 가능
- TEXT, BINARY 타입에 대한 데이터 길이 지정 가능

함수 인자는 다음과 같이 구성된다.

- aData는 SQL_APPEND_PARAM 이라는 인자배열을 가리키는 포인터이다. 이 배열의 개수는 Open 시에 지정한 테이블이 보유하고 있는 컬럼의 개수와 일치해야 한다.
- 리턴값은 SQL_SUCCESS, SQL_SUCCESS_WITH_INFO, SQL_ERROR가 가능하다. 특히, SQL_SUCCESS_WITH_INFO가 반환되었을 경우에는 입력된 특정 컬럼의 길이가 길어 잘리는 등의 오류가 있을 수 있으므로 결과를 다시 확인하여야 한다.

아래는 실제로 V2에서 사용될 SQL_APPEND_PARAM의 정의이며, 이 내용은 machbase_sqlcli.h에 포함되어 있다.

```
typedef struct machAppendVarStruct
{
    unsigned int mLength;
    void *mData;
} machAppendVarStruct;

/* for IPv4, IPv6 as bin or string representation */
typedef struct machAppendIPSttypedef struct machbaseAppendVarStruct
{
    unsigned int mLength;
    void         *mData;
} machbaseAppendVarStruct;

/* for IPv4, IPv6 as bin or string representation */
typedef struct machbaseAppendIPStruct
{
    unsigned char   mLength; /* 0:null, 4:ipv4, 6:ipv6, 255:string representation */
    unsigned char   mAddr[16];
    char            *mAddrString;
} machbaseAppendIPStruct;

/* Date time*/
typedef struct machbaseAppendDateTimeStruct
{
    long long       mTime;
#if defined(SUPPORT_STRUCT_TM)
```

```
    struct tm        mTM;
#endif
    char             *mDateStr;
    char             *mFormatStr;
} machbaseAppendDateTimeStruct;

typedef union machbaseAppendParam
{
    short                        mShort;
    unsigned short               mUShort;
    int                          mInteger;
    unsigned int                 mUInteger;
    long long                    mLong;
    unsigned long long           mULong;
    float                        mFloat;
    double                       mDouble;
    machbaseAppendIPStruct       mIP;
    machbaseAppendVarStruct      mVar;      /* for all varying type */
    machbaseAppendVarStruct      mVarchar; /* alias */
    machbaseAppendVarStruct      mText;    /* alias */
    machbaseAppendVarStruct      mBinary;  /* binary */
    machbaseAppendVarStruct      mBlob;    /* reserved alias */
    machbaseAppendVarStruct      mClob;    /* reserved alias */
    machbaseAppendDateTimeStruct mDateTime;
} machbaseAppendParam;

#define SQL_APPEND_PARAM machbaseAppendParam
```

위에서 볼 수 있듯이 내부적으로 machbaseAppendParam이라는 공용 구조체가 하나의 인자를 담고 있는 구조이다. 각 데이터 타입에 대해 데이터 및 스트링에 대한 길이 및 값을 명시적으로 입력할 수 있도록 되어 있다. 실제 사용 예는 다음과 같다.

고정 길이 숫자형 타입의 입력

고정 길이 숫자형 타입이라 함은 short, ushort, integer, uinteger, long, ulong, float, double을 말한다. 이 타입의 경우 SQL_APPEND_PARAM의 구조체 멤버에 직접 값을 대입함으로써 입력 가능하다.

데이터베이스 타입	NULL 매크로	SQL_APPEND_PARAM 멤버
SHORT	SQL_APPEND_SHORT_NULL	mShort
USHORT	SQL_APPEND_USHORT_NULL	mUShort
INTEGER	SQL_APPEND_INTEGER_NULL	mInteger
UINTEGER	SQL_APPEND_UINTEGER_NULL	mUInteger
LONG	SQL_APPEND_LONG_NULL	mLong
ULONG	SQL_APPEND_ULONG_NULL	mULong
FLOAT	SQL_APPEND_FLOAT_NULL	mFloat
DOUBLE	SQL_APPEND_DOUBLE_NULL	mDouble

다음은 실제 값을 입력하는 예제이다.

```
// Table Schema가 8개의 컬럼이고, 각각 SHORT, USHORT, INTEGER, UINTEGER, LONG, ULONG, FLOAT,
DOUBLE로 이루어진 것으로 가정한다.

void testAppendExampleFunc()
{
    SQL_APPEND_PARAM sParam[8];

    /* fixed column */
    sParam[0].mShort = SQL_APPEND_SHORT_NULL;
    sParam[1].mUShort = SQL_APPEND_USHORT_NULL;
    sParam[2].mInteger = SQL_APPEND_INTEGER_NULL;
    sParam[3].mUInteger = SQL_APPEND_UINTEGER_NULL;
    sParam[4].mLong = SQL_APPEND_LONG_NULL;
    sParam[5].mULong = SQL_APPEND_ULONG_NULL;
    sParam[6].mFloat = SQL_APPEND_FLOAT_NULL;
    sParam[7].mDouble = SQL_APPEND_DOUBLE_NULL;

    SQLAppendDataV2(Stmt, sParam);

    /* FIXED COLUMN Value */
    sParam[0].mShort = 2;
    sParam[1].mUShort = 3;
    sParam[2].mInteger = 4;
    sParam[3].mUInteger = 5;
    sParam[4].mLong = 6;
```

```
    sParam[5].mULong = 7;
    sParam[6].mFloat = 8.4;
    sParam[7].mDouble = 10.9;


    SQLAppendDataV2(Stmt, sParam);
}
```

날짜형 타입의 입력

아래는 DATETIME형의 데이터를 입력하는 예이다. 편의를 위해 몇 가지의 매크로가 준비되어 있다. SQL_APPEND_PARAM에서 mDateTime 멤버에 대한 조작을 수행한다. 아래의 매크로는 mDateTime 구조체에서 mTime이라는 64비트 정숫값에 대해 설정함으로써 날짜를 지정할 수 있다.

```
typedef struct machbaseAppendDateTimeStruct
{
    long long       mTime;
#if defined(SUPPORT_STRUCT_TM)
    struct tm       mTM;
#endif
    char            *mDateStr;
    char            *mFormatStr;
} machbaseAppendDateTimeStruct;
```

매크로	설명
SQL_APPEND_DATETIME_NOW	현재의 클라이언트 시간을 입력한다.
SQL_APPEND_DATETIME_STRUCT_TM	mDateTime의 struct tm 구조체인 mTM에 값을 설정하고, 그 값을 데이터베이스로 입력한다.
SQL_APPEND_DATETIME_STRING	mDateTime의 스트링형에 대한 값을 설정하고, 이를 데이터베이스로 입력한다. mDateStr: 실제 날짜 스트링 값이 할당 mFormatStr: 날짜 스트링에 대한 포맷 스트링 할당
SQL_APPEND_DATETIME_NULL	날짜 컬럼의 값을 NULL로 입력한다.

매크로	설명
임의의 64비트 값	이 값이 실제 datetime으로 입력된다. 이 값을 1970년 1월 1일 이후로부터 나노세컨드 단위의 시간이 흐른 정수값을 나타낸다. 예를 들어, 만일 이 값이 10억(1,000,000,000)이라면, 1970년 1월 1일 0시 0분 1초를 나타낸다(GMT).

```
// 다음은 각각의 경우에 대해 실제 값을 입력하는 예제이다.  하나의 DATETIME 컬럼이 존재한다고 가정한다.
void testAppendDateTimeFunc()
{
    SQL_mach_PARAM sParam[1];
    /* NULL 입력 */
    sParam[0].mDateTime.mTime   = SQL_APPEND_DATETIME_NULL;
    SQLAppendDataV2(Stmt, sParam);


    /* 현재 시간 입력 */
    sParam[0].mDateTime.mTime       = SQL_APPEND_DATETIME_NOW;
    SQLAppendDataV2(Stmt, sParam);


    /* 임의의 값 입력 :1970.1.1일 이후로부터의 현재까지 나노세컨드의 값 */
    sParam[0].mDateTime.mTime       = 1234;
    SQLAppendDataV2(Stmt, sParam);


    /*  스트링 포맷 기준 입력 */
    sParam[0].mDateTime.mTime       = SQL_APPEND_DATETIME_STRING;
    sParam[0].mDateTime.mDateStr    = "23/May/2014:17:41:28";
    sParam[0].mDateTime.mFormatStr  = "DD/MON/YYYY:HH24:MI:SS";
    SQLAppendDataV2(Stmt, sParam);


    /*  struct tm의 값을 변경하여 입력 */
    sParam[0].mDateTime.mTime       = SQL_APPEND_DATETIME_STRUCT_TM;
    sParam[0].mDateTime.mTM.tm_year = 2000 - 1900;
    sParam[0].mDateTime.mTM.tm_mon  = 11;
    sParam[0].mDateTime.mTM.tm_mday = 31;
    SQLAppendDataV2(Stmt, sParam);
}
```

인터넷 주소형 타입의 입력

아래는 IPv4와 IPv6 형의 데이터를 입력하는 예이다. 이 역시 편의를 위해 몇 가지의 매크로가 준비되어 있다. SQL_APPEND_PARAM에서 mLength 멤버에 대한 조작을 수행한다.

```
/* for IPv4, IPv6 as bin or string representation */
typedef struct machbaseAppendIPStruct
{
    unsigned char    mLength; /* 0:null, 4:ipv4, 6:ipv6, 255:string representation */
    unsigned char    mAddr[16];
    char             *mAddrString;
} machbaseAppendIPStruct;
```

매크로(mLength에 설정)	설명
SQL_APPEND_IP_NULL	해당 컬럼에 NULL 값을 입력
SQL_APPEND_IP_IPV4	mAddr이 IPv4를 가지고 있음
SQL_APPEND_IP_IPV6	mAddr이 IPv6를 가지고 있음
SQL_APPEND_IP_STRING	mAddrString이 주소 문자열을 가지고 있음

다음은 각각의 경우에 대해 실제 값을 입력하는 예제이다.

```
void testAppendIPFunc()
{
    SQL_APPEND_PARAM sParam[1];
    /* NULL */
    sParam[0].mIP.mLength  = SQL_APPEND_IP_NULL;
    SQLAppendDataV2(Stmt, sParam);

    /* 배열을 직접 수정 */
    sParam[0].mIP.mLength  = SQL_APPEND_IP_IPV4;
    sParam[0].mIP.mAddr[0] = 127;
    sParam[0].mIP.mAddr[1] = 0;
    sParam[0].mIP.mAddr[2] = 0;
    sParam[0].mIP.mAddr[3] = 1;
    SQLAppendDataV2(Stmt, sParam);

    /* IPv4 from binary */
```

```
sParam[0].mIP.mLength  = SQL_APPEND_IP_IPV4;
*(in_addr_t *)(sParam[0].mIP.mAddr) = inet_addr("192.168.0.1");
SQLAppendDataV2(Stmt, sParam);

/* IPv4 : ipv4 from string */
sParam[0].mIP.mLength     = SQL_APPEND_IP_STRING;
sParam[0].mIP.mAddrString = "203.212.222.111";
SQLAppendDataV2(Stmt, sParam);

/* IPv4 : ipv4 from invalid string */
sParam[0].mIP.mLength     = SQL_APPEND_IP_STRING;
sParam[0].mIP.mAddrString = "ip address is not valid";
SQLAppendDataV2(Stmt, sParam);                                // invalid IP value

/* IPv6 : ipv6 from binary bytes */
sParam[0].mIP.mLength   = SQL_APPEND_IP_IPV6;
sParam[0].mIP.mAddr[0]  = 127;
sParam[0].mIP.mAddr[1]  = 127;
sParam[0].mIP.mAddr[2]  = 127;
sParam[0].mIP.mAddr[3]  = 127;
sParam[0].mIP.mAddr[4]  = 127;
sParam[0].mIP.mAddr[5]  = 127;
sParam[0].mIP.mAddr[6]  = 127;
sParam[0].mIP.mAddr[7]  = 127;
sParam[0].mIP.mAddr[8]  = 127;
sParam[0].mIP.mAddr[9]  = 127;
sParam[0].mIP.mAddr[10] = 127;
sParam[0].mIP.mAddr[11] = 127;
sParam[0].mIP.mAddr[12] = 127;
sParam[0].mIP.mAddr[13] = 127;
sParam[0].mIP.mAddr[14] = 127;
sParam[0].mIP.mAddr[15] = 127;
SQLAppendDataV2(Stmt, sParam);

sParam[0].mIP.mLength     = SQL_APPEND_IP_STRING;
sParam[0].mIP.mAddrString = "::127.0.0.1";
SQLAppendDataV2(Stmt, sParam);

sParam[0].mIP.mLength     = SQL_APPEND_IP_STRING;
sParam[0].mIP.mAddrString = "FFFF:FFFF:1111:2222:3333:4444:7733:2123";
SQLAppendDataV2(Stmt, sParam);
}
```

IP 타입을 문자열(STRING)로 입력할경우 SQLAppendDataV2 이후에 각각 자료형에 맞게 mLength가 4 또는 6으로 바뀌게 된다. 따라서 반복문에서 코딩할 경우 매번 SQLAppend DataV2() 전에, mLength를 SQL_APPEND_IP_STRING으로 지정해 주어야한다.

가변 데이터형(문자 및 이진 데이터) 입력

가변 데이터형에는 VARCHAR 및 TEXT 그리고 BLOB과 CLOB이 포함된다.

```
typedef struct machAppendVarStruct
{
    unsigned int mLength;
    void *mData;
} machAppendVarStruct;
```

가변 데이터형의 입력 시에는 데이터의 길이를 mLength에 설정하고, 원시 데이터 포인터를 mData로 설정하면 된다. 만일 mLength의 길이가 정의된 스키마보다 클 경우에는 자동으로 잘려서 입력된다. 이때 SQLAppendDataV2() 함수는 SQL_SUCCESS_WITH_INFO을 리턴하게 되고, 더불어 관련 경고 메시지를 내부 구조체에 채운다. 이 경고 메시지를 확인하기 위해서는 SQLError() 함수를 이용하면 된다.

데이터베이스 타입	NULL 매크로	SQL_APPEND_PARAM 멤버 (mVar를 사용해도 무방함)
VARCHAR	SQL_APPEND_VARCHAR_NULL	mVarchar
TEXT	SQL_APPEND_TEXT_NULL	mText
BINARY	SQL_APPEND_BINARY_NULL	mBinary
BLOB	SQL_APPEND_BLOB_NULL	mBlob
CLOB	SQL_APPEND_CLOB_NULL	mClob

다음은 각각의 환경에 대해 실제 값을 입력하는 예제이다. 하나의 VARCHAR 컬럼이 존재한다고 가정한다.

```
create table ttt (name VARCHAR(10));
```

```
void testAppendVarcharFunc()
{
    SQL_mach_PARAM sParam[1];

    /*  VARCHAR : NULL */
    sParam[0].mVarchar.mLength = SQL_APPEND_VARCHAR_NULL
    SQLAppendDataV2(Stmt, sParam); <== OK

    /*  VARCHAR : string */
    strcpy(sVarchar, "MY VARCHAR");
    sParam[0].mVarchar.mLength = strlen(sVarchar);
    sParam[0].mVarchar.mData   = sVarchar;
    SQLAppendDataV2(Stmt, sParam); <== OK

    /*  VARCHAR : Truncation! */
    strcpy(sVarchar, "MY VARCHAR9"); /* Truncation! */
    sParam[0].mVarchar.mLength = strlen(sVarchar);
    sParam[0].mVarchar.mData   = sVarchar;
    appendOneRecord(sParam);  <== SQL_SUCCESS_WITH_INFO
}
```

다음은 Text 타입에 대한 입력 예제이다.

```
create table ttt (doc text);
```

```
void testAppendFunc()
{
    SQL_mach_PARAM sParam[1];

    /*  VARCHAR : NULL */
    sParam[0].mText.mLength = SQL_APPEND_TEXT_NULL
    SQLAppendDataV2(Stmt, sParam); <== OK

    /*  VARCHAR : string */
    strcpy(sText, "This is the sample document for tutorial.");
    sParam[0].mVar.mLength = strlen(sText);
```

```
    sParam[0].mVar.mData    = sText;
    SQLAppendDataV2(Stmt, sParam); <== OK
}
```

SQLAppendDataByTimeV2

```
SQLRETURN  SQLAppendDataByTimeV2(SQLHSTMT StatementHandle, SQLBIGINT aTime, SQL_APPEND_
PARAM  *aData);
```

이 함수는 해당 채널에 대해 데이터를 입력하는 함수이며, DB에 저장되는 _arrival_time
값을 현재 시각이 아닌 특정 시간의 값으로 설정할 수 있다.

- aTime은 _arrival_time으로 설정될 time값이다. 1970년 1월 1일 이후로부터의 현재까
  지 nano second 값을 입력해야 한다. 또한 입력되는 값이 과거부터 현재순으로 순차적
  으로 정렬되어 있어야 한다.
- aData는 입력될 데이터의 포인터를 담고 있는 배열이다. 배열의 개수는 Open 시에 지
  정한 테이블이 보유하고 있는 컬럼의 개수와 일치해야 한다.

나머지 사항은 SQLAppendDataV2() 함수를 참고하여 작성하면 된다.

SQLAppendFlush

```
SQLRETURN SQLAppendFlush(SQLHSTMT StatementHandle);
```

이 함수는 현재 채널 버퍼에 쌓여있는 데이터를 Machbase 서버로 즉시 전송한다.

SQLAppendClose

```
SQLRETURN  SQLAppendClose(SQLHSTMT StatementHandle,
                          int *aSuccessCount,
                          int *aFailureCount );
```

이 함수는 현재 열린 채널을 닫는다. 만일 열려지지 않은 채널이 존재할 경우 에러가 발생한다.

- aSuccessCount: Append를 성공한 레코드 개수 값을 가진다.
- aFailureCount: Append를 실패한 레코드 개수 값을 가진다.

SQLAppendSetErrorCallback

```
SQLRETURN SQLAppendSetErrorCallback(SQLHSTMT aStmtHandle, SQLAppendErrorCallback aFunc);
```

이 함수는 Append시 에러가 발생했을 때 호출되는 콜백 함수를 설정한다. 만일 이 함수를 설정하지 않을 경우에는 서버에 에러가 발생하더라도, 클라이언트에서는 무시하게 된다.

- aStmtHandle: 에러를 확인할 Statement를 지정한다.
- aFunc: Append 실패 시 호출할 함수 포인터를 지정한다.

SQLAppendErrorCallback의 프로토타입은 다음과 같다.

```
typedef void (*SQLAppendErrorCallback)(SQLHSTMT aStmtHandle,
                                       SQLINTEGER aErrorCode,
                                       SQLPOINTER aErrorMessage,
                                         SQLLEN aErrorBufLen,
                                       SQLPOINTER aRowBuf,
                                          SQLLEN aRowBufLen);
```

- aStatementHandle: 에러를 발생한 Statement 핸들
- aErrorCode: 에러의 원인이 된 32비트 에러 코드
- aErrorMessage: 해당 에러코드에 대한 문자열
- aErrorBufLen: aErrorMessage의 길이
- aRowBuf: 에러를 발생시킨 레코드의 상세 명세가 담긴 문자열

- aRowBufLen: aRowBuf의 길이

에러 콜백(dumpError)의 사용 예

```
void dumpError(SQLHSTMT    aStmtHandle,
               SQLINTEGER  aErrorCode,
               SQLPOINTER  aErrorMessage,
               SQLLEN      aErrorBufLen,
               SQLPOINTER  aRowBuf,
               SQLLEN      aRowBufLen)
{
    char        sErrMsg[1024] = {0, };
    char        sRowMsg[32 * 1024] = {0, };

    if (aErrorMessage != NULL)
    {
        strncpy(sErrMsg, (char *)aErrorMessage, aErrorBufLen);
    }

    if (aRowBuf != NULL)
    {
        strncpy(sRowMsg, (char *)aRowBuf, aRowBufLen);
    }

    fprintf(stdout, "Append Error : [%d][%s]\n[%s]\n\n", aErrorCode, sErrMsg, sRowMsg);
}


......

    if( SQLAppendOpen(m_IStmt, TableName, aErrorCheckCount) != SQL_SUCCESS )
    {
        fprintf(stdout, "SQLAppendOpen error\n");
        exit(-1);
    }
    // 콜백을 설정한다.
    assert(SQLAppendSetErrorCallback(m_IStmt, dumpError) == SQL_SUCCESS);

    doAppend(sMaxAppend);

    if( SQLAppendClose(m_IStmt, &sSuccessCount, &sFailureCount) != SQL_SUCCESS )
```

```
    {
        fprintf(stdout, "SQLAppendClose error\n");
        exit(-1);
    }
}
```

SQLSetConnectAppendFlush

```
SQLRETURN SQL_API SQLSetConnectAppendFlush(SQLHDBC hdbc, SQLINTEGER option)
```

Append에 의해서 입력된 데이터는 통신 버퍼에 기록되어 전송대기 상태에서 사용자가 SQLAppendFlush 함수를 호출하거나 통신 버퍼가 가득 차게 되면 서버로 전송된다. 사용자가 버퍼가 가득 차 있지 않아도 일정 주기로 서버에게 Append에 의한 데이터를 전송하게 하려면 이 함수를 이용하면 된다. 이 함수는 매 100ms 주기로 마지막으로 전송한 시각과 현재 시각의 차이를 계산하여 지정된 시간(설정하지 않은 경우에는 1초)가 지난 경우 통신 버퍼의 내용을 서버에 전달한다. 매개변수는 다음과 같다.

- hdbc: DB의 connection handle이다.
- option: 0이면 auto flush를 off, 0이 아닌 값이면 auto flush를 on으로 한다.

연결되지 않은 hdbc에 대해서 실행하면 오류로 처리된다.

SQLSetStmtAppendInterval

```
SQLRETURN SQL_API SQLSetStmtAppendInterval(SQLHSTMT hstmt, SQLINTEGER fValue)
```

SQLSetConnectAppendFlush를 이용해서 시간 단위 flush 기능을 켰을 경우, 특정 statement에 대해서는 자동 flush를 끄거나 flush 주기를 조정하고 싶을 경우 이 함수를 사용한다. 매개변수는 다음과 같다.

- hstmt: flush 주기를 조정하고자 하는 statement handle이다.
- fValue: flush 주기를 조정하고자 하는 값이다. 0이면 flush를 하지 않으며 단위는 ms
  이다. 100ms마다 flush할지를 결정하는 스레드가 실행되므로 100의 배수로 설정한다.
  정확히 원하는 시점에 자동 flush가 실행되지는 않는다. 1000이 기본값이다.

시간 기반 flush가 실행 중이지 않은 경우라도 이 함수의 실행은 성공한다.

Error Code 확인 및 설명

Append 관련 함수를 사용할 때 에러를 확인하는 방법과 코드에 대한 설명이다. CLI 함수
에서 return 값이 SQL_SUCCESS가 아닌 경우 아래 코드를 이용하여 에러 메시지를 확인할
수 있다.

```
SQLINTEGER errNo;
int msgLength;
char sqlState[6];
char errMsg[1024];

if (SQL_SUCCESS == SQLError ( env, con, stmt, (SQLCHAR *)sqlState, &errNo,
                             (SQLCHAR *)errMsg, 1024, &msgLength ))
{
    //error code값을 5자리 숫자로 지정한다.
    printf("ERROR-%05d : %s\n", errNo, errMsg);
}
```

Append 관련 함수에서 리턴되는 에러 코드와 메시지는 아래와 같다.

함수	code	message	설명
SQLAppendOpen	9000	statement is already opened.	중복으로 SQLAppendOpen을 하는 경우 발생함.
	9001	Failed to close stream protocol.	스트림 프로토콜 종료에 실패함.
	9002	Failed to read protocol.	네트워크 읽기 오류가 발생함.
	9003	cannot read column meta.	column meta 정보 구조가 잘못됨.
	9004	cannot allocate memory.	내부 버퍼 메모리 할당 오류가 발생함.
	9005	cannot allocate compress memory.	압축 버퍼 메모리 할당 오류가 발생함.
	9006	invalid return after reading column meta.	return값에 오류가 있음.
SQLAppendData	9100	statement is not opened.	AppendOpen을 하지 않고 Append Data를 call함.
	9101	column() truncated :	varchar 타입 컬럼에 지정된 사이즈 보다 큰 데이터를 입력하는 경우 발생함.
	9102	Failed to add binary.	통신버퍼에 쓰기 오류가 발생함.
SQLAppendClose	9200	statement is not opened.	AppendOpen 상태가 아님.
	9201	Failed to close stream protocol.	스트림 프로토콜 종료에 실패함.
	9202	Failed to close buffer protocol.	버퍼 프로토콜 종료에 실패함.
	9204	cannot read column meta.	column meta 정보 구조가 잘못됨.
	9205	invalid return after reading column meta.	return 값에 오류가 있음.
SQLAppendFlush	9300	statement is not opened.	AppendOpen 상태가 아님.
	9301	Failed to close stream protocol.	네트워크 쓰기 오류가 발생함.
SQLSetErrorCallback	9400	statement is not opened.	AppendOpen 상태가 아님.
	9401	Protocol Error (not APPEND_DATA_PROTOCOL)	통신버퍼 읽기 결과 APPEND_DATA_PROTOCOL 값이 아님.

함수	code	message	설명
SQLAppendDataV2	9500	Invalid date format or date string.	datetime 형식이 틀릴 경우 발생함.
	9600	statement is not opened.	AppendOpen 상태가 아님.
	9601	column() truncated :	binary 타입 컬럼에 지정된 사이즈 보다 큰 데이터를 입력하는 경우 발생함.
	9602	column() truncated :	varchar, text 타입 컬럼에 지정된 사이즈 보다 큰 데이터를 입력하는 경우 발생함.
	9603	Failed to add stream.	통신 버퍼에 쓰기 오류가 발생함.
	9604	IP address length is invalid.	IPv4, IPv6 타입 구조체의 mLength 값이 잘못 지정됨.
	9605	IP string is invalid.	IPv4, IPv6 형식의 데이터가 아님.
	9606	Unknown data type has been specified.	Machbase에서 사용하는 data type이 아님.

윈도우 mingw 개발 환경 설정하기

디렉토리 확인

마크베이스가 설치된 디렉터리의 include 및 lib에 다음과 같은 파일이 있으면 응용 프로그램을 개발할 수 있는 환경이 완비된 것이다.

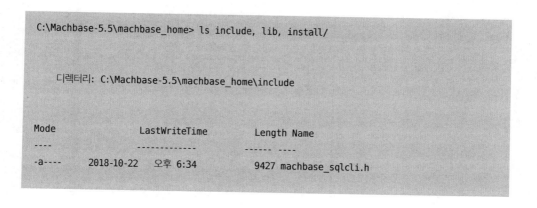

```
C:\Machbase-5.5\machbase_home> ls include, lib, install/


    디렉터리: C:\Machbase-5.5\machbase_home\include


Mode              LastWriteTime          Length Name
----              -------------          ------ ----
-a----    2018-10-22    오후 6:34         9427 machbase_sqlcli.h
```

```
디렉터리: C:\Machbase-5.5\machbase_home\lib


Mode            LastWriteTime          Length Name
----            -------------          ------ ----
-a----    2018-10-22    오후 6:34        378087 log4j.jar
-a----    2018-10-22    오후 6:34        112205 machbase.jar
-a----    2018-10-22    오후 6:34        174692 machbasecli.lib
-a----    2018-10-22    오후 6:34       2115072 machbasecli_dll.dll
-a----    2018-10-22    오후 6:34        174692 machbasecli_dll.lib
-a----    2018-10-22    오후 6:34       2131968 machbasecli_dllw.dll
-a----    2018-10-22    오후 6:34        183564 machbasecli_dllw.lib
-a----    2018-10-22    오후 6:34          4813 machbaseLog.jar
-a----    2018-10-22    오후 6:34       2140672 machbaseodbc.dll
-a----    2018-10-22    오후 6:34       2158080 machbaseodbcw.dll
-a----    2018-10-22    오후 6:34         87040 machNetConnector_x64.dll
-a----    2018-10-22    오후 6:34         87040 machNetConnector_x86.dll
-a----    2018-10-22    오후 6:34        355328 pcre3.dll
-a----    2018-10-22    오후 6:34       1767424 sqlite3.dll


    디렉터리: C:\Machbase-5.5\machbase_home\install


Mode            LastWriteTime          Length Name
----            -------------          ------ ----
-a----    2018-10-22    오후 6:34          1513 machbase_env.mk


C:\Machbase-5.5\machbase_home>
```

Mingw 설치

윈도우 OS의 경우, 먼저 make 환경 설정을 진행해야 한다. 다음의 경로에서, 좌측의 MinGW-w64 in Windows 메뉴를 선택하여, mingw-w64-install.exe 파일을 다운로드해 설치한다.

```
http://mingw-w64.org/doku.php/download
```

설치 시 세팅 단계에서 다음과 같이 붉은색 부분을 변경한다.

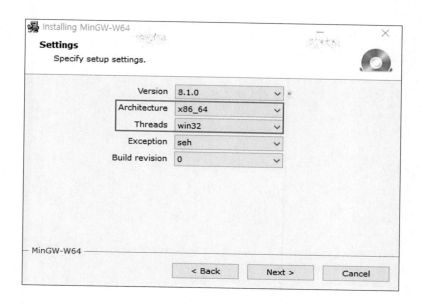

다음과 같이 환경 변수>시스템 변수>Path 변수에(mingw 설치경로)₩mingw64₩bin 경로를 추가한다.

경로 예시: C:\Program Files\mingw-w64\x86_64-8.1.0-win32-seh-rt_v6-rev0\mingw64\bin

Mingw용 샘플 소스 설치

다음의 경로에서 마크베이스 윈도우 버전 샘플코드를 다운로드해 해당경로에 복사한다.

https://github.com/MACHBASE/mingw

c:\machbase-5.5\machbase_home\sample\cli\mingw

컴파일 및 링크

주어진 샘플에 대해 다음과 같이 수행하면 실행 파일이 만들어진다.

```
C:\Machbase-5.5\machbase_home\sample\cli\mingw> mingw32-make
gcc -c -g -W -Wall -O3 -finline-functions -fno-omit-frame-pointer -fno-strict-aliasing -m64
-mtune=k8 -g -W -Wall -O3 -finline-functions -fno-omit-frame-pointer -fno-strict-aliasing
-m64 -mtune=k8 -IC:\Machbase-5.5\machbase
삭제..


Mode                LastWriteTime        Length Name
----                -------------        ------ ----
-a----    2017-09-05    오전 3:28          1630 machbase_env_mingw.mk
-a----    2017-09-05    오전 3:28          3211 Makefile
-a----    2017-09-05    오전 3:28           803 make_data.c
-a----    2019-03-15    오후 12:17        61026 make_data.exe
-a----    2019-03-15    오후 12:17         6821 make_data.o
-a----    2017-09-05    오전 3:28          2624 make_suffle_data.c
-a----    2019-03-15    오후 12:17        67236 make_suffle_data.exe
-a----    2019-03-15    오후 12:17        15052 make_suffle_data.o
-a----    2017-09-05    오전 3:28           412 README.md
-a----    2017-09-05    오전 3:28          2326 sample1_connect.c
-a----    2019-03-15    오후 12:17        82204 sample1_connect.exe
-a----    2019-03-15    오후 12:17        29521 sample1_connect.o
-a----    2017-09-05    오전 3:28         11882 sample2_insert.c
-a----    2019-03-15    오후 12:17       104389 sample2_insert.exe
-a----    2019-03-15    오후 12:17        61454 sample2_insert.o
-a----    2017-09-05    오전 3:28         18226 sample3_prepare.c
-a----    2019-03-15    오후 12:17       113912 sample3_prepare.exe
-a----    2019-03-15    오후 12:17        74699 sample3_prepare.o
-a----    2017-09-05    오전 3:28         13630 sample4_append1.c
-a----    2019-03-15    오후 12:17        61140 sample4_append1.o
-a----    2017-09-05    오전 3:28         10582 sample4_append2.c
-a----    2017-09-05    오전 3:28          6776 sample5_describe.c
-a----    2017-09-05    오전 3:28          6968 sample6_columns.c
-a----    2017-09-05    오전 3:28         16289 sample8_multi_session_multi_table.c
```

샘플 프로그램 수행

컴파일이 끝나면 해당 디렉토리에 다양한 exe 실행파일이 있는 것을 확인할 수 있는데 각각의 설명과 내용은 다음과 같으며, 각자 소스를 참조하며 실행하면 된다. 주의할 점은 소스 내에 정의된 매크로 MACHBASE_PORT_NO는 $MACHBASE_HOME/conf/machbase.conf 파일에 있는 PORT_NO값과 같아야 한다는 것이다(당연하다).

실행파일	설명
sample1_connect.exe	마크베이스 접속 샘플
sample2_insert.exe	Direct INSERT 구문을 이용한마크베이스 데이터 입력 및 SELECT를 통한 데이터 추출
sample3_prepare.exe	Prepare및 Execute를 구문을 통한 데이터 입력 및 SELECT를 통한 데이터 추출
sample4_append1.exe	AppendV2 함수를 이용한 랜덤 데이터 초고속 데이터 입력
make_data.exe로 데이터 파일(data.txt)생성 sample4_append2.exe	텍스트 파일 (data.txt)를 읽어 AppendV2 함수를 이용한 데이터 초고속 데이터 입력
sample5_describe.exe	마크베이스 테이블 메타 정보 얻기
sample6_columns.exe	마크베이스 컬럼 정보 얻기
sample8_multi_session_multi_table.exe	다중 쓰레드 기반 Append 데이터 입력

마치면서

이 장에서는 C 및 C++ 언어를 위한 라이브러리 및 연동 방법에 대해 알아보았다. 가장 빠르게 데이터를 입력하는 방법으로서는 C/C++ 언어 기반의 AppendV2 확장 함수를 사용하는 것이 현재로서는 최선일 텐데, 다른 언어와의 연동이 더 필요할 경우에는 이어지는 내용을 참고하도록 하자.

제 18 장 마크베이스와 C#의 연동

윈도우 환경에서 가장 많이 활용되는 언어이자 개발 생산성이 매우 높은 언어로서 C#이 사실상 선두를 지키고 있다.

이 장에서는 마크베이스와 C#의 연동에 대한 이야기를 해 보자.

개요

마크베이스는 .NET 드라이버 기능을 제공하는 C# Connector 라이브러리를 제공하고 있다. 해당 라이브러리 위치는 $MACHBASE_HOME/lib에 DLL 형태로 제공하고 있으며, .NET 버전에 따라 다른 DLL을 제공한다.

- 라이브러리: .NET Framework Core :machNetConnector.dll

클래스 구조 및 사용법

주의할 것으로 소개된 기능 외의 것은 아직 구현되어 있지 않거나, 올바르게 작동되지 않을 수 있다. 미구현으로 명시된 메서드나 필드를 부르는 경우, NotImplementedException

또는 NotSupportedException을 발생시킨다.

MachConnection: DbConnection

마크베이스와의 연결을 담당하는 클래스이다. DbConnection과 같이 IDisposable을 상속받기 때문에, Dispose()를 통한 객체 해제나 using() 문을 이용한 객체의 자동 Dispose를 지원한다.

생성자	설명
MachConnection(string aConnectionString)	Connection String을 입력으로, MachConnection을 생성한다.

메서드	설명
Open()	입력받은 Connection String으로 실제 연결을 시도한다.
Close()	연결 중이라면, 해당 연결을 종료한다.
BeginDbTransaction(IsolationLevel isolationLevel)	(미구현) MACHBASE는 특별한 Transaction이 없으므로 해당 객체 역시 지원하지 않는다.
CreateDbCommand()	(미구현) 아직은, 명시적으로 MachCommand를 만들도록 유도한다.
ChangeDatabase(string databaseName)	(미구현) MACHBASE는 DATABASE 구분이 없다.

필드	설명
State	System.Data.ConnectionState 값을 나타낸다.
StatusString	연결된 MachCommand로 수행하는 상태를 나타낸다. Error Message를 꾸미는 용도로 내부에서 사용되며, 작업이 시작된 상태를 나타내기 때문에 이 값으로 질의 상태를 체크하는 것은 적절하지 않다.
Database	(미구현)
DataSource	(미구현)
ServerVersion	(미구현)

Connection String

각 항목은 semicolon (;)으로 구분되며, 다음을 사용할 수 있다. 동일 항목에 있는 여러

Keyword는 모두 같은 의미이다.

Keyword	설명	예제	기본값
DSN SERVER HOST	Hostname	DSN=localhost SERVER=192.168.0.1	
PORT PORT_NO	Port No.	PORT=5656	5656
USERID USERNAME USER UID	사용자 ID	USER=SYS	SYS
PASSWORD PWD	사용자 패스워드	PWD=manager	
CONNECT_TIMEOUT ConnectionTimeout connectTimeout	연결 최대 시간	CONNECT_TIMEOUT	60초
COMMAND_TIMEOUT commandTimeout	각 명령 수행 최대 시간	COMMAND_TIMEOUT	60초

예로 아래와 같은 문자열이 대표적인 접속 스트링이다.

```
String sConnString =
String.Format("DSN={0};PORT_NO={1};UID=;PWD=MANAGER;CONNECT_TIMEOUT=10000;COMMAND_
TIMEOUT=50000", SERVER_HOST, SERVER_PORT);
```

MachCommand: DbCommand

MachConnection 을 이용해 **SQL 명령 또는 APPEND**를 수행하는 클래스이다. DbCommand 와 같이 IDisposable 을 상속받기 때문에, Dispose()를 통한 객체 해제나 using() 문을 이용한 객체의 자동 Dispose를 지원한다.

생성자	설명
MachCommand(string aQueryString, MachConnection)	연결할 MachConnection 객체와 함께, 수행할 질의를 입력해서 생성한다.
MachCommand(MachConnection)	연결할 MachConnection 객체를 입력해서 생성한다. 수행할 질의가 없는 경우(e.g. APPEND) 에만 사용한다.

메서드	설명
void CreateParameter() / void CreateDbParameter()	새로운 MachParameter를 생성한다.
void Cancel()	(미구현)
void Prepare()	(미구현)
MachAppendWriter AppendOpen(aTableName, aErrorCheckCount = 0, MachAppendOption = None)	APPEND를 시작한다. MachAppendWriter 객체를 반환한다. aTableName: 대상 테이블 이름 aErrorCheckCount: APPEND-DATA로 입력한 레코드 누적 개수가 일치할 때마다, 서버로 보내 실패 여부를 확인한다. 말하자면, 자동 APPEND-FLUSH 지점을 정하는 셈이다. MachAppendOption: 현재는 하나의 옵션만 제공하고 있다. MachAppendOption.None: 아무런 옵션도 붙지 않는다. MachAppendOption.MicroSecTruncated: DateTime 객체의 값 입력 시, microsecond 까지만 표현된 값을 입력한다 (DateTime 객체의 Ticks 값은 100 nanosecond까지 표현된다).
Void AppendData(MachAppendWriter aWriter, List<object> aDataList)	MachAppendWriter 객체를 통해, 데이터가 들어있는 리스트를 받아 데이터베이스에 입력한다. List에 들어간 데이터 순서대로, 각각의 자료형은 테이블에 표현된 컬럼의 자료형과 일치해야 한다. List에 들어있는 데이터가 모자라거나 넘치면, 에러를 발생시킨다. ulong 객체로 시간 값을 표현할 때, 단순히 DateTime 객체의 Tick 값을 입력하면 안 된다. 그 값에서, 1970-01-01을 나타내는 DateTime Tick 값을 제외한 값을 입력해야 한다.
void AppendDataWithTime(MachAppendWriter aWriter, List<object> aDataList, DateTime aArrivalTime)	AppendData()에서, _arrival_time 값을 DateTime 객체로 명시적으로 넣을 수 있는 메서드이다.

생성자	설명
void AppendDataWithTime(MachAppendWriter aWriter, List<object> aDataList, ulong aArrivalTimeLong)	AppendData()에서, _arrival_time 값을 ulong 객체로 명시적으로 넣을 수 있는 메서드이다. ulong 값을 _arrival_time 값으로 입력할 때 발생할 수 있는 문제는 위의 AppendData()를 참고한다.
void AppendFlush(MachAppendWriter aWriter)	AppendData()로 입력한 데이터들을 즉시 서버로 보내, 데이터 입력을 강제한다. 호출 빈도가 잦을수록, 성능은 떨어지지만 시스템 오류로 인한 데이터 유실률을 낮출 수 있고 에러 검사를 빠르게 할 수 있다. 호출 빈도가 뜸할수록, 데이터 유실이 발생할 가능성이 크고 에러 검사가 지연되지만 성능은 크게 올라간다.
void AppendClose(MachAppendWriter aWriter)	APPEND를 마친다. 내부적으로 AppendFlush() 를 호출한 뒤에 실제 프로토콜을 마친다.
int ExecuteNonQuery()	입력받은 질의를 수행한다. 질의가 영향을 미친 레코드 개수를 반환한다. 보통 SELECT를 제외한 질의를 수행할 때 사용한다.
object ExecuteScalar()	입력받은 질의를 수행한다. 질의 Targetlist의 첫 번째 값을 객체로 반환한다. 보통 SELECT 문, 그중에서도 결과가 1건만 나오는 SELECT (Scalar Query)를 수행해 DbDataReader 없이 결과를 받고자 하는 경우 사용한다.
DbDataReader ExecuteDbDataReader(CommandBehavior aBehavior)	입력받은 질의를 수행해, 해당 질의의 결과를 읽어 올 수 있는 DbDataReader를 생성해 반환한다.

필드	설명
Connection / DbConnection	연결된 MachConnection.
ParameterCollection / DbParameterCollection	Binding 목적으로 사용할 MachParameterCollection.
CommandText	질의 문자열.
CommandTimeout	특정 작업 수행 중, 서버로부터 응답을 기다리기까지의 시간. MachConnection에 설정된 값을 따르며, 여기서는 값 참조만 할 수 있다.
FetchSize	한 번에 서버로부터 Fetch 할 레코드 개수. 기본값은 3000이다.
IsAppendOpened	APPEND 작업 중인 경우, Append가 이미 열려있는지 아닌지를 판단한다.

필드	설명
CommandType	(미구현)
DesignTimeVisible	(미구현)
UpdatedRowSource	(미구현)

MachDataReader: DbDataReader

Fetch 한 결과를 읽어 들이는 클래스이다. 명시적으로 생성이 불가능하고 Mach Command.ExecuteDbDataReader()로 생성된 객체만 사용이 가능하다.

메서드	설명
string GetName(int ordinal)	ordinal 번째 컬럼 이름을 반환한다.
string GetDataTypeName(int ordinal)	ordinal 번째 컬럼의 자료형 이름을 반환한다.
Type GetFieldType(int ordinal)	ordinal 번째 컬럼의 자료형을 반환한다.
int GetOrdinal(string name)	컬럼 이름이 위치한 인덱스를 반환한다.
object GetValue(int ordinal)	현재 위치한 레코드의 ordinal 번째 값을 반환한다.
bool IsDBNull(int ordinal)	현재 위치한 레코드의 ordinal 번째 값이 NULL 인지 여부를 반환한다.
int GetValues(object[] values)	현재 위치한 레코드의 모든 값을 전부 설정하고, 그 개수를 반환한다.
xxxx GetXXXX(int ordinal)	ordinal 번째 컬럼 값을, 자료형 (XXXX)에 맞춰 반환한다. Boolean Byte Char Int16/32/64 DateTime String Decimal Double Float
bool Read()	다음 레코드를 읽는다. 결과가 존재하지 않으면 False를 반환한다.
DataTable GetSchemaTable()	(미지원)
bool NextResult()	(미지원)

필드	설명
FetchSize	한 번에 서버로부터 Fetch할 레코드 개수. 기본값은 3000이며 여기서는 수정할 수 없다.
FieldCount	결과 컬럼 개수.
this[int ordinal]	object GetValue(int ordinal) 와 동일하다.
this[string name]	object GetValue(GetOrdinal(name)) 와 동일하다.
HasRows	결과가 존재하는지 여부를 나타낸다.
RecordsAffected	MachCommand의 것과 달리, 여기서는 Fetch Count를 나타낸다.

MachParameterCollection: DbParameterCollection

MachCommand에 필요한 파라메터를 바인딩하는 클래스이다. 바인딩한 이후에 수행하게 되면, 해당 값이 같이 수행된다.

메서드	설명
MachParameter Add(string parameterName, DbType dbType)	파라메터 이름과 타입을 지정해, MachParameter 를 추가한다. 추가된 MachParameter 객체를 반환한다.
int Add(object value)	값을 추가한다. 추가된 인덱스를 반환한다.
void AddRange(Array values)	단순 값의 배열을 모두 추가한다.
MachParameter AddWithValue(string parameterName, object value)	파라메터 이름과 그 값을 추가한다. 추가된 MachParameter 객체를 반환한다.
bool Contains(object value)	해당 값이 추가되었는지 여부를 판단한다.
bool Contains(string value)	해당 파라메터 이름이 추가되었는지 여부를 판단한다.
void Clear()	파라메터들을 모두 삭제한다.
int IndexOf(object value)	해당 값의 인덱스를 반환한다.
int IndexOf(string parameterName)	해당 파라메터 이름의 인덱스를 반환한다.
void Insert(int index, object value)	특정 인덱스에, 해당 값을 추가한다.
void Remove(object value)	해당 값을 포함한 파라메터를 삭제한다.
void RemoveAt(int index)	인덱스에 위치한 파라메터를 삭제한다.
void RemoveAt(string parameterName)	해당 이름을 가진 파라메터를 삭제한다.

필드	설명
Count	파라메터 개수
this[int index]	index 번째의 MachParameter를 나타낸다.
this[string name]	파라메터 이름과 일치하는 순서의 MachParameter를 나타낸다.

MachParameter: DbParameter

MachCommand에 필요한 파라메터를 각각 바인딩한 정보를 담는 클래스이다. 특별히 메서드는 지원하지 않는다.

필드	설명
ParameterName	파라메터 이름
Value	값
Size	값의 크기
Direction	ParameterDirection (Input/Output/InputOutput/ReturnValue) 기본값은 Input이다.
DbType	DB Type
MachDbType	MACHBASE DB Type DB Type 과 다를 수 있다.
IsNullable	NULL 가능 여부
HasSetDbType	DB Type 이 지정되었는지 여부

MachException: DbException

마크베이스에서 나타나는 에러를 표시하는 클래스이다. 에러 메시지가 설정되어 있는데, 모든 에러 메시지는 MachErrorMsg에서 확인할 수 있다.

필드	설명
int MachErrorCode	MACHBASE에서 제공하는 에러 코드

MachAppendWriter

MachCommand를 사용하는 별도의 클래스로 APPEND를 지원한다. ADO.NET 표준이 아닌, MACHBASE의 Append Protocol을 지원하기 위한 클래스이다. 별도의 생성자 없이 MachCommand의 AppendOpen()으로 생성된다.

메서드	설명
void SetErrorDelegator(ErrorDelegateFuncType aFunc)	에러가 발생했을 때 호출할 ErrorDelegateFunc을 지정한다.

필드	설명
SuccessCount	입력 성공한 레코드 개수. AppendClose() 이후 설정된다.
FailureCount	입력 실패한 레코드 개수. AppendClose() 이후 설정된다.
Option	AppendOpen() 때 입력받은 MachAppendOption

ErrorDelegateFuncType

```
public delegate void ErrorDelegateFuncType(MachAppendException e);
```

MachAppendWriter에서, APPEND 도중 MACHBASE 서버 측에서 발생하는 Error를 감지하기 위한 함수를 지정할 수 있다. .NET에서는 이 함수형을 Delegator Function으로 지정한다.

MachAppendException: MachException

MachException과 동일하지만 다음 점이 다르다.

- 에러 메시지가 서버 측으로부터 수신된다.
- 에러가 발생한 데이터 버퍼를 획득할 수 있다(comma-separated). 이 데이터를 가공해 다시 APPEND 하거나 기록하는 용도로 사용할 수 있다.

해당 예외는 ErrorDelegateFunc 내부에서만 획득이 가능하다.

메서드	설명
GetRowBuffer()	에러가 발생한 데이터 버퍼를 획득할 수 있다.

MachTransaction

지원하지 않는다.

샘플 코드 예제

접속하기

MachConnection 객체를 만들고, 해당 메소드 Open() 및 Close()를 호출한다.

```
String sConnString = String.Format("DSN={0};PORT_NO={1};UID=;PWD=MANAGER;", SERVER_HOST,
SERVER_PORT);
MachConnection sConn = new MachConnection(sConnString);
sConn.Open();
//... do something
sConn.Close();
```

using 구문을 사용하면, Connection 종료 작업인 Close()를 호출하지 않아도 된다.

```
String sConnString = String.Format("DSN={0};PORT_NO={1};UID=;PWD=MANAGER;", SERVER_HOST,
SERVER_PORT);
using (MachConnection sConn = new MachConnection(sConnString))
{
    sConn.Open();
    //... do something
} // you don't need to call sConn.Close();
```

SQL 질의 실행하기

객체 MachCommand를 만들어 질의를 수행하면 된다.

```
String sConnString = String.Format("DSN={0};PORT_NO={1};UID=;PWD=MANAGER;", SERVER_HOST,
SERVER_PORT);
using (MachConnection sConn = new MachConnection(sConnString))
{
    String sQueryString = "CREATE TABLE tab1 ( col1 INTEGER, col2 VARCHAR(20) )";
    MachCommand sCommand = new MachCommand(sQueryString , sConn)
    try
    {
        sCommand.ExecuteNonQuery();
    }
    catch (MachException me)
    {
        throw me;
    }
}
```

이 역시 using 구문을 사용하면, MachCommand 해제 작업을 곧바로 진행할 수 있다.

```
String sConnString = String.Format("DSN={0};PORT_NO={1};UID=;PWD=MANAGER;", SERVER_HOST,
SERVER_PORT);
using (MachConnection sConn = new MachConnection(sConnString))
{
    String sQueryString = "CREATE TABLE tab1 ( col1 INTEGER, col2 VARCHAR(20) )";
    using(MachCommand sCommand = new MachCommand(sQueryString , sConn))
    {
        try
        {
            sCommand.ExecuteNonQuery();
        }
        catch (MachException me)
        {
            throw me;
        }
    }
}
```

SELECT 수행하기

SELECT 문을 가진 MachCommand를 실행해 MachDataReader를 얻을 수 있다.
MachDataReader를 통해 레코드를 하나씩 Fetch 할 수 있다.

```csharp
String sConnString = String.Format("DSN={0};PORT_NO={1};UID=;PWD=MANAGER;", SERVER_HOST,
SERVER_PORT);
using (MachConnection sConn = new MachConnection(sConnString))
{
    String sQueryString = "SELECT * FROM tab1;";
    using(MachCommand sCommand = new MachCommand(sQueryString , sConn))
    {
        try
        {
            MachDataReader sDataReader = sCommand.ExecuteReader();
            while (sDataReader.Read())
            {
                for (int i = 0; i < sDataReader.FieldCount; i++)
                {
                    Console.WriteLine(String.Format("{0} : {1}",
                                            sDataReader.GetName(i),
                                            sDataReader.GetValue(i)));
                }
            }
        }
        catch (MachException me)
        {
            throw me;
        }
    }
}
```

파라메터 바인딩

MachParameterCollection을 생성한 다음, MachCommand에 연결해서 수행할 수 있다.

```csharp
String sConnString = String.Format("DSN={0};PORT_NO={1};UID=;PWD=MANAGER;", SERVER_HOST,
SERVER_PORT);
using (MachConnection sConn = new MachConnection(sConnString))
{
```

```
string sSelectQuery = @"SELECT *
    FROM tab2
    WHERE CreatedDateTime < @CurrentTime
    AND CreatedDateTime >= @PastTime";

using (MachCommand sCommand = new MachCommand(sSelectQuery, sConn))
{
    DateTime sCurrtime = DateTime.Now;
    DateTime sPastTime = sCurrtime.AddMinutes(-1);
    try
    {
        sCommand.ParameterCollection.Add(new MachParameter { ParameterName =
"@CurrentTime", Value = sCurrtime });
        sCommand.ParameterCollection.Add(new MachParameter { ParameterName = "
@PastTime", Value = sPastTime });

        MachDataReader sDataReader = sCommand.ExecuteReader();

        while (sDataReader.Read())
        {
            for (int i = 0; i < sDataReader.FieldCount; i++)
            {
                Console.WriteLine(String.Format("{0} : {1}",
                                                sDataReader.GetName(i),
                                                sDataReader.GetValue(i)));
            }
        }
    }
    catch (MachException me)
    {
        throw me;
    }
}
```

확장 APPEND 프로토콜 고속 입력

MachCommand에서 AppendOpen()을 수행하면, MachAppendWriter 객체를 얻을 수 있다. 이 객체와 MachCommand 를 이용해, 입력 레코드 1건을 리스트로 준비해 AppendData()를 수행하면 입력이 이뤄진다. AppendFlush()를 하면 모든 레코드의 입력이 반영되며, AppendClose()를 통해 Append 전체 과정을 종료할 수 있다.

```
String sConnString = String.Format("DSN={0};PORT_NO={1};UID=;PWD=MANAGER;", SERVER_HOST,
SERVER_PORT);
using (MachConnection sConn = new MachConnection(sConnString))
{
    using (MachCommand sAppendCommand = new MachCommand(sConn))
    {
        MachAppendWriter sWriter = sAppendCommand.AppendOpen("tab2");
        sWriter.SetErrorDelegator(AppendErrorDelegator);

        var sList = new List<object>();
        for (int i = 1; i <= 100000; i++)
        {
            sList.Add(i);
            sList.Add(String.Format("NAME_{0}", i % 100));
             sAppendCommand.AppendData(sWriter, sList);

            sList.Clear();

            if (i % 1000 == 0)
            {
                sAppendCommand.AppendFlush();
            }
        }

        sAppendCommand.AppendClose(sWriter);
        Console.WriteLine(String.Format("Success Count : {0}", sWriter.SuccessCount));
        Console.WriteLine(String.Format("Failure Count : {0}", sWriter.FailureCount));
    }
}

private static void AppendErrorDelegator(MachAppendException e)
{
Console.WriteLine("{0}", e.Message);
Console.WriteLine("{0}", e.GetRowBuffer());
}
```

디렉토리 확인

아래는 실행하기 위한 디렉토리를 나타낸 것이다. 이 소스는 **[마크베이스 설치 디렉토리]/** **sample/dotnet**에 존재한다.

```
$ dir
C:\Machbase-5.5\machbase_home\sample\dotnet 디렉터리

2019-03-11   오후 07:47    <DIR>          .
2019-03-11   오후 07:47    <DIR>          ..
2019-02-28   오후 03:06         3,330 MachConnectorExample.csproj
2019-02-28   오후 03:06           566 MachConnectorExample.csproj.user
2019-02-28   오후 03:06         1,138 MachConnectorExample.sln
2019-02-28   오후 03:06        10,700 MachConnectorExampleMain.cs
2019-02-28   오후 03:06           404 README
C:\Machbase-5.5\machbase_home\sample\dotnet
```

빌드 및 실행하기

빌드 및 수행은 Microsoft의 Visual Studio를 활용하며, 이를 위해서 해당 디렉토리의 MachConnectorExample.sln 파일을 로딩한다. 아래는 그 순서이다.

1. VisualStudio 2017에서 프로젝트(Machbase-5.5 ₩ machbase_home ₩ sample ₩ dotnet ₩ MachConnectorExample.sln)를 import 한다.
2. 프로젝트의 Reference 항목에서 lib/machNetConnector.dll 추가한다.
3. 프로젝트를 build 한다.

아래는 그 수행 결과 화면인데, 해당 디렉토리의 **MachConnectorExampleMain.cs** 소스를 통해 실제 구현된 내용을 확인할 수 있다.

```
수행결과
==========SELECT==========
------------------
SEQ : 2
TOTAL : 4
PERCENTAGE : 8.5
RATIO : 10.9
... 생략 ...
SRC_IP : 192.168.0.1
DEST_IP : 21da:d3:0:2f3b:2aa:ff:fe28:9c5a
IMAGE : System.Byte[]

------------------
1 Rows selected

==========APPEND==========
Success Count : 100000
Elapsed Time : 00:00:01.9626113

==========SELECT==========
------------------
SEQ : -31072
TOTAL : 400000
... 생략 ...
------------------

5 Rows selected
Press any key to exit.
```

마치면서

이 장에서는 .NET의 C# 언어를 통한 마크베이스와의 연동에 대해 살펴보았다. 가장 빠르고 쉽게 개발할 수 있는 언어 중의 하나인 C#은 그 개발 효율성과 편의성에 있어서는 타의 추종을 불허할 정도로 유명한데, 이를 통해 다양한 마크베이스 응용 프로그램을 개발할 수 있었으면 하는 바람을 가져본다.

참고) MachConnectorExampleMain.cs 소스코드

```csharp
using System;
using System.Collections.Generic;
using System.Linq;
using System.Text;
using System.Threading.Tasks;
using Mach.Data.MachClient;
using System.Threading;
using System.Globalization;
using System.Net;


/*****************************************************************************
 *
 * [ MACHBASE .NET Sample Project ]
 *
 * You SHOULD check if machNetConnector DLL file is linked successfully.
 *
 * - Default location is $(MACHBASE_HOME)\lib\machNetConnector.dll
 * - If you will run this under Linux/Unix system,
 *   default location should be ${MACHBASE_HOME}/lib/machNetConnector.dll
 * - If you already have DLLs which is not located in $(MACHBASE_HOME),
 *   please link correctly.
 *
 *****************************************************************************/


namespace MachConnectorExample
{
    enum ErrorCheckType
    {
        ERROR_CHECK_YES = 0,
        ERROR_CHECK_WARNING,
        ERROR_CHECK_NO
    }

    class MachConnectorExampleMain
    {
        internal const string SERVER_HOST = "127.0.0.1";
        internal const int SERVER_PORT = 5656;

        private static string GetRandomTimeString(Random randomSeed, string aDate)
        {
            return String.Format("{0} {1}:{2}:{3} {4}",
```

```
        aDate,
        randomSeed.Next(0, 24).ToString("D2"),
        randomSeed.Next(0, 60).ToString("D2"),
        randomSeed.Next(0, 60).ToString("D2"),
        randomSeed.Next(0, 1000000).ToString("D6"));
}


private static string GetRandomIPv4(Random randomSeed)
{
    return String.Format("{0}.{1}.{2}.{3}",
        randomSeed.Next(0, 256),
        randomSeed.Next(0, 256),
        randomSeed.Next(0, 256),
        randomSeed.Next(0, 256));
}


private static string GetRandomIPv6(Random randomSeed)
{
    switch (randomSeed.Next(0, 3))
    {
        case 0: // Compatible IPv4
            return String.Format("::{0}.{1}.{2}.{3}",
                randomSeed.Next(0, 256),
                randomSeed.Next(0, 256),
                randomSeed.Next(0, 256),
                randomSeed.Next(0, 256));
        case 1: // Compatible IPv4 filled with ffff
            return String.Format("::ffff:{0}.{1}.{2}.{3}",
                randomSeed.Next(0, 256),
                randomSeed.Next(0, 256),
                randomSeed.Next(0, 256),
                randomSeed.Next(0, 256));
        case 2: // IPv6
            {
                byte[] bytes = new byte[16];
                randomSeed.NextBytes(bytes);
                IPAddress ipv6Address = new IPAddress(bytes);
                return ipv6Address.ToString();
            }
        default:
            return null;
    }
}
```

```
private static void ExecuteQuery(MachConnection aConn, string aQueryString, ErrorCheckType aCheckType)
{
    using (MachCommand sCommand = new MachCommand(aQueryString, aConn))
    {
        try
        {
            sCommand.ExecuteNonQuery();
        }
        catch (MachException me)
        {
            switch (aCheckType)
            {
                case ErrorCheckType.ERROR_CHECK_YES:
                    throw me;
                    break;
                case ErrorCheckType.ERROR_CHECK_WARNING:
                    Console.WriteLine("[WARNING!]");
                    Console.WriteLine("{0}", me.ToString());
                    break;
                case ErrorCheckType.ERROR_CHECK_NO:
                default:
                    break;
            }
        }
    }
}

private static void ExecuteSelect(MachConnection aConn, string aSelectQueryString)
{
    using (MachCommand sSelectCommand = new MachCommand(aSelectQueryString, aConn))
    {
        MachDataReader sDataReader = sSelectCommand.ExecuteReader();

        int sCount = 0;
        while (sDataReader.Read())
        {
            Console.WriteLine("------------------");
            for (int i = 0; i < sDataReader.FieldCount; i++)
            {
                Console.WriteLine(String.Format("{0} : {1}",
                                                sDataReader.GetName(i),
                                                sDataReader.GetValue(i)));
```

```
            }
            sCount++;
        }

        Console.WriteLine("\n----------------");
        Console.WriteLine("{0} Rows selected", sCount);
    }
}


private static void ExecuteAppend(MachConnection aConn, int aRecordCount)
{
    using (MachCommand sAppendCommand = new MachCommand(aConn))
    {
        MachAppendWriter sWriter = sAppendCommand.AppendOpen(TABLE_NAME);
        Random randomSeed = new Random();
        DateTime sStartTime = DateTime.Now;

        var sList = new List<object>();
        for (int i = 1; i <= aRecordCount; i++)
        {
            sList.Add((Int16)i);                                    //SEQ SHORT
            sList.Add((Int64)i * 4);                        //TOTAL LONG
            sList.Add((Single)(i * 2.2));                         //PERCENTAGE FLOAT
            sList.Add((Double)(i * 16.4));                      //RATIO DOUBLE
            sList.Add(i * 2 );                          //ID INTEGER
            sList.Add(String.Format("NAME_{0}", i % 100));              //NAME VARCHAR(20)
            sList.Add(GetRandomTimeString(randomSeed, "2020-01-01"));   //ETIME DATETIME
            sList.Add(String.Format("MESSAGE_TEXT_MESSAGE_TEXT_MESSAGE_TEXT_MESSAGE_TEXT_MESSAGE_TEXT_
MESSAGE_TEXT_MESSAGE_TEXT_MESSAGE_TEXT_MESSAGE_TEXT_MESSAGE_TEXT_MESSAGE_TEXT_MESSAGE_TEXT_MESSAGE_
TEXT_MESSAGE_TEXT_MESSAGE_TEXT_{0}", i % 100));               //MESSAGE text
            sList.Add(GetRandomIPv4(randomSeed));                       //SRC_IP IPv4
            sList.Add(GetRandomIPv6(randomSeed));                       //DEST_IP IPv6
            sList.Add(Encoding.UTF8.GetBytes(String.Format("IMAGE_BINARY_IMAGE_BINARY_IMAGE_BINARY_
IMAGE_BINARY_IMAGE_BINARY_IMAGE_BINARY_IMAGE_BINARY_IMAGE_BINARY_IMAGE_BINARY_IMAGE_BINARY_
IMAGE_BINARY_IMAGE_BINARY_IMAGE_BINARY_IMAGE_BINARY_{0}", i % 100)));             //image binary


            sAppendCommand.AppendData(sWriter, sList);
            sList.Clear();
        }

        sAppendCommand.AppendClose(sWriter);
```

```csharp
                Console.WriteLine(String.Format("Success Count : {0}", sWriter.SuccessCount));
                Console.WriteLine(String.Format("Elapsed Time : {0}", DateTime.Now.Subtract(sStartTime)));
        }
    }


    static void Main(string[] args)
    {
        //-------------------
        // Connection Open
        //-------------------
        MachConnection sConn = new
MachConnection(String.Format("SERVER={0};PORT_NO={1};UID=SYS;PWD=MANAGER", SERVER_HOST,
SERVER_PORT));
        sConn.Open();

        // DDL : DROP TABLE && CREATE TABLE
        ExecuteQuery(sConn, DROP_QUERY, ErrorCheckType.ERROR_CHECK_NO);
        ExecuteQuery(sConn, CREATE_QUERY, ErrorCheckType.ERROR_CHECK_YES);

        // INSERT
        ExecuteQuery(
            sConn,
            String.Format(INSERT_QUERY,
                        2,
                        4,
                        8.5,
                        10.9,
                        1,
                        "TEST_NAME1",
                        "2020-01-01 00:00:00 000:000",
"XXXXXXXXXXXXXXXXXXXXXXXXXXXXXXXXXXXXXXXXXXXXXXXXXXXXXXXXXXXXXX",
                        "192.168.0.1",
                        "21da:d3::2f3b:2aa:ff:fe28:9c5a",

"FAFAFAFAFAFAFAFAFAFAFAFAFAFAFAFAFAFAFAFAFAFAFAFAFAFAFAFAFAFAFAFAFAFAFAFAFAFAFAFAFAFAFAFAFAFAFAFAFAFAFA
FAFAFAFAFAFAFAFAFAFAFAFA"),
                    ErrorCheckType.ERROR_CHECK_YES);

        // SELECT
        Console.WriteLine("\n==========SELECT==========");
        ExecuteSelect(sConn, SELECT_QUERY);

        // APPEND
```

```
            Console.WriteLine("\n==========APPEND==========");
            ExecuteAppend(sConn, 100000);


            // SELECT
            Console.WriteLine("\n==========SELECT==========");
            ExecuteSelect(sConn, SELECT_QUERY);


            //-----------------
            // Connection Close
            //-----------------
            sConn.Close();

            Console.WriteLine("Press any key to exit.");
            Console.Read();
        }


        internal const string TABLE_NAME = @"SAMPLE_TABLE";
        internal const string CREATE_QUERY = @"CREATE TABLE SAMPLE_TABLE (
                                SEQ       short,
                                TOTAL      long,
                                PERCENTAGE    float,
                                RATIO      double,
                                ID       INTEGER,
                                NAME     VARCHAR(20),
                                ETIME    DATETIME,
                                MESSAGE text,
                                SRC_IP   IPV4,
                                DEST_IP IPV6,
                                IMAGE binary

                               );";
        internal const string DROP_QUERY = @"DROP TABLE SAMPLE_TABLE;";

        internal const string INSERT_QUERY = @"INSERT INTO SAMPLE_TABLE VALUES({0}, {1}, {2}, {3}, {4}, '{5}', '{6}',
'{7}', '{8}', '{9}', '{10}');";
        internal const string SELECT_QUERY = @"SELECT * FROM SAMPLE_TABLE LIMIT 5;";
    }
}
```

제 19 장   마크베이스와 자바의 연동

지금까지도 최고의 개발 매니아 층을 확보하고 있으며, 가장 인기 있는 언어 중의 하나였던 자바(JAVA)와 마크베이스와의 연동에 대해 알아본다. 이후 설명하겠지만, 마크베이스는 JDBC 표준을 제공함과 동시에 마크베이스에 대한 고속 입력 프로토콜인 APPEND를 지원하기 위한 확장 함수를 함께 제공하므로 이 확장 함수에 대한 깊이 있는 고려가 응용 개발 시 꼭 필요하다는 점을 밝혀 둔다.

JDBC 개요

자바 프로그래밍 언어로 만들어진 데이터베이스 조작 인터페이스의 집합을 JDBC(Java DataBase Connectivity)라고 한다. 다양한 관계형 데이터베이스를 위해 일관된 인터페이스를 제공하는 API 집합으로서 프로그래머가 SQL 요구를 만드는데 사용할 일련의 객체지향 프로그램의 클래스들을 정의하고 있다. 즉, 어떤 데이터베이스를 사용하더라도 JDBC 드라이버만 제공된다면 코드 수정 없이 바로 적용 가능한 장점이 있다. 당연히 마크베이스도 이 표준 JDBC 함수를 제공하고 있는데, 고속으로 데이터를 입력하기 위한 목적으로 별도의 확장 함수를 제공하고 있다. 이 장에서는 표준 함수에 대한 설명은 이미 너무 많은 자료가 있기에 하지 않도록 하고, 이 확장 함수에 대해서 설명하는 것으로 하겠다.

표준 JDBC 함수

표준 함수 스펙 4.0(https://www.oracle.com/technetwork/java/javase/jdbc/index.html#corespec40)

확장 JDBC 함수

setIPv4

```
void setIpv4(int ind, String ipString)
```

PrepareStatement에서 IPv4 주소 타입을 입력하기 위한 함수이다. 컬럼 인덱스와 IPv4 문자열을 인자로 받는다.

setIPv6

```
void setIpv6(int ind, String ipString)
```

PrepareStatement에서 IPv6 주소 타입을 입력하기 위한 함수이다. 컬럼 인덱스와 IPv6 문자열을 인자로 받는다.

executeAppendOpen

```
ResultSet executeAppendOpen(String aTableName, int aErrorCheckCount)
```

Statement에서 Append 프로토콜을 쓰기 위한 것으로 프로토콜을 오픈한다. 테이블 이름과 오류 검사 간격을 인자로 받는다. 결과값으로 ResultSet을 리턴한다.

executeAppendData

```
int executeAppendData(ResultSetMetaData rsmd, ArrayList aData)
```

Statement에서 Append 프로토콜을 위한 것으로 실제 데이터를 입력한다. execute AppendOpen의 결과값인 ResultSet의 메타데이터와 입력하고자 하는 데이터를 인자로 받는다. 결과값이 전송 버퍼에 저장되면 1이 리턴되고, 전송 버퍼가 차서 마크베이스로 전송되면 2가 리턴된다. 따라서 1 또는 2가 리턴되면 성공으로 판단하면 된다.

executeAppendDataByTime

```
int executeAppendDataByTime(ResultSetMetaData rsmd, long aTime, ArrayList aData)
```

Statement에서 Append 프로토콜을 위한 것으로 실제 데이터를 시간 기준으로 입력한다. executeAppendOpen의 결과값인 ResultSet의 메타데이터와 설정하고자 하는 특정 시간대의 시간 값, 입력하고자 하는 데이터를 인자로 받는다. 결과값이 전송 버퍼에 저장되면 1이 리턴된다.

executeAppendClose

```
int executeAppendClose()
```

Statement에서 Append 프로토콜을 위한 것으로 statement를 종료한다. 결과값으로 성공하면 1을 리턴한다.

executeSetAppendErrorCallback

```
int executeSetAppendErrorCallback(MachAppendCallback aCallback)
```

Append 수행하는 도중에 에러가 발생하는 경우 에러를 출력하는 콜백 함수를 설정한다. 에러 로그를 출력하는 콜백 함수를 인자로 받는다. 결과값으로 성공하면 1이 리턴된다.

getAppendSuccessCount

```
long getAppendSuccessCount()
```

Statement에서 Append 프로토콜을 위한 것으로 성공한 개수를 리턴한다. 결과값으로 성공한 개수를 리턴한다.

getAppendFailCount

```
long getAppendFailCount()
```

Statement에서 Append 프로토콜을 위한 것으로 실패한 개수를 리턴한다. 결과값으로 실패한 개수를 리턴한다.

실행 환경 설정하기

이 예제에서는 윈도우 콘솔 환경에서 빌드 및 실행하는 것을 가정한다. 이를 위해서 GNU의 make 유틸리티가 필요하며, 콘솔 통합 개발 환경인 mingw를 설치하는 것으로 한다.

JDBC 라이브러리 설치 확인

$MACHBASE_HOME/lib 디렉터리에 machbase.jar 파일이 있는지 확인한다.

```
C:\Machbase-5.5\machbase_home\lib> ls machbase.jar

Mode              LastWriteTime           Length Name
----              -------------           ------ ----
-a----    2018-10-22    오후 6:34        112205 machbase.jar
… 생략 ……..

C:\Machbase-5.5\machbase_home\lib>
```

마크베이스 패키지를 정상적으로 설치하였다면, 위 디렉토리에 해당 파일이 존재해야
한다.

Makefile 작성

$(MACHBASE_HOME)/lib/machbase.jar를 classpath에 지정해주어야 한다. 다음은
Makefile 예시이다.

```
C:\Machbase-5.5\machbase_home\sample\jdbc> cat makefile
#****************************************************************************
# Copyright of this product 2013-2023,
# MACHBASE Corporation(or Inc.) or its subsidiaries.
# All Rights reserved.
#****************************************************************************

# $Id:$
# -Xmx4g

CLASSPATH=".;$(MACHBASE_HOME)/lib/machbase.jar"

SAMPLE_SRC = MakeData.java Sample1Connect.java Sample2Insert.java Sample3PrepareStmt.java
Sample4Append.java MakeData.java

all: build

build:
        del *.class
        javac -classpath $(CLASSPATH) -d . $(SAMPLE_SRC)

create_table:
        machsql -s localhost -u sys -p manager -f createTable.sql

select_table:
        machsql -s localhost -u sys -p manager -f selectTable.sql

make_data_file:
        java -classpath $(CLASSPATH) MakeData

run_sample1:
        java -classpath $(CLASSPATH) Sample1Connect
```

```
run_sample2:
        java -classpath $(CLASSPATH) Sample2Insert

run_sample3:
        java -classpath $(CLASSPATH) Sample3PrepareStmt

run_sample4:
        java -classpath $(CLASSPATH) Sample4Append

clean:
        del *.class


C:\Machbase-5.5\machbase_home\sample\jdbc>
```

컴파일 및 데이터 준비

다음과 같이 make 명령어를 수행하여 컴파일 및 링크를 수행한다.

```
C:\Machbase-5.5\machbase_home\sample\jdbc> mingw32-make
del *.class
C:\Machbase-5.5\machbase_home\sample\jdbc\*.class을(를) 찾을 수 없습니다.
javac -classpath ".;C:\Machbase-5.5\machbase_home/lib/machbase.jar" -d . MakeData.java
Sample1Connect.java Sample2Insert.java Sample3PrepareStmt.java Sample4Append.java
MakeData.java
C:\Machbase-5.5\machbase_home\sample\jdbc>
```

샘플용 테이블과 데이터 파일을 생성한다.

```
C:\Machbase-5.5\machbase_home\sample\jdbc> mingw32-make create_table
machsql -s localhost -u sys -p manager -f createTable.sql
=================================================================
     Machbase Client Query Utility
     Release Version 5.5.9.community
     Copyright 2014 MACHBASE Corporation or its subsidiaries.
     All Rights Reserved.
=================================================================
MACHBASE_CONNECT_MODE=INET, PORT=5656
```

```
Type 'help' to display a list of available commands.
Mach> drop table sample_table;
Dropped successfully.
Elapsed time: 0.027
Mach> create table sample_table(d1 short, d2 integer, d3 long, f1 float, f2 double, name
varchar(20), text text, bin binary, v4 ipv4, v6 ipv6, dt datetime);
Created successfully.
Elapsed time: 0.061
Mach> exit;
C:\Machbase-5.5\machbase_home\sample\jdbc> mingw32-make make_data_file
java -classpath ".;C:\Machbase-5.5\machbase_home/lib/machbase.jar" MakeData
C:\Machbase-5.5\machbase_home\sample\jdbc>
```

위 과정을 정상적으로 수행하면 C:\Machbase-5.5\machbase_home\sample\jdbc 폴더에
data.txt 파일이 생성된다.

자바 예제 수행하기

데이터베이스 접속

마크베이스 JDBC 드라이버를 이용하여 마크베이스 서버에 접속하는 예제 프로그램을 작
성해 보기로 한다. 소스 파일명은 Sample1Connect.java이다.

> 주의) _arrival_time 컬럼은 디폴트로 표시되지 않는다. 따라서 _arrival_time 컬럼을 표시하려면, 연결 문자
> 열에 show_hidden_cols=1을 추가하면 된다.
>
> 아래 예제 소스에서 접속 문자열을 다음과 같이 수정하면 된다.
>
> String sURL = "jdbc:machbase://localhost:5656/mhdb?show_hidden_cols=1";

```java
import java.util.*;
import java.sql.*;
import mach.jdbc.driver.*;

public class Sample1Connect
```

```
{
    public static Connection connect()
    {
        Connection conn = null;
        try
        {
            String sURL = "jdbc:machbase://localhost:5656/mhdb";

            Properties sProps = new Properties();
            sProps.put("user", "sys");
            sProps.put("password", "manager");

            Class.forName("com.machbase.jdbc.driver");
            conn = DriverManager.getConnection(sURL, sProps);
        }
        catch ( ClassNotFoundException ex )
        {
            System.err.println("Exception : unable to load mach jdbc driver class");
        }
        catch ( Exception e )
        {
            System.err.println("Exception : " + e.getMessage());
        }
        return conn;
    }

    public static void main(String[] args) throws Exception
    {
        Connection conn = null;

        try
        {
            conn = connect();
            if( conn != null )
            {
                System.out.println("mach JDBC connected.");
            }
        }
        catch( Exception e )
        {
            System.err.println("Exception : " + e.getMessage());
        }
        finally
```

```
        {
            if( conn != null )
            {
                conn.close();
                conn = null;
            }
        }
    }
}
```

이제 소스 코드를 컴파일하고 실행한다. 이미 작성한 Makefile을 이용한다.

```
C:\Machbase-5.5\machbase_home\sample\jdbc> mingw32-make run_sample1
java -classpath ".;C:\Machbase-5.5\machbase_home/lib/machbase.jar" Sample1Connect
machbase JDBC connected.
C:\Machbase-5.5\machbase_home\sample\jdbc>
```

위와 같이 성공적으로 접속된 것을 확인할 수 있다.

Direct Execute를 통한 데이터 입력 및 출력

이번에는 직접 SQL을 수행하는 예제를 수행해 보기로 한다. 소스 파일명은 Sample 2Insert.java이다. 먼저, machsql 프로그램을 이용하여 필요한 테이블을 생성하여야 한다. 예제에서는 sample_table이라는 테이블을 미리 생성한 뒤에 샘플 코드를 이용하는 방식을 사용했다.

```
C:\Machbase-5.5\machbase_home> machsql
=================================================================
     Machbase Client Query Utility
     Release Version 5.5.9.community
     Copyright 2014 MACHBASE Corporation or its subsidiaries.
     All Rights Reserved.
=================================================================
Machbase server address (Default:127.0.0.1) :
Machbase user ID  (Default:SYS)
Machbase User Password : manager
```

```
MACHBASE_CONNECT_MODE=INET, PORT=5656
Type 'help' to display a list of available commands.
Mach>drop table sample_table;
Dropped successfully.
Elapsed time: 0.042
Mach>create table sample_table(d1 short, d2 integer, d3 long, f1 float, f2 double, name
varchar(20),
text text, bin binary, v4 ipv4, v6 ipv6, dt datetime);
Created successfully.
Elapsed time: 0.062
Mach>
```

아래는 소스코드이다.

```java
import java.util.*;
import java.sql.*;
import mach.jdbc.driver.*;

public class Sample2Insert
{
    public static Connection connect()
    {
        Connection conn = null;
        try
        {

            String sURL = "jdbc:machbase://localhost:5656/mhdb";

            Properties sProps = new Properties();
            sProps.put("user", "sys");
            sProps.put("password", "manager");

            Class.forName("com.machbase.jdbc.driver");

            conn = DriverManager.getConnection(sURL, sProps);

        }
        catch ( ClassNotFoundException ex )
        {
```

```
                System.err.println("Exception : unable to load mach jdbc driver class");
        }
        catch ( Exception e )
        {
                System.err.println("Exception : " + e.getMessage());
        }


        return conn;
    }
    public static void main(String[] args) throws Exception
    {
        Connection conn = null;
        Statement stmt = null;
        String sql;

        Try
        {
            conn = connect();
            if( conn != null )
            {
                System.out.println("mach JDBC connected.");
                stmt = conn.createStatement();
                for(int i=1; i<10; i++)
                {
                    sql = "INSERT INTO SAMPLE_TABLE VALUES (";
                    sql += (i - 5) * 6552;//short
                    sql += ","+ ((i - 5) * 429496728);//integer
                    sql += ","+ ((i - 5) * 922337203685477580L);//long
                    sql += ","+ 1.23456789+"e"+((i<=5)?"":"+")+((i-5)*7);//float
                    sql += ","+ 1.23456789+"e"+((i<=5)?"":"+")+((i-5)*61);//double
                    sql += ",'id-"+i+"'";//varchar
                    sql += ",'name-"+i+"'";//text
                    sql += ",'aabbccddeeff'";//binary
                    sql += ",'192.168.0."+i+"'";//ipv4
                    sql += ",'::192.168.0."+i+"'";
                    sql += ",TO_DATE('2014-08-0"+i+"','YYYY-MM-DD')";//dt
                    sql += ")";
                    stmt.execute(sql);
                    System.out.println( i+" record inserted.");
                }
                String query = "SELECT d1, d2, d3, f1, f2, name, text, bin, to_hex(bin),
v4, v6, to_char(dt,'YYYY-MM-DD') as dt from SAMPLE_TABLE";
                ResultSet rs = stmt.executeQuery(query);
```

```
            while( rs.next () )
            {
                short d1 = rs.getShort("d1");
                int d2 = rs.getInt("d2");
                long d3 = rs.getLong("d3");
                float f1 = rs.getFloat("f1");
                double f2 = rs.getDouble("f2");
                String name = rs.getString("name");
                String text = rs.getString("text");
                String bin = rs.getString("bin");
                String hexbin = rs.getString("to_hex(bin)");
                String v4 = rs.getString("v4");
                String v6 = rs.getString("v6");
                String dt = rs.getString("dt");

                System.out.print("d1: " + d1);
                System.out.print(", d2: " + d2);
                System.out.print(", d3: " + d3);
                System.out.print(", f1: " + f1);
                System.out.print(", f2: " + f2);
                System.out.print(", name: " + name);
                System.out.print(", text: " + text);
                System.out.print(", bin: " + bin);
                System.out.print(", hexbin: "+hexbin);
                System.out.print(", v4: " + v4);
                System.out.print(", v6: " + v6);
                System.out.println(", dt: " + dt);
            }
            rs.close();
        }
    }
    catch( SQLException se )
    {
        System.err.println("SQLException : " + se.getMessage());
    }
    catch( Exception e )
    {
        System.err.println("Exception : " + e.getMessage());
    }
    finally
    {
        if( stmt != null )
        {
```

```
                stmt.close();
                stmt = null;
            }
            if( conn != null )
            {
                conn.close();
                conn = null;
            }
        }
    }
}
```

이제 소스 코드를 컴파일하고 실행한다. 이미 작성한 Makefile을 이용한다.

```
C:\Machbase-5.5\machbase_home\sample\jdbc> mingw32-make run_sample2
java -classpath ".;C:\Machbase-5.5\machbase_home/lib/machbase.jar" Sample2Insert
machbase JDBC connected.
1 record inserted.
2 record inserted.
생략...
192.168.0.2, v6: ::192.168.0.2, dt: 2014-08-02
d1: -26208, d2: -1717986912, d3: -3689348814741910320, f1: 1.2345679E-28, f2: 1.23456789E-
244, name: id-1, text: name-1, bin: aabbccddeeff, hexbin: 616162626363646465656666, v4:
'192.168.0.1, v6: ::192.168.0.1, dt: 2014-08-01
C:\Machbase-5.5\machbase_home\sample\jdbc>
```

Prepare Execute를 통합 데이터 입력 및 출력

이제는 Direct Execute보다 조금 더 빠르게 데이터를 입력할 수 있는 Prepare Execute를 이용하여 데이터를 입력하고 출력하는 예제를 작성하여 보기로 한다. 소스 파일명은 Sample3PrepareStmt.java이다.

```java
import java.util.*;
import java.sql.*;
import java.text.SimpleDateFormat;
import com.machbase.jdbc.*;
```

```java
public class Sample3PrepareStmt
{
    public static Connection connect()
    {
        Connection conn = null;
        try
        {
            String sURL = "jdbc:machbase://localhost:5656/mhdb";

            Properties sProps = new Properties();
            sProps.put("user", "sys");
            sProps.put("password", "manager");

            Class.forName("com.machbase.jdbc.driver");
            conn = DriverManager.getConnection(sURL, sProps);

        }
        catch ( ClassNotFoundException ex )
        {
            System.err.println("Exception : unable to load machbase jdbc driver class");
        }
        catch ( Exception e )
        {
            System.err.println("Exception : " + e.getMessage());
        }

        return conn;
    }

    public static void main(String[] args) throws Exception
    {
        Connection conn = null;
        Statement stmt = null;
        MachPreparedStatement preStmt = null;
        SimpleDateFormat sdf = new SimpleDateFormat("yyyy-MM-dd HH:mm:ss SSS");

        try
        {
            conn = connect();
            if( conn != null )
            {
                System.out.println("machbase JDBC connected.");
```

```java
        stmt = conn.createStatement();

        preStmt = (MachPreparedStatement)conn.prepareStatement("INSERT INTO
SAMPLE_TABLE VALUES(?, ?, ?, ?, ?, ?, ?, ?, ?, ?, ?)");

        String ipStr = null;
        String dateStr = null;
        for(int i=1; i<10; i++)
        {
            ipStr = String.format("172.16.0.%d",i);
            dateStr = String.format("2014-08-09 12:23:34 %03d", i);
            byte[] bin = new byte[20];
            for(int j=0;j<20;j++){
                bin[j]=(byte)(Math.random()*255);
            }
            java.util.Date day = sdf.parse(dateStr);
            java.sql.Date sqlDate = new java.sql.Date(day.getTime());

            preStmt.setShort(1, (i-5) * 3276 );
            preStmt.setInt(2, (i-5) * 214748364 );
            preStmt.setLong(3, (i-5) * 922337203685477580L );
            preStmt.setFloat(4, 1.23456789101112131415*Math.pow(10,i));
            preStmt.setDouble(5, 1.23456789101112131415*Math.pow(10,i*10));
            preStmt.setString(6, String.format("varchar-%d",i));//varchar
            preStmt.setString(7, String.format("text-%d",i));//text
            preStmt.setBytes(8, bin);//binary
            preStmt.setIpv4(9, ipStr);//ipv4
            preStmt.setIpv6(10, "::"+ipStr);//ipv6
            preStmt.setDate(11, sqlDate);//datetime
            preStmt.executeUpdate();

            System.out.println( i+" record inserted.");
        }


        //date type format : YYYY-MM-DD HH24:MI:SS mmm:uuu:nnnn
        String query = "SELECT d1, d2, d3, f1, f2, name, text, bin, to_hex(bin),
v4, v6, to_char(dt,'YYYY-MM-DD HH24:MI:SS mmm:uuu:nnn') as dt from SAMPLE_TABLE";
        ResultSet rs = stmt.executeQuery(query);
        while( rs.next () )
        {
            short d1 = rs.getShort("d1");
            int d2 = rs.getInt("d2");
```

```java
                long d3 = rs.getLong("d3");
                float f1 = rs.getFloat("f1");
                double f2 = rs.getDouble("f2");
                String name = rs.getString("name");
                String text = rs.getString("text");
                String bin = rs.getString("bin");
                String hexbin = rs.getString("to_hex(bin)");
                String v4 = rs.getString("v4");
                String v6 = rs.getString("v6");
                String dt = rs.getString("dt");

                System.out.print("d1: " + d1);
                System.out.print(", d2: " + d2);
                System.out.print(", d3: " + d3);
                System.out.print(", f1: " + f1);
                System.out.print(", f2: " + f2);
                System.out.print(", name: " + name);
                System.out.print(", text: " + text);
                System.out.print(", bin: " + bin);
                System.out.print(", hexbin: "+hexbin);
                System.out.print(", v4: " + v4);
                System.out.print(", v6: " + v6);
                System.out.println(", dt: " + dt);

            }
            rs.close();
        }
    }
    catch( SQLException se )
    {
        System.err.println("SQLException : " + se.getMessage());
    }
    catch( Exception e )
    {
        System.err.println("Exception : " + e.getMessage());
    }
    finally
    {
        if( stmt != null )
        {
            stmt.close();
            stmt = null;
        }
```

```
        if( conn != null )
        {
            conn.close();
            conn = null;
        }
    }
}
```

이제 소스 코드를 컴파일하고 실행해 본다.

```
java -classpath ".;C:\Machbase-5.5\machbase_home/lib/machbase.jar" Sample3PrepareStmt
machbase JDBC connected.
1 record inserted.
2 record inserted.
3 record inserted.
생략...
d1: -26208, d2: -1717986912, d3: -3689348814741910320, f1: 1.2345679E-28, f2: 1.23456789E-
244, name: id-1, text: name-1, bin: aabb
ccddeeff, hexbin: 616162626363646465656666, v4: 192.168.0.1, v6: ::192.168.0.1, dt: 2014-
08-01 00:00:00 000:000:000
C:\Machbase-5.5\machbase_home\sample\jdbc>
```

확장 함수 Append 예제

비록 Prepare Execute가 빠르다고 하더라도, 초고속의 데이터를 입력하기 위해서는 별도의 함수를 사용하는 것이 확실한 방법이다. 아래는 마크베이스에서 제공하는 Append 프로토콜 기반의 함수를 이용하는 예제이며, 소스 파일명은 Sample4Append.java이다.

```
import java.util.*;
import java.sql.*;
import java.io.*;
import java.text.SimpleDateFormat;
import java.math.BigDecimal;
import com.machbase.jdbc.*;

public class Sample4Append
```

```
{
    protected static final String sTableName = "sample_table";
    protected static final int sErrorCheckCount = 100;

    public static Connection connect()
    {
        Connection conn = null;
        try
        {
            String sURL = "jdbc:machbase://localhost:5656/mhdb";

            Properties sProps = new Properties();
            sProps.put("user", "sys");
            sProps.put("password", "manager");

            Class.forName("com.machbase.jdbc.driver");
            conn = DriverManager.getConnection(sURL, sProps);

        }
        catch ( ClassNotFoundException ex )
        {
            System.err.println("Exception : unable to load machbase jdbc driver class");
        }
        catch ( Exception e )
        {
            System.err.println("Exception : " + e.getMessage());
        }
        return conn;
    }

    public static void main(String[] args) throws Exception
    {
        Connection conn = null;
        MachStatement stmt = null;
        SimpleDateFormat sdf = new SimpleDateFormat("yyyy-MM-dd HH:mm:ss");
        Calendar cal = Calendar.getInstance();
        String filename = "data.txt";

        try
        {
            conn = connect();
            if( conn != null )
            {
```

```
                    System.out.println("machbase JDBC connected.");

stmt = (MachStatement)conn.createStatement();

ResultSet rs = stmt.executeAppendOpen(sTableName, sErrorCheckCount);
ResultSetMetaData rsmd = rs.getMetaData();

System.out.println("append open ok");

MachAppendCallback cb = new MachAppendCallback() {
        @Override
        public void onAppendError(long aErrNo, String aErrMsg, String aRowMsg) {
            System.out.format("Append Error : [%05d - %s]\n%s\n", aErrNo, aErrMsg, aRowMsg);
        }
    };

stmt.executeSetAppendErrorCallback(cb);

System.out.println("append data start");
BufferedReader in = new BufferedReader(new FileReader(filename));
String buf = null;
int cnt = 0;
long dt;

long startTime = System.nanoTime();

while( (buf = in.readLine()) != null )
{
    ArrayList<Object> sBuf = new ArrayList<Object>();
    StringTokenizer st = new StringTokenizer(buf,",");
    for(int i=0; st.hasMoreTokens() ;i++ )
    {
        switch(i){
            case 7://binary case
                sBuf.add(new ByteArrayInputStream(st.nextToken().getBytes())); break;
            case 10://datetime case
                java.util.Date day = sdf.parse(st.nextToken());
                cal.setTime(day);
                dt = cal.getTimeInMillis()*1000000; //make nanotime
                sBuf.add(dt);
                break;
            default:
                sBuf.add(st.nextToken()); break;
```

```
                    }
                }

                if( stmt.executeAppendData(rsmd, sBuf) != 1 )
                {
                    System.err.println("Error : AppendData error");
                    break;
                }

                if( (cnt++%10000) == 0 )
                {
                    System.out.print(".");
                }
                sBuf = null;

            }
            System.out.println("\nappend data end");

            long endTime = System.nanoTime();

            stmt.executeAppendClose();

            System.out.println("append close ok");

            System.out.println("Append Result : success = "+stmt.getAppendSuccessCount()+", failure =
"+stmt.getAppendFailureCount());

            System.out.println("timegap " + ((endTime - startTime)/1000) + " in microseconds, " + cnt +
" records" );

            try {
                BigDecimal records = new BigDecimal( cnt );
                BigDecimal gap = new BigDecimal( (double)(endTime - startTime)/1000000000 );
                BigDecimal rps = records.divide(gap, 2, BigDecimal.ROUND_UP );

                System.out.println( rps + " records/second" );
            } catch(ArithmeticException ae) {
                System.out.println( cnt + " records/second");
            }

            rs.close();
        }
    }
```

```
        catch( SQLException se )
        {
            System.err.println("SQLException : " + se.getMessage());
        }
        catch( Exception e )
        {
            System.err.println("Exception : " + e.getMessage());
        }
        finally
        {
            if( stmt != null )
            {
                stmt.close();
                stmt = null;
            }
            if( conn != null )
            {
                conn.close();
                conn = null;
            }
        }
    }
}
```

Append를 할 때 date 타입 데이터는 반드시 long 타입의 나노초 단위 시간으로 변환하여 전송하여야 한다.

```
C:\Machbase-5.5\machbase_home\sample\jdbc> mingw32-make run_sample4
java -classpath ".;C:\Machbase-5.5\machbase_home/lib/machbase.jar" Sample4Append
machbase JDBC connected.
append open ok

append data start
..........
append data end
append close ok
Append Result : success = 100000, failure = 0
timegap 740569 in microseconds, 100000 records
135031.17 records/second
C:\Machbase-5.5\machbase_home\sample\jdbc>
```

10,000건마다 점(.)을 표시하고 있으며, 입력 소요 시간을 알 수 있다.

```
# machsql을 이용하여 실제 입력된 건수를 확인해보자.
# Sample2Insert, Sample3PrepareStmt에서 입력한 건수와 함께 100018건이 입력된 것을 확인한다.
C:\Machbase-5.5\machbase_home\sample\jdbc> machsql
Machbase server address (Default:127.0.0.1) :
Machbase user ID   (Default:SYS)
Machbase User Password : MANAGER
MACHBASE_CONNECT_MODE=INET, PORT=5656
Type 'help' to display a list of available commands.
Mach>select count(*) from sample_table;
count(*)
----------------------
100018
[1] row(s) selected.
Elapsed time: 0.006
Mach>
```

위와 같이 성공적으로 데이터가 입력된 것을 확인할 수 있으며, 초당 10만건 이상의 데이터를 입력시켰다는 것을 확인할 수 있다.

마치면서

이 장에서는 JAVA 언어를 기반으로 마크베이스에 대한 설치 및 고속 데이터 입력 방법에 대해 살펴보았다. 더 자세한 내용은 패키지에 포함된 여러 소스코드를 확인하고, 참조 자료를 찾아보기 바란다.

## 제 20 장

마크베이스와 파이썬의 연동

파이썬(PYTHON)은 최근에 가장 각광받고 있는 프로그래밍 언어이다. 그 이유는 이 언어가 배우기 쉬울 뿐만 아니라, 다양한 환경과 잘 연동되고, 생태계도 매우 훌륭하게 구성되었기 때문일 것이다. 마크베이스에서도 이 파이썬 언어를 위한 모듈을 지원하기 때문에 이를 잘 활용하면 매우 쉽게 값을 입력하거나 삭제, 테이블 생성, 삭제 등 다양한 명령어를 사용할 수 있을 뿐만 아니라, 다양한 응용 환경과의 연동도 쉽게 지원할 수 있을 것이다.

파이썬 모듈의 구조

마크베이스에서는 파이썬 모듈이 동작하는 하부에 CLI 라이브러리를 이용한다. 따라서, 마크베이스가 설치된 라이브러리 디렉토리에 $MACHBASE_HOME/lib/libmachbasecli_dll.dll 파일이 존재해야 한다(리눅스의 경우에는 확장자 .so의 공유라이브러리가 존재한다).

파이썬 모듈 설치

파이썬을 모듈을 설치하기 위해서는 $MACHBASE_HOME/3rd-party/python3-module 폴더에 있는 machbaseAPI-1.0.tar.gz를 압축 해제 후 python setup.py install 명령을 통해

사용하려는 Python에 모듈을 설치해야 한다. 파이썬은 3.x 버전을 추천한다(물론 2.x대 파이썬도 가능하며, 2.7 버전을 추천한다). 아래와 같이 수행하면 파이썬 모듈이 설치된다(매우 쉽다!).

```
C:\Machbase-5.5\machbase_home\3rd-party\python3-module\machbaseAPI-1.0> python setup.py
install
running install
running build
running build_py
creating build
creating build\lib
creating build\lib\machbaseAPI
copying machbaseAPI\machbaseAPI.py -> build\lib\machbaseAPI
copying machbaseAPI\__init__.py -> build\lib\machbaseAPI
running install_lib
running install_data
running install_egg_info
Removing C:\Users\machbase\AppData\Local\Programs\Python\Python37-32\Lib\site-packages\
machbaseAPI-1.0-py3.7.egg-info
Writing C:\Users\machbase\AppData\Local\Programs\Python\Python37-32\Lib\site-packages\
machbaseAPI-1.0-py3.7.egg-info
C:\Machbase-5.5\machbase_home\3rd-party\python3-module\machbaseAPI-1.0>
```

모듈 import 하기

마크베이스 Python 모듈을 사용하기 위해서 해당 클래스를 import 한다. 해당 클래스명은 machbase이다.

```
from machbaseAPI import machbase
```

이렇게 선언만 하게 되면, 이후에는 machbase 클래스를 활용해서 마크베이스에 대한 모든 동작을 쉽게 수행할 수 있다.

접속과 접속해제 함수

machbase.open(aHost, aUser, aPw, aPort)

마크베이스에 접속하는 함수이다. 알맞은 파라미터 값을 입력했을 시에 DB에 접속 성공했는지 실패했는지를 반환한다. 정상 종료 시 1, 실패 시 0을 반환한다.

machbase.close()

마크베이스 접속을 해제하는 함수이다. 정상 종료 시 1, 실패 시 0을 반환한다.

machbase.isConnected()

선언한 클래스가 해당 서버에 접속 중인지 아닌지를 판별하는 함수이다. 접속 중일 때 1, 접속 중이 아닐 때 0을 반환한다.

명령어 실행 및 사용자 편의 함수

machbase.execute(aSql)

서버에 접속되어 있을 때 해당 서버에 질의문을 전송하는 명령어이다. 정상적으로 실행되었을 때 1, 실패하거나 에러가 발생했을 시에는 0을 반환한다. 마크베이스에서 지원하지 않는 UPDATE를 제외하고 모든 명령어를 사용할 수 있다.

machbase.append(aTableName, aTypes, aValues, aFormat)

이 함수는 인터프리어 언어인 파이썬에서 고속의 데이터 입력을 가능하게 하기 위해 특별히 고안된 함수이다. 이 함수는 상당히 많은 설명이 필요하므로, 뒤에서 별도의 절에서 상세히 설명한다.

시계열 데이터베이스를 활용한 IoT 데이터 처리의 모든 것

machbase.tables()

접속한 서버에 있는 모든 테이블의 정보를 반환한다. 정상적으로 실행되었다면 1, 실패했을 시에는 0을 반환한다.

machbase.columns(aTableName)

접속한 서버에 있는 해당 테이블 내의 컬럼들의 정보를 반환한다. 정상적으로 실행되었다면 1, 실패했을 시에는 0을 반환한다.

machbase.result()

이 함수는 마크베이스의 질의 실행 결과를 되돌려 받는 함수이다. 단, 주의할 점은 이 결과값은 JSON형태라는 것이다. 그래서 이 JSON 타입에 준해서 데이터를 조작하면 될 것이며, 매우 쉽고 편리하게 조작할 수 있다는 것을 알게 될 것이다.

machbaseDB.append(aTableName, aTypes, aValues, aFormat) 상세 설명

이 함수는 마크베이스에서 지원하는 Append 프로토콜을 사용할 수 있는 함수이다. 데이터를 입력하게 될 테이블명, 각 컬럼들의 타입의 딕셔너리, 그리고 입력할 값들을 JSON 형태로 입력하고 dateformat을 지정해 주면 Append를 실행할 수 있다. 정상적으로 실행하였다면 1, 실패 시에는 0을 반환한다. 예를 들어서 샘플에 있는 sample_table 테이블에 데이터를 넣는다고 가정해 보자.

```
create table sample_table(d1 short, d2 integer, d3 long, f1 float, f2 double, name
varchar(20), text text, bin binary, v4 ipv4, v6 ipv6, dt datetime)
```

aTableName

여기에는 텍스트로 데이터를 입력할 테이블 이름을 입력한다. 테이블명은 "sample_table"이 될 것이다.

aTypes

여기에는 입력할 해당 테이블 구조의 컬럼들의 고유한 데이터 타입을 순서대로 입력해 주어야 한다. 그런데 이 부분이 약간 골치가 아픈데, 위의 다양한 데이터 타입의 실제 값이 얼마인지 기억을 할 수 없기 때문이다. 그래서 다음과 같이 machbaseAPI의 **columns()**라는 함수를 통해서 sample_table의 컬럼 정보를 얻어서 타입 값을 얻어오면 된다. 발췌한 소스코드와 실제 값은 다음과 같다.

```
db = machbase()
    if db.open('127.0.0.1','SYS','MANAGER',5656) is 0 :
        return db.result() # 에러 처리
    tableName = 'sample_table'
    db.columns(tableName)
    result = db.result()    # result에 컬럼 정보가 들어간다.
```

그럼 result의 구조를 보면 다음과 같이 리턴된다.

sample_table의 column 정보

```
print result;
{"name":"D1","type":"4","length":"2"},{"name":"D2","type":"8","length":"4"},{"name":"D3","type":"12","length":"8"},{"name":"F1","type":"16","length":"4"},{"name":"F2","type":"20","length":"8"},{"name":"NAME","type":"5","length":"20"},{"name":"TEXT","type":"49","length":"67108864"},{"name":"BIN","type":"97","length":"67108864"},{"name":"V4","type":"32","length":"5"},{"name":"V6","type":"36","length":"17"},{"name":"DT","type":"6","length":"8"}
```

예를 들어 D1 컬럼은 타입이 4이고, 길이가 2라는 것을 알 수 있다. 우리가 필요한 것은 이 타입값이므로, 다음 코드를 통해 타입을 만들 수 있다.

```
types = []
    for item in re.findall('{[^}]+}',result):
        types.append(json.loads(item).get('type')) #타입만을 꺼내서 types구조입력.
    print types;
```

그래서 최종적으로 Append에 입력될 sample_table의 types 값은 다음과 같이 출력된다.

```
[u'4', u'8', u'12', u'16', u'20', u'5', u'49', u'97', u'32', u'36', u'6']
```

이 types를 Append API의 인자, 즉 aTypes 자리에 넘기면 된다. 참고로 실제 타입에 대한 값은 다음과 같다.

타입명	short	ushort	integer	uinteger	long	ulong	binary
값	4	104	8	108	12	112	97

타입명	float	double	datetime	varchar	ipv4	ipv6	text
값	16	20	6	5	32	36	49

aValues

여기는 실제 입력될 값을 array의 배열 형태로 넘기면 된다. [[컬럼1, 컬럼2...컬럼..n], [컬럼1, 컬럼2...컬럼..n], [컬럼1, 컬럼2...컬럼..n], [컬럼1, 컬럼2...컬럼..n], [컬럼1, 컬럼2...컬럼..n]] 이렇게 넘기면, 다수의 레코드를 한 번에 입력할 수 있는 구조가 되는 것이다. 예를 들어, sample_table에 다음과 같은 텍스트를 3건 입력한다고 하면(data.txt라고 하자)

data.txt

```
1,2,30000,10000.0,6666.66666667,char-1,text log-1,binary image-
1,192.168.9.1,2001:0DB8:0000:0000:0000:0000:1428:1001,2015-05-18 15:26:11
2,4,60000,6666.66666667,5000.0,char-2,text log-2,binary image-
2,192.168.9.2,2001:0DB8:0000:0000:0000:0000:1428:1002,2015-05-18 15:26:12
3,6,90000,5555.55555556,4444.44444444,char-3,text log-3,binary image-
3,192.168.9.3,2001:0DB8:0000:0000:0000:0000:1428:1003,2015-05-18 15:26:13
```

이 구조는 다음과 같은 코드로 입력될 것이다.

```
with open('data.txt','r') as f:
    for line in f.readlines():
        v = []
        i = 0
        for l in line[:-1].split(','):
            t = int(types[i])
            if t == 4 or t == 8 or t == 12 or t == 104 or t == 108 or t == 112:
                #short    integer   long     ushort      uinteger      ulong
                v.append(int(l))
            elif t == 16 or t == 20:
                #float       double
                v.append(float(l))
            else:
                v.append(l)
            i+=1
        values.append(v)
```

위의 코드에서 볼 수 있듯이 텍스트로 된 입력파일의 각 컬럼이 각각의 타입별로 배열 values에 append 됨을 알 수 있다. 실제 입력이 끝난 values를 내부를 출력해 보면 다음과 같다.

```
print values;

[[1, 2, 30000, 10000.0, 6666.66666667, 'char-1', 'text log-1', 'binary image-1',
  '192.168.9.1', '2001:0DB8:0000:0000:0000:0000:1428:1001', '2015-05-18 15:26:11'],
 [2, 4, 60000, 6666.66666667, 5000.0, 'char-2', 'text log-2', 'binary image-2',
  '192.168.9.2', '2001:0DB8:0000:0000:0000:0000:1428:1002', '2015-05-18 15:26:12'],
 [3, 6, 90000, 5555.55555556, 4444.44444444, 'char-3', 'text log-3', 'binary image-3',
  '192.168.9.3', '2001:0DB8:0000:0000:0000:0000:1428:1003', '2015-05-18 15:26:13']]
```

aFormat

이것은 입력되는 레코드 중에 datetime 포맷이 있는 경우 해당 포맷을 지정하는 것이다. 논리적으로는 스키마에 존재하는 datetime 컬럼마다 하나씩 포맷이 지정되어야 하지만, 현재의 구조는 단일 포맷으로 구성된 제약이 있는 것 같다. 위의 입력 포맷에 따라 'YYYY-MM-DD HH24:MI:SS'로 지정하면 될 것이다. 이 타임 포맷에 대한 자세한 사항은 TO_

CHAR 함수의 매뉴얼을 참고하자.

샘플 코드 예제

간단한 예제들을 통해서 마크베이스 Python3 모듈을 사용하는 방법을 알아보자. $MACHBASE_HOME/sample/python3 파일들을 이용해서 확인할 수 있다. 해당 디렉터리에는 간편하게 테스트를 해 볼 수 있게 해주는 Makefile과 데이터를 만들어주는 MakeData.py 파일이 있다. Makefile 내부 변수 중 PYPATH의 값을 마크베이스 Python 모듈이 설치된 파이썬으로 지정해야 정상 작동한다. 기본값은 마크베이스 패키지에 설치된 파이썬으로 지정되어 있다. 또한 파이썬에서 모듈을 독자적으로 실행하기 위해서는 __init__.py 파일이 필요하므로 해당 디렉터리에 파일이 존재하는지 확인한다(Makefile과 _init_.py 파일은 python 폴더에서 복사해 오자). 확인 후, 아래와 같이 make를 실행한다.

```
C:\Machbase-5.5\machbase_home\sample\python3> ls

    디렉터리: C:\Machbase-5.5\machbase_home\sample\python3

Mode                LastWriteTime         Length Name
----                -------------         ------ ----
-a----        2018-10-22   오후 6:34          777 MakeData.py
-a----        2018-10-22   오후 6:34          622 Makefile
-a----        2018-10-22   오후 6:34          707 Sample1Connect.py
-a----        2018-10-22   오후 6:34         2498 Sample2Simple.py
-a----        2018-10-22   오후 6:34         2080 Sample3Append.py
-a----        2018-10-22   오후 6:34            0 __init__.py

C:\Machbase-5.5\machbase_home\sample\python3>


C:\Machbase-5.5\machbase_home\sample\python3> mingw32-make
C:\Machbase-5.5\machbase_home/webadmin/flask/Python/bin/python MakeData.py
C:\Machbase-5.5\machbase_home\sample\python3>
```

접속하기

아래의 예제는 서버에 접속해서 질의를 실행하고 결과값을 반환하는 단순한 함수이다. 각각의 함수들이 실패(0)를 반환했을 때에 결과값을 반환하는 경우는 에러 결과를 반환하기 위함이다. 정상적으로 실행된다면 m$tables 테이블의 값들 개수가 반환된다. 파일 이름은 Sample1Connect.py이다.

```
C:\MACHBASE-5.5\machbase_home\sample\python3> cat Sample1Connect.py
#************************************************************************
# Copyright of this product 2013-2023,
# MACHBASE Corporation(or Inc.) or its subsidiaries.
# All Rights reserved.
#************************************************************************

# $Id:$

from machbaseAPI.machbaseAPI import machbase

def connect():
    db = machbase()
    if db.open('127.0.0.1','SYS','MANAGER',5656) is 0 :
        return db.result()

    if db.execute('select count(*) from m$tables') is 0 :
        return db.result()

    result = db.result()

    if db.close() is 0 :
        return db.result()

    return result

if __name__=="__main__":
    print(connect())
```

```
C:\Machbase-5.5\machbase_home\sample\python3> mingw32-make run_sample1
C:\Machbase-5.5\machbase_home\webadmin\flask\Python\bin\python Sample1Connect.py
{"count(*)":"13"}
C:\Machbase-5.5\machbase_home\sample\python3>
```

단순 입력 및 출력

아래 예제를 이용해서 단순하게 마크베이스에 파이썬을 이용해서 테이블을 만들고 값을 입력하고 입력된 값을 추출해서 확인하는 예제이다. 파일 이름은 Sample2Simple.py이다.

```python
import re
import json
from machbaseAPI import machbase
def insert():
    db = machbase()
    if db.open('127.0.0.1','SYS','MANAGER',5656) is 0 :
        return db.result()
    db.execute('drop table sample_table')
    db.result()
    if db.execute('create table sample_table(d1 short, d2 integer, d3 long, f1 float, f2
double, name varchar(20), text text, bin binary, v4 ipv4, v6 ipv6, dt datetime)') is 0:
        return db.result()
    db.result()
    for i in range(1,10):
        sql = "INSERT INTO SAMPLE_TABLE VALUES ("
        sql += str((i - 5) * 6552) #short
        sql += ","+ str((i - 5) * 42949672) #integer
        sql += ","+ str((i - 5) * 92233720368547758L) #long
        sql += ","+ "1.234"+str((i-5)*7) #float
        sql += ","+ "1.234"+str((i-5)*61) #double
        sql += ",'id-"+str(i)+"'" #varchar
        sql += ",'name-"+str(i)+"'" #text
        sql += ",'aabbccddeeff'" #binary
        sql += ",'192.168.0."+str(i)+"'" #ipv4
        sql += ",'::192.168.0."+str(i)+"'" #ipv6
        sql += ",TO_DATE('2015-08-0"+str(i)+"','YYYY-MM-DD')" #date
        sql += ")";
        if db.execute(sql) is 0 :
            return db.result()
        else:
            print db.result()
        print str(i)+" record inserted."
    query = "SELECT d1, d2, d3, f1, f2, name, text, bin, to_hex(bin), v4, v6, to_
char(dt,'YYYY-MM-DD') as dt from SAMPLE_TABLE";
    if db.execute(query) is 0 :
        return db.result()
    result = db.result()
```

```
    for item in re.findall('{[^}]+}',result):
        res = json.loads(item)
        print "d1 : "+res.get('d1')
        print "d2 : "+res.get('d2')
        print "d3 : "+res.get('d3')
        print "f1 : "+res.get('f1')
        print "f2 : "+res.get('f2')
        print "name : "+res.get('name')
        print "text : "+res.get('text')
        print "bin : "+res.get('bin')
        print "to_hex(bin) : "+res.get('to_hex(bin)')
        print "v4 : "+res.get('v4')
        print "v6 : "+res.get('v6')
        print "dt : "+res.get('dt')
    if db.close() is 0 :
        return db.result()
    return result
if __name__=="__main__":
    print insert()
```

아래는 수행 결과이다.

```
C:\Machbase-5.5\machbase_home\sample\python3> mingw32-make run_sample2
C:\Machbase-5.5\machbase_home/webadmin/flask/Python/bin/python Sample2Simple.py
{"EXECUTE RESULT":"Execute Success"}
1 record inserted.
{"EXECUTE RESULT":"Execute Success"}
생략...
3","bin":"61616262636364646465656666","to_hex(bin)":"61616262636364646465656666"
,"v4":"192.168.0.3","v6":"::192.168.0.3","dt":"2015-08-03"},{"d1":"-19656","d2":"-
128849016","d3":"-276701161105643274","f1":"-19.765","f2":"-181.766","name":"id-
2","text":"name-2","bin":"61616262636364646465656666","to_hex(bin)":"61616262636364646
5656666","v4":"192.168.0.2","v6":"::192.168.0.2","dt":"2015-08-02"},{"d1":"-26208","d2":"-
171798688","d3":"-368934881474191032","f1":"-26.766","f2":"-242.766","name":"id-
1","text":"name-1","bin":"61616262636364646465656666","to_hex(bin)":"61616262636364646565666
6","v4":"192.168.0.1","v6":"::192.168.0.1","dt":"2015-08-01"}
C:\Machbase-5.5\machbase_home\sample\python3>
```

APPEND를 이용한 100만 건 고속 데이터 입력

마크베이스에서 고속으로 데이터를 입력할 수 있는 Append 방식 또한 파이썬 모듈을 활용해서 사용할 수 있다. 아래의 예제는 고속으로 데이터를 입력하는 예제이다. 컬럼 정보 및 초기화를 위한 접속 클래스 db, Append를 하기 위한 접속용 클래스 db2를 선언하여 각각의 함수를 활용하는 방식을 사용했다. 파일 이름은 Sample3Append.py이다.

```python
#**********************************************************************
# Copyright of this product 2013-2023,
# MACHBASE Corporation(or Inc.) or its subsidiaries.
# All Rights reserved.
#**********************************************************************

# $Id:$

import re
import json
from machbaseAPI.machbaseAPI import machbase

def append():
#init,columns start
    db = machbase()
    if db.open('127.0.0.1','SYS','MANAGER',5656) is 0 :
        return db.result()

    db.execute('drop table sample_table')
    db.result()
    if db.execute('create table sample_table(d1 short, d2 integer, d3 long, f1 float, f2
double, name varchar(20), text text, bin binary, v4 ipv4, v6 ipv6, dt datetime)') is 0:
        return db.result()
    db.result()

    tableName = 'sample_table'
    db.columns(tableName)
    result = db.result()

    if db.close() is 0 :
        return db.result()
#init, colums end

#append start
```

```
    db2 = machbase()
    if db2.open('127.0.0.1','SYS','MANAGER',5656) is 0 :
        return db2.result()


    types = []
    for item in re.findall('{[^}]+}',result):
        types.append(json.loads(item).get('type'))


    values = []
    with open('data.txt','r') as f:
        for line in f.readlines():
            v = []
            i = 0
            for l in line[:-1].split(','):
                t = int(types[i])
                if t == 4 or t == 8 or t == 12 or t == 104 or t == 108 or t == 112:
                    #short   integer    long      ushort     uinteger     ulong
                    v.append(int(l))
                elif t == 16 or t == 20:
                    #float        double
                    v.append(float(l))
                else:
                    v.append(l)
                i+=1
            values.append(v)

    db2.append(tableName, types, values, 'YYYY-MM-DD HH24:MI:SS')
    result = db2.result()

    if db2.close() is 0 :
        return db2.result()
#append end

    return result

if __name__=="__main__":
    print(append())
```

이 예제를 실행하기 전에 반드시 MakeData.py를 수행해서 100만 건 data.txt를 생성해야
한다. 이를 위해서 소스코드 MakeData.py의 레코드 생성 개수를 조금 조절하자.

```
def makeData():
    with open('data.txt','w') as f:
        for i in range(1,1000001):    # <=== 이 값을 1000001로 수정.
            text = str(i%32768)+","+str(i+i)+","+str((long)(i+i+i)*10000)+","+str((float)(i+2)/
(i+i+i)*10000)+","+str((float)(i+1)/(i+i+i)*10000)+",char-"+str(i)+",text log-"+str(i)+",binary
image-"+str(i)+",192.168.9."+str(i%256)+",2001:0DB8:0000:0000:0000:0000:1428:"+str
(i%8999+1000)+",2015-05-18 15:26:"+str(i%40+10)+"\n";
            f.write(text)
if __name__=="__main__":
    makeData()
```

위와 같이 값의 범위를 1,000,000으로 설정한다.

```
$ python MakeData.py
C:\Machbase-5.5\machbase_home\sample\python3 $ dir

2019-03-17  오후 04:40    <DIR>            .
2019-03-17  오후 04:40    <DIR>            ..
2019-03-17  오후 05:37        183,955,124 data.txt
2019-03-17  오후 05:37                781 MakeData.py
2019-02-28  오후 03:06                707 Sample1Connect.py
2019-02-28  오후 03:06              2,498 Sample2Simple.py
2019-02-28  오후 03:06              2,080 Sample3Append.py
```

183메가의 data.txt가 생성된 것을 알 수 있다. 이제 입력을 수행해 보자.

```
C:\Machbase-5.5\machbase_home\sample\python3
$ python Sample3Append.py
{"EXECUTE RESULT":"Append success"}
```

약 1분 정도면 모두 입력된 것을 확인할 수 있었으며, 아래와 같이 입력된 개수를 확인해
보면, 정확히 100만 건이 입력된 것을 알 수 있다.

```
Mach>select count(*) from sample_table;
count(*)
-----------------------
1000000
[1] row(s) selected.
Elapsed time: 0.007
Mach>quit
```

Data.txt로부터 데이터를 읽어서, 파이썬에서 로딩할 때 대략 초당 약 15,000건 정도의 데이터를 입력하는 성능을 발휘한 것을 확인할 수 있다.

마치면서

파이썬 언어는 참으로 매력적이면서도 활용성이 높은 언어이다. 마크베이스의 MWA와 Tag Analyzer도 이 파이썬 언어를 기반으로 작성된 하였으며, 대단히 강력하고 훌륭한 기반 언어임에 틀림없다. 앞으로도 파이썬을 통한 마크베이스의 다양한 기능들이 더 많이 활용되기를 빌며, 이 장을 마무리하고자 한다.

연속공정과 불량률, 그리고 그 어마어마한 데이터들

반도체 생산과 같은 연속 공정에서는 최종 생산물을 하나 만들어 내기 위해 다수의 장비가 동시에 동작하는 연속적인 생산 과정이 존재한다. 이는 마치 자동차가 생산되는 컨베이어 벨트 모습을 상상하면 거의 유사한데, 그 입력이 웨이퍼라고 불리는 원재료이고, 최종 생산물이 램과 같은 반도체 생산품이 되는 것이다. 이런 대규모의 생산 과정에서는 가장 중요한 것이 수율을 높이기 위해 불량률을 줄이는 작업이고, 이것을 얼마나 정교하게 통제하느냐에 따라 그 생산 기술력의 유무가 판가름 나는 것이다. 그렇지만, 이 불량률을 줄이기 위해서는 하나의 제품 생산이 과거에 거쳤던 일련의 생산 과정을 역추적할 수 있어야 할 뿐만 아니라, 그 순간순간의 생산 이력 정보(센서 데이터)를 낱낱이 확인할 수 있어야 한다.

바로 이 지점에서 문제가 생긴다. 예를 들어 하나의 최종 생산물이 나오기까지 설치된 장비가 100대, 하나의 장비에 설치된 센서가 1000개, 1초에 10건씩 샘플링 한다고 가정하자. 그리고 웨이퍼가 하나의 장비에서 머무는 시간이 5분이라고 가정하면 실제로 하나의 제품이 나오기까지 생산되는 데이터양은 다음과 같이 계산된다.

300초(5분) × 100대 × 1000센서 × 10 Hz = 1억8000만 건/제품

즉, 하나의 제품이 모두 완성되는데 총 1억8000만 건의 센서 데이터 이력이 나온다는 것이다. 장비가 늘어날수록 초당 데이터양은 더 커지고, 센서가 고도화되면 될수록 초당 처리해야 할 데이터는 실제로는 천만 개 이상으로 늘어나게 된다. 초당 천만 건이 나오는 환경에서

6개월 데이터를 모으면, 155조 520억 개의 센서 데이터가 수집된다.

용어 정리

다음은 가상의 반도체 공장을 위해 필요한 몇 가지 용어를 정리한 것이다.

- 생산 장비(EQUIPMENT): 반도체 생산을 위해 투입되는 장비이다(일련 번호 0에서 N까지 연속적으로 배치).
- 원재료(LOT): 생산에 사용된 재료 고유 이름을 lot_id라고 하고, 이것이 숫자로 표현된 일련번호를 lot_no라고 사용하겠다. 이렇게 아이디와 숫자를 구분한 이유는 프로그램 내에서 맵핑하여 사용하기 때문이다.
- 태그 혹은 센서(TAG, SENSOR): 각각의 생산 장비는 고유의 센서를 가지고 있으며, 유일한 일련 번호(이름 문자열)이 부여된다.

시뮬레이션 아키텍처

아래는 샘플 예제로 제공되는 시뮬레이션의 아키텍처를 나타낸 그림이다. 실제보다 간략하게 설계가 되었지만, 그 개념과 데이터 처리 프로세스는 가능한 실제와 가깝게 만들고자 했다.

옆의 그림에서 생산 장비에 의한 원재료 가공 정보는 PROCESS_DATA로 정의된 로그 테이블에 저장한다. 그리고 각 생산 장비의 센서가 생산한 센서데이터는 태그 테이블에 실시간으로 저장된다. 마지막으로 이 시뮬레이션 프로그램에서는 생산장비의 개수와 센서의 개수 등을 모두 사용자가 설정할 수 있도록 설정화일은 제공한다.

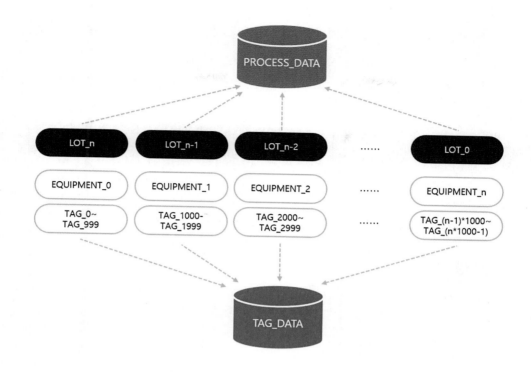

요구 사항

수율 분석을 위해서는 생산 전 과정에 있었던 다양한 사건들을 생산 장비별, 시간별, 센서별로 빨리 추척할 수 있어야 한다. 예를 들어, 특정 시점에 최종 생산물의 불량률이 증가하면, 그 제품이 어떤 원재료에 포함되었는지 먼저 파악이 되어야 한다. 그리고 그 원재료가 언제 어떤 장비에서 어떻게 가공되었는지를 알아야 하고, 그 특정 장비에서 해당 시간 동안 센서의 값을 가져와 정상유무를 분석해야 할 것이다. 이를 위한 핵심적 기능은 다음과 같이 정리할 수 있다.

- 특정 원재료가 임의의 장비에서 처리된 시간를 얻을 수 있어야 한다.
- 임의의 장비명에 포함된 센서의 리스트 혹은 임의의 센서가 포함된 임의의 장비명을 얻을 수 있어야 한다.

- 특정 원재료의 처리에 관련된 시간 동안 관여한 센서들의 리스트를 얻을 수 있어야한다.
- 특정 센서에 대한 임의의 시간 범위에 대한 데이터를 고속으로 추출할 수 있어야 한다.

비록 최소한의 요구 사항을 정리했지만, 저장된 센서 데이터양이 수백억 건이 넘어가고, 해당 센서의 갯수가 수만 개라면 쉽지 않은 문제가 될 것이다.

테이블 구조

위의 요구 사항을 만족시키기 위해 마크베이스의 로그테이블과 태그 테이블, 그리고 참조 테이블을 같이 사용하기로 한다.

PROCESS_DATA 구조

```
CREATE LOG TABLE PROCESS_DATA
(
    LOT_ID       VARCHAR(40),
    EQUIPMENT_ID VARCHAR(40),
    ENTER_TIME   DATETIME,
    OUT_TIME     DATETIME,
    LOT_NO       LONG
)
CREATE INDEX PROCESSDATA_LOT ON PROCESS_DATA(LOT_ID);
```

이 테이블은 모든 원재료의 작업 히스토리를 담고 있다. 즉, 하나의 원재료가 특정 생산 장비에서 처리가 끝나면 산출되는 정보이다. 따라서, 이 테이블에 저장되는 데이터양은 처리된 원재료의 개수 곱하기 장비 개수이며, 센서 데이터만큼 데이터양이 많지는 않다. 데이터의 특성을 고려하여 이것을 로그 테이블에 저장한다.

태그 테이블 구조

이 예제에서 사용될 태그 테이블은 아래와 같다.

```
create tagdata table tag (name    varchar(20) primary key,
                          time     datetime    basetime,
                          value    double      summarized,
                          lot_no   long);
```

지금까지의 예와는 좀 다르게 마지막에 lot_no라는 부가 컬럼이 포함되어 있다. 이 컬럼 정보는 예상할 수 있듯이 해당 센서가 처리하고 있는 원재료에 대한 부가 정보이다. 이 컬럼을 통해서 특정 시간에 검색된 센서가 어떠한 원재료를 처리하였는지 확인할 수 있다.

TAG_EQUIPMENT 테이블 구조

이 테이블은 특정 장비가 보유한 태그의 정보를 담고 있다.

```
create lookup table tag_equipment (
    tag_name        varchar(20) primary key,
    equipment_id varchar(40)
    );
create index tag_eq_tag on tag_equipment(tag_name);
create index tag_eq_eq  on tag_equipment(equipment_id);
```

이 정보의 특성은 이후에 태그의 정보가 추가, 변경, 삭제될 수 있기 때문에 참조(LOOKUP) 테이블을 이용해서 해당 정보를 저장한다.

소스코드 받기 및 컴파일

여기에서 사용할 소스코드는 마크베이스 GitHub의 http://www.github.com/ MACHBASE/SemiConSimul을 받으면 되는데, 리스트를 해 보면 다음과 같다.

```
$:~/work/bmt/hynix$ ls -al
drwxr-xr-x  2 machbase machbase     4096  3월 23 17:11 .
drwxr-xr-x 24 machbase machbase     4096  3월 23 15:06 ..
-rw-r--r--  1 machbase machbase      752  3월 23 15:01 Makefile
-rwxrwxr-x  1 machbase machbase    23136  3월 23 15:54 append
-rwxr-xr-x  1 machbase machbase    16845  3월 23 15:54 append.c
-rw-r--r--  1 machbase machbase      535  3월 23 17:10 create_table.sql
-rw-rw-r--  1 machbase machbase  1037780  3월 23 17:11 create_tag.sql
-rw-r--r--  1 machbase machbase      591  3월 23 17:11 env.sh
-rw-r--r--  1 machbase machbase      372  1월  7 11:04 gen_tag.py
-rw-r--r--  1 machbase machbase      265  1월  7 11:04 init.sh
-rw-r--r--  1 machbase machbase     2440  3월 23 16:13 selectTag.py
$:~/work/bmt/hynix$
```

해당 디렉토리에서 make를 수행하면 append라는 실행파일이 만들어진다. 간략한 각 파일의 역할은 아래와 같다.

파일명	설명
Makefile	리눅스에서 동작하는 Make 파일
append.c	각 테이블에 데이터를 고속으로 입력하는 C 소스코드.
create_table.sql	각종 테이블 생성 SQL 파일
env.sh	append 프로그램을 위한 실행 정보를 환경변수로 설정할 수 있는 파일
gen_tag.py	Env.sh에 설정된 대로 센서 및 장비명을 담고 있는 파일create_tag.sql을 생성
init.sh	시뮬레이션 모든 과정을 한번에 수행할 수 있도록 구성된 쉘 스크립트
selectTag.py	저장된 데이터에 대해 실제 분석 질의를 할 수 있는 파이썬 함수 소스코드
create_tag.sql	gen_tag.py 에 의해 생성됨

시뮬레이션 환경 설정하기

이 디렉토리에는 env.sh라는 파일이 있으며, 이 파일에 다양한 시뮬레이션을 위한 설정값을 조절할 수 있도록 되어 있다. 필요한 설정을 각각의 시뮬레이션 환경에 맞게 설정하자.

```
export TEST_EQUIP_CNT=100
export TEST_TAG_PER_EQ=1000
export TEST_LOT_PROCESS_TIME=300
export TEST_MAX_ROWCNT=1000000000
export TEST_DATA_TAG_PER_SEC=10
export TEST_TARGET_EPS=0
export TEST_PORT_NO=5656
export TEST_SERVER_IP=127.0.0.1
echo "TEST_EQUIP_CNT : $TEST_EQUIP_CNT"
echo "TEST_TAG_PER_EQ : $TEST_TAG_PER_EQ"
echo "TEST_LOT_PROCESS_TIME : $TEST_LOT_PROCESS_TIME"
echo "TEST_MAX_ROWCNT_TIME : $TEST_MAX_ROWCNT"
echo "TEST_DATA_TAG_PER_SEC : $TEST_DATA_TAG_PER_SEC"
echo "TEST_TARGET_EPS : $TEST_TARGET_EPS"
echo "TEST_PORT_NO : $TEST_PORT_NO"
echo "TEST_SERVER_IP : $TEST_SERVER_IP"
```

- TEST_EQUIP_CNT: 설치된 장비의 개수

- TEST_TAG_PER_EQ: 장비당 설치될 센서의 개수

- TEST_LOT_PROCESS_TIME: 장비에서 처리되는 LOT의 시간 (초)

- TEST_MAX_ROWCNT: 시뮬레이션에서 사용될 레코드 개수

- TEST_DATA_TAG_PER_SEC: 하나의 센서가 초당 생성할 데이터 개수

- TEST_TARGET_EPS: 초당 입력 처리 성능 (0은 최고 속도)

- TEST_PORT_NO: 마크베이스 접속 포트 번호

- TEST_SERVER_IP: 마크베이스가 설치된 서버 주소

시뮬레이션 테이블 생성 및 데이터 로딩

해당 디렉토리에는 편리하게 초기화 및 로딩을 위한 init.sh라는 스크립트가 있다. 이를 실행하면, 테이블과 메타정보를 생성하고, 데이터를 로딩한다.

```
source ./env.sh
machadmin -k; echo 'y'|machadmin -d; machadmin -c; machadmin -u
machsql -s localhost -u sys -p manager -f create_table.sql
python ./gen_tag.py > create_tag_equip_list.sql
machsql -s localhost -u sys -p manager -f create_tag_equip_list.sql
export NO_LOTNO=0
make
./append
```

디폴트로 수행하면, 질의를 수행하기 위한 테이블과 10억 건의 데이터가 모두 입력된다. 만일 데이터가 너무 많다고 생각되면, env.sh를 수정해서 데이터양을 줄이도록 한다.

분석 질의 수행하기

모든 데이터가 로딩되었다면, 이제 분석 질의를 수행해 보자. 각각의 요구 사항은 소스코드에 포함된 파이썬 코드 selectTag.py로 작성되었다. 대표적인 함수와 수행 결과는 다음과 같고, 필요에 따라 다양하게 수정해서 테스트할 수 있을 것이다.

특정 원재료가 임의의 장비에서 처리된 시간 범위(시작시간과 종료시간)

이 요구사항은 파이썬 코드에 구현된 **get_time_lotno_by_eq_lotid**(db, 장비아이디, LOT아이디) 함수를 보면 알 수 있다. 이 정보는 PROCESS_TABLE에서 저장된 LOT의 히스토리 정보를 통해서 얻을 수 있다. 수행 성능은 로그 테이블이 가진 LSM 인덱스 활용으로 매우 빠르게 수행된다.

임의의 장비명에 포함된 센서의 리스트 혹은 임의의 센서가 포함된 임의의 장비명

특정 센서가 포함된 장비를 찾기 위해서는 get_eq_by_tag(db, 센서 이름) 함수를 통해서 수행가능하다. 반대로 특정 장비에 포함된 태그 리스트를 얻는 것은 TAG_EQUIPMENT 테이블에 직접 질의를 보내면 된다.

특정 원재료의 처리에 관련된 시간에 관여한 센서들의 데이터 추출

이것은 함수 **get_tagdata_by_tagtime_lotno**(db, 태그명, 시작시간, 완료시간, 원재료 번호)를 호출하면 된다. 즉, 특정 원재료를 처리하는 과정에서 참여한 특정 태그의 데이터를 추출한다.

특정 센서에 대한 임의의 시간 범위에 대한 데이터

이것은 가장 일반적인 Tag Analyzer에서 지원하는 대표적인 기능이므로, 특별히 기술하지는 않겠다.

파이썬 코드 확인하기

아래는 위에서 설명했던 분석 함수에 대한 소스코드이며, 찬찬히 읽어보면서 확인하면 좋을 듯하다.

```python
import re
import json
from machbaseAPI import machbase

def get_eq_by_tag(db, tag_name):
    db = machbase()
    if db.open('127.0.0.1','SYS','MANAGER',5656) is 0 :
        return db.result()
    query = "select equipment_id from tag_equipment where tag_name = '"+tag_name + "'"
    if db.execute(query) is 0:
        return db.result()
    result = db.result()
    for item in re.findall('{[^}]+}',result):
        res = json.loads(item)
        result = res.get("equipment_id")
    return result

def get_time_lotno_by_eq_lotid(db, eq_id, lot_id):
    query = "select enter_time, out_time, lot_no from process_data where lot_id = '" +
lot_id + "' AND equipment_id = '"+eq_id +"'"
```

```python
        print query
    if db.execute(query) is 0:
        return db.result()
    result = db.result()
    for item in re.findall('{[^}]+}',result):
        res = json.loads(item)
        t1 = res.get("enter_time")
        t2 = res.get("out_time")
        n3 = res.get("lot_no")
    return [t1, t2, n3]


def get_tagdata_by_tagtime_lotno(db, tag, tfrom, to, lot_no):
    query = "select * from tag where name = '" + tag + "' and time between to_date('" +
tfrom + "') and to_date('" + to+"')" + "and lot_no = " + lot_no;
    if db.execute(query) is 0:
        return db.result()
    result = db.result()
    for item in re.findall('{[^}]+}',result):
        print item
    return result


def query_eq_lot(db, eq, lot_id):
    querytagname = "select tag_name from tag_equipment where equipment_id = '"+eq+"'"
    tfrom, to, lot_no = get_time_lotno_by_eq_lotid(db, eq, lot_id)
    if db.execute(querytagname) is 0:
        return db.result()
    resloop = db.result()
    for item in re.findall('{[^}]+}',resloop):
        res = json.loads(item)
        tagname = res.get("tag_name")
        result = get_tagdata_by_tagtime_lotno(db, tagname, tfrom, to, lot_no)
    return result


# 아래 함수를 통해서 다양하게 데이터를 추출할 수 있다.
if __name__=="__main__":
    db = machbase()
    if db.open('127.0.0.1','SYS','MANAGER',5656) is 0 :
        print("eror connection")
    print get_eq_by_tag(db, "EQ0^TAG1")
    print get_time_lotno_by_eq_lotid(db, get_eq_by_tag(db, "EQ0^TAG1"), "LOT101")
    tfrom, to, lot_no = get_time_lotno_by_eq_lotid(db, get_eq_by_tag(db, "EQ0^TAG1"),
"LOT101")
    print get_tagdata_by_tagtime_lotno(db, "EQ0^TAG1", tfrom, to, lot_no)
```

```
print(query_eq_lot(db, "EQ0", "LOT202"))
if db.close() is 0 :
    print("disconnect error")
```

성능결과

독자들이 직접 테스트를 할 수 있는 여지를 남기기 위해 자세한 실행 결과를 기술하지는 않겠다. 대략 SSD 기반 8코어 인텔 리눅스 서버에서 실행할 때 1만 개의 태그아이디가 생성한 100억 건의 태그 데이터를 대상으로 대략 0.1초에서 3초내의 수행 결과를 확인할 수 있었다. 파라메터를 변경하면서 다양한 테스트를 해 보기를 추천한다.

마치면서

본 장에서는 실제 대규모 반도체 연속 공정의 센서 데이터 처리를 시뮬레이션해 보았다. 물론, 이 내용은 실제 데이터 처리 모습을 많이 간소화한 것이기는 하지만, 시계열 데이터베이스를 기반으로 수십 혹은 수백억 건의 데이터 처리를 하는 방법을 이해하는데 큰 도움이 될 것이라 믿는다.

## 제 22 장

진정한 스마트 세상을 꿈꾸며

4차 산업혁명과 우리의 소프트웨어

그야말로 격변이다.

2010년대에 들어, 모바일, SNS, 빅데이터 그리고 스마트 장치가 서로 어우러져 정말 정신 없는 미래가 펼쳐지고 있다. 상상 속에서 가능하다고 생각했던 자율 자동차가 상용화 직전에 와 있는가 하면, 손목시계만한 장치가 과거 건물 크기의 컴퓨터가 했던 일보다 더 많은 일을 더 빠르게 처리하는 세상이 되었다. 그리고 소프트웨어를 중심으로 이 모든 것들이 재편되고 있으며, 누가 먼저 이 스마트 세상을 주도할 핵심 기술을 가지고 있느냐가 미래를 결정하는 중요한 잣대가 된다는 것을 부인할 수 없다.

그러나 한 가지 안타까운 사실은 대한민국이 가진 가장 큰 경쟁력은 대부분 하드웨어 및 이와 밀접하게 관련된 일부 소프트웨어에 한정되어 있다는 사실이다. 특히 운영체제나 미들웨어 그리고 데이터베이스로 불리는 핵심 시스템 소프트웨어의 경우, 많은 부분을 해외에서 개발된 패키지에 의존하고 있다는 것이 우리의 현실이다.

물론, 작은 반도에서 모든 소프트웨어를 직접 다 개발하고 주도할 수 있는 형편은 아니지만, 전 세계에서 차지하는 우리의 경제력과 인적 자원 그리고 매년 투자되는 연구 개발 비용을 놓고 본다면, 대한민국이 실제로 보유하고 있는 소프트웨어 자산이 꽤 빈곤하다는 사실은 부인할 수 없다. 한 컴퓨터과학과 교수님이 토로했던 국내에서의 소프트웨어 개발에 대한 이야기를 한번 들어보자.

저기 말이에요. 자동차나 조선 혹은 중공업 분야는 국가가 몇십 년 동안 시장 보호를 해 줬단 말입니다. 그것도 높은 관세와 규제를 통해서 이 나라에서 자생할 수 있도록 모든 지원을 했다는 말입니다. 그런데 소프트웨어는 아무런 제재도 없이, 외산 제품이 싹쓸이하고 있어요. 소프트웨어 기술도 제대로 크려면 몇십 년이 걸리는 중요한 분야인데도 말입니다. 누가 한국의 소프트웨어 기술을 얕보면 이렇게 말하세요. 왜 소프트웨어는 국가에서 보호해 주지 않느냐고 말입니다. 아직 걷지도 못하는 아기를 어른과 1:1로 싸우라고 사각링에 내다 놓으면 어떻게 이깁니까? 중국은 소프트웨어 굴기라고 아예 대놓고 외국 제품 차별하고 자기들 기업에 몇백 조씩 투자를 하는데 말입니다.

물론 이 말에 100% 동의할 수는 없더라도 최소한 우리가 처한 출발점이 다르다는 것을 꼬집는 이야기임에는 틀림없고, 한편으로는 비루한 우리 소프트웨어 산업계에 위로가 되는 말이기도 하다. 그럼에도 불구하고, 우리가 가지고 있는 빈약한 소프트웨어 자산을 국가 정책의 탓으로 돌리기에는 우리 기성세대가 이루어 놓은 토양이 너무 척박하다. 비록 출발점이 다르다고 하더라도, 이 나라에 IT가 뿌리내리기기 시작한 90년대 후반부터 무려 20여 년이나 지난 지금, 그때와 비교해도 여전히 크게 나아지지 않았다는 것은 무엇을 의미하는 것일까?

우리 IT 산업계를 돌아보면

다행히 최근 인공지능 분야가 붐을 일으키며 IT 영역에 대한 관심이 높아지고 있는 것은 매우 바람직한 일이다. 이 영역에 있는 사람이라면 누구나 느끼는 것이지만, 지난 10여 년간은 IT 업계에서는 잃어버린 시절이라고 말한다. 이는 컴퓨터 분야를 전공하는 사람들의 숫자가 급격히 줄어든 영향과 정말 뛰어난 인재들이 이 분야에 등을 돌렸기 때문이다.

왜 그럴까? 아마도 가장 큰 이유는 이 소프트웨어 개발 혹은 IT 직종에 대한 업무에 대한 악명이 젊은이들에게 널리 퍼졌기 때문일 것이리라. 국내기업에서 소프트웨어 연구 혹은 핵심 소프트웨어 개발을 통한 개인의 자아실현 혹은 큰돈을 벌 수 있는 기회를 찾아보기 힘들다는 사실을 모르는 사람은 없다. 정부를 비롯한 대부분의 소프트웨어 구매자는 국산 소프트웨어라는 명목으로 다양한 형태의 요구를 추가하는 것을 당연하게 여기고, 소프트웨어 라이선스 판매를 통해 회사를 꾸려갈 수 있는 여지를 거의 없애 버렸다. 그러다 보니, 국내에서 소프트웨어 혹은 솔루션을 개발하는 기업들은 반제품을 만들어서 미리 납품하고, 동시에 고객 요구를 맞추기 위한 개발 인력을 끼워 넣어 완성하는 방식으로 진행하고, 인건비를 통해 손해를 보전한다. 이것은 고도의 소프트웨어 패키지를 장기간 개발하여 판매함으로써 고부가가치를 얻는, 실리콘밸리와 같은 환경 조성이 불가능하다는 것이다 또한, 우수한 소프트웨어 개발자가 개발에 집중하지 못하고 고객사에 불려 다니며 용역을 제공함으로써 재능을 낭비하는 상황이 된 것이다. 물론, 특정 비즈니스의 경우, 예를 들면 시스템 통합 (SI) 분야는 이런 것들이 충분히 용인될 수 있지만, 현재 대한민국의 IT 환경에서는 순수 소프트웨어 개발회사들도 시스템 통합 회사처럼 운영할 수밖에 없다는 것이다.

결국, 이렇게 IT 영역의 업무가 힘들고, 어렵고, 성공하기 불가능하다는 편견으로 지난 잃어버린 세월이 존재했고, 사실 이것은 현재 진행형이기도 하다. 한 세대가 지나고, 새로운 세대가 들어서면 이런 현실이 해결이 될 것이라는 희망도 있는 반면, 바뀌기 힘든 풍토가 이 나라에 이미 생긴 게 아닌가 하는 절망도 함께 떠오른다.

성공과 욕망에 관하여

얽히고 설킨 문제를 가까이에서 보고 끙끙 앓을 필요 없이, 멀리서 한 번 바라보자. 왜 실리콘밸리가 지난 수많은 세월을 넘어서 아직도 승승장구하는 세계의 중심이 되었을까? 단 하나의 답은 바로 그곳이 인간의 욕망을 가장 쉽게 채워주는 곳이기 때문이다. 고결한(?) 소프트웨어 이야기에 욕망이라는 저급한 이야기가 나와 불편할 수도 있지만 사실이다.

무슨 욕망일까? 바로 성공의 욕망이고, 돈을 벌어 부자가 될 수 있는 기회가 있는 곳이기 때문이다. 오늘 대한민국의 IT분야에 탁월한 인재가 오지 않는 것은 이 분야에서 부자가 될 가능성이 매우 낮기 때문이다. 예외적으로 우리나라에서 뛰어난 인재가 창업을 하거나 지원하는 분야는 게임 분야인데, 그나마 기대 수준을 만족시키는 대박이 가능하기 때문이다.

IT분야를 융성하게 하기 위한 수많은 제도와 복잡한 정책은 모두 나뭇가지에 불과하다. 이 문제의 뿌리는 직설적으로 표현하면, 돈이고, 욕망이고, 성공이다. 누구나 소프트웨어 기업을 창업하고, 공정하며, 투명하게 경쟁한 후 성공했을 때, 남들이 부러워할 수 있는 수준의 금전적인 성공을 가능하게 해 주어야 한다. 왜 의사가 되고, 왜 공무원이 되려고 하는걸까? 바로 돈 혹은 수입 보장 이라는 안전장치가 거기 있기 때문이고, 이는 인간의 기본 욕구이다. 이 명제를 명확하게 인지하게 되면, 나머지는 오히려 쉬운 이야기일 수 있다. 정직하게 양질의 소프트웨어를 개발하면, 정부나 수요 기업이 외산 기업 수준의 가격으로 구매해 주고, 그에 맞는 서비스 비용을 지불하면 된다. 그리고 정부로부터 국내 기업에 대한 약간의 도움도 양념으로 포함하고….

정부는 공정한 거래가 이루어지는 지, 국산 소프트웨어를 적법하게 구매하는지 감시하고, 장려하는 것이 가장 중요한 역할이다. 만일 부당한 거래가 발생하면, 이를 다시 발생하지 않도록 엄정하게 대처하면 된다. 그리고 그 기술이 필요한 대기업의 경우에는 공정한 인수 합병이 이루어지도록 지원할 수 있다.

지금이라도 늦지 않았다. 우리는 이미 답을 가지고 있으며 단지 실행하기 위한 과감한 결단만이 남았을 뿐이다. 대한민국의 찬란한 소프트웨어 시대에 대한 희망을 같이 품을 수 있는 내일이 되길 기원한다.

스마트 세상과 시계열 데이터베이스의 미래

지난 몇 년간 수많은 센서 데이터를 바탕으로 새로운 데이터 처리 방식에 대한 요구 사항이 시장에서 발생했고, 이를 해결하기 위해 시계열 데이터베이스(Time Series DBMS)가 출현했으며, 이것이 어떻게 데이터를 다루고 활용할 수 있는지 마크베이스라는 데이터베이스를 기준으로 설명했다. 워낙 초기 시장이기 때문에 과연 이런 트렌드가 대세로 자리를 굳힐 것인지, 아니면 찻잔 속의 태풍으로 머물 것인지 독자 여러분도 궁금해하리라 생각한다. 누구도 미래를 정확히 예측하기는 힘들겠지만, 과거의 사례를 놓고 볼 때 개략적으로 이것의 미래를 점칠 수는 있을 것이다.

1970년대 아이비엠(IBM)과 같은 기업에서 생산하는 기업형 대형 컴퓨터가 주류를 이루고 있을 때, 내 집에서 내 컴퓨터를 사용하고 싶다는 욕망은 개인용 컴퓨터 시장을 폭발적으로 키웠고, 새로 거대한 시장이 출현한 것을 다들 알고 계시리라 믿는다. 종이와 연필로 다루던 수많은 업무 데이터를 컴퓨터를 통해 편하게 처리하고자 했던 욕망이 오라클을 대표로 하는 관계형 데이터베이스(RDBMS)라는 어마어마한 시장으로 나타나, 지난 수십 년간 엄청난 규모의 산업으로 발전했던 역사도 이미 알고 계실 것이다. 2000년대 인터넷 시대에 접어들면서, 더 빠른 데이터베이스를 원하는 사람들이 있었기에 메모리 기반의 데이터베이스인 인메모리 데이터베이스(In-Memory DBMS)가 출현하였고, 오늘날 SAP HANA라는 제품이 개척한 거대한 시장을 통하여 역사의 큰 물줄기를 보고 있다.

지금 이 시각, 폭발적으로 쏟아지는 IoT 데이터 문제를 해결하기 위해 인류는 어떤 종류의 소프트웨어를 찾게 될까? 아마도 이것의 답을 찾는 사람이 바로 미래의 주인공 중의 한 명이 될 것이라는 것은 자명한 사실이다. 전 세계 수많은 인재가 오늘 이 순간 이 문제를 해결하고, 미래의 주인공이 되기 위해, 모든 방법을 동원해서 숨 가쁘게 미래로 달려가고 있다. 그 승자가 과연 시계열 데이터베이스가 될 것인가? 그렇다면 마크베이스가 얼마만큼의 케이크를 차지할 것인가? 누가 최종 승자가 될지 알 수 없지만, 확실한 것은 스마트한 세상이 우리에게 다가오고 있다는 것이고, 21세기를 사는 우리 인류는 또 한걸음 도약한다는 사실이다.

이제 이 스마트 세상과 데이터베이스의 힘든 여정을 마무리할 때가 되었다. 마지막으로 함께 해 주신 독자분들께 진심으로 감사드리며, 지친 우리 소프트웨어 엔지니어들의 마음을 위로해 줄 시 하나를 소개하면서 이만 키보드를 놓을까 한다.

데이터를 위한 서시

저장되는 날까지 하늘을 우러러

한 점 소실이 없기를,

냉각팬에 이는 바람에도

나는 괴로워했다.

분석을 노래하는 마음으로

모든 삭제된 것을 사랑해야지

그리고 나한테 주어진 길을

걸어가야겠다.

오늘 밤에도 데이터가 센서에 스치운다.

언제나 데이터가 당신과 함께 하길!